이 책을 펴고 있는 그대를 환영합니다.

밑줄을 긋고
형광펜을 칠하고
메모를 하고
틀리고 맞고를 반복할 그대

쿵. 쿵. 쿵
알아가는 즐거움으로
심장이 벅차게 뛰기를

이 책을 펴고 있는 그대를 응원합니다.

KB213660

한국사2 510제

WRITERS
강승호 과천여고 교사
권승만 서울사대부중 교사
최효성 유신고 교사

COPYRIGHT
인쇄일 2025년 4월 15일(1판1쇄)
발행일 2025년 4월 15일

펴낸이 신광수
펴낸곳 ㈜미래엔
등록번호 제16-67호

중고등개발본부장 하남규
중고등개발2실장 김용균
개발책임 김문희
개발 황대근, 김은진, 민상욱

디자인실장 손현지
디자인책임 김기욱
디자인 바이차이

CS본부장 장명진

ISBN 979-11-7347-393-7

기 출 분 석 문 제 집

1등급
만들기

한국사 2
510제

Mirae N 에듀

구성과 특징

핵심 개념 정리

시험에 자주 나오는
핵심 개념 파악하기

학교 시험에 자주 나오는 개념과 자료를 일목요연하게 정리하여 핵심 개념을
빠르게 파악할 수 있도록 구성하였습니다.

 꼭 나오는 자료   시험에 자주 나오는 자료만 엄선하여 분석하였습니다.

🔗 문제로 확인   핵심 개념 및 필수 자료에 대한 이해를 확인할 수 있도록
해당 문제를 링크하였습니다.

1등급 만들기 4단계 문제 코스

1등급 만들기 내신 완성 4단계 문제를 풀면 1등급이 이루어집니다.

STEP 1   기본 기출 문제로 핵심 개념 파악하기

핵심 개념을 얼마나 이해하고 있는지 손쉽게 확
인할 수 있도록 개념 문제를 제시하였습니다.
또한 핵심 주제를 파악할 수 있는 기출 문제를
수록하였습니다.

STEP 2   실력 기출 문제로 실전 감각 키우기

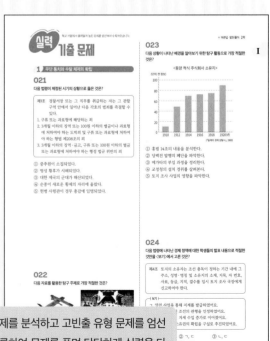

기출 문제를 분석하고 고빈출 유형 문제를 엄선
해서 수록하여 문제를 풀며 탄탄하게 실력을 다
져 나갈 수 있습니다. 단답형과 서술형 문제의
대표 유형도 함께 수록하였습니다.

바른답·알찬풀이

알찬풀이로
핵심 내용 다시 보기

문제에 대한 정답과 알찬풀이를 제시하였습니다.
바로잡기 코너는 자세한 오답 풀이를 통해 어려운 문제도 쉽게 이해할 수 있습니다.

 1등급 정리 노트 시험에 자주 나오는 핵심 개념을 다시 한 번 정리하였습니다.

1등급 자료 분석 까다롭고 어려운 자료에 대한 분석과 첨삭 설명을 제시하였습니다.

선택지 더 보기 시험에 출제될 수 있는 유사 선택지를 추가로 제시하였습니다.

STEP 3 1등급 문제로 실력 향상시키기

학교 시험에서 고난도 문제는 한두 문항씩 꼭 출제됩니다. 등급의 차이를 결정하는 어려운 문제도 자신 있게 풀 수 있도록 응용력과 사고력을 기를 수 있는 고난도 문제로 구성하였습니다.

STEP 4 마무리 문제로 최종 점검하기

중간고사와 기말고사를 대비할 수 있는 실전 문제로, 대단원별로 시험 직전 학습 내용을 마무리하고 자신의 실력을 점검할 수 있습니다.

Contents
차례

교과서 단원 찾기 Search

9종 한국사 교과서의 단원 찾기를 제공합니다.

1등급 만들기에서 교과서 단원 찾는 방법

❶ 내가 가지고 있는 교과서의 출판사명과 공부할 범위를 확인한다.

❷ 1등급 만들기에서 해당 쪽수를 찾아 공부한다.

(예) 미래엔 한국사 교과서의 'Ⅰ. 일제 식민 통치와 민족 운동' 단원에서 '2. 3·1 운동과 대한민국 임시 정부' 20~29쪽 부분을 공부할 경우, 1등급 만들기의 14~21쪽을 공부하면 된다.

01 제국주의 질서와 일제의 식민 통치 정책

1 무단 통치와 수탈 체제의 확립

1 무단 통치

(1) 조선 총독부의 지배 체제   _{식민 통치의 최고 기구}

조선 총독	육해군 대장 중에서 임명, 일왕에게 직속, 입법·사법·행정·군 사권 장악
중추원	총독의 자문 기구, 친일파로 구성

└ 3·1운동 전까지 한 번도 소집되지 않았다.

(2) 헌병 경찰제 실시

내용	헌병이 경찰 업무 관할, 독립운동 탄압, 일상생활 감시·억압
권한	즉결 심판권을 통해 재판 없이 구류나 벌금, 태형 집행 가능

조선 태형령을 통해 한국인에게만 적용하였다.

(3) 사회 정책

위압적 통치	관리와 교사가 제복과 칼 착용, 언론·출판·집회·결사 자 유 제한
우민화 교육	보통 교육과 실업 교육 위주로 편성 → 한국인을 식민 지 배에 순응

2 수탈 체제의 확립

(1) 토지 조사 사업(1910~1918)

명분	지세의 공정한 부과와 근대적 토지 소유권의 확립
의도	식민 통치에 필요한 재정 확보, 일본인의 토지 소유 증대
방법	토지 소유자가 정해진 기간 내에 신고
영향	• 조선 총독부의 지세 수입 증가 • 동양 척식 주식회사나 일본인이 헐값에 토지 차지 • 지주의 소유권만 인정 → 기한부 계약에 의한 소작농 증가

└ 일제는 농민이 일정한 지대만 내면 경작할 수 있었던 관행을 부정하였다.

(2) 산업의 통제

회사령	회사 설립 시 총독의 허가, 총독의 명령으로 회사 해산 가능
기타	• 어업, 광업 등에도 허가제 실시 • 철도, 도로, 항만과 통신망 등 정비 → 수탈의 기반

2 민족 분열 통치와 경제 수탈의 확대

1 기만적인 '문화 정치'

(1) 배경: 3·1 운동 전개, 국제 여론 악화

(2) 목적: 한국인의 저항 무마, 친일 세력 양성을 통한 민족 분열

(3) '문화 정치'의 실상

총독	문관 출신 임명 표방 → 실제 임명되지 않음
경찰	보통 경찰제 실시 → 경찰 인원과 관서의 수 증가, 치안 유 지법(1925) 제정 _{독립운동가와 사회주의 운동 탄압에 활용되었다.}
지방 행정	한국인의 지방 행정 참여 선전 → 도 평의회, 부·면 협의회 등을 두었으나 실제 의결권이 없는 자문 기구에 불과
언론	『조선일보』, 『동아일보』 등 창간 → 사전 검열, 정간·폐간 등

2 산미 증식 계획(1920~1934)

_{일본은 공업화에 따라 도시 인구와 쌀 수요가
늘면서 쌀이 부족해졌다. 이에 부족한 쌀을 한
국에서 보충하고자 하였다.}

배경	제1차 세계 대전 이후 일본의 공업화 → 쌀 부족 현상
전개	토지 개간, 품종 개량, 수리 시설 확충 등 → 쌀 생산량 증가(목표 달성에는 실패) → 쌀 반출은 예정대로 진행
영향	한국의 식량 사정 악화, 쌀 증산 비용이 농민에게 전가 → 자작농 이 소작농·화전민·토막민으로 전락, 국외 이주 증가

3 산업 침탈

(1) 내용: 회사령 폐지(회사 설립을 신고제로 전환, 1920), 일
본 상품에 대한 관세가 대부분 폐지(1923)

(2) 결과: 일본 기업의 한국 진출 증가, 값싼 일본산 제품 수
입 증가, 한국인 기업 큰 타격

3 민족 말살 통치와 전시 동원 체제

1 민족 말살 통치

_{1941년 일본이 하와이 진주만을 공격하여 일어났다.}

배경	만주 사변(1931) 이후 침략 전쟁 확대(중일 전쟁, 아시아·태평양 전 쟁) → 한국인의 민족의식을 말살하여 침략 전쟁에 동원 시도
내용	황국 신민 서사 암송·궁성 요배·신사 참배 강요, 한국어 교육 금 지·일본어 사용 강요, 소학교를 국민학교로 개칭, 일본식 성과 이 름 사용 강요, 『조선일보』, 『동아일보』 폐간 등

2 식민지 공업화와 병참 기지화 정책

식민지 공업화	일본 독점 자본의 대거 진출 → 중화학 공업과 광업 투 자 증가(한반도 북부에 식민지 공업화 진행)
남면북양 정책	남부 지방에서 면화 재배, 북부 지방에서 양 사육 강요
병참 기지화 정책	중일 전쟁 이후 군수 산업 중심으로 개편

└ 일본 방직 자본가에게 값싼 원료 공급 목적

3 전시 동원 체제

추진	국가 총동원법 제정(1938) → 인적·물적 수탈의 근거
인적 수탈	• 지원병제, 학도 지원병제, 징병제 _{일제는 청장년들을 징용하여 탄광, 철도 건설, 군수 공장 등에 동원하였다.} • 국민 징용령, 일본군 '위안부', 여자 정신 근로령
물적 수탈	• 산미 증식 계획 재개, 미곡의 공출 및 배급제 실시 • 무기 제조를 위해 금속 공출
기타	애국반(국민정신 총동원 운동의 말단 조직)

꼭 나오는 자료

∅ 13쪽 44번 문제로 확인

국가 총동원법(1938)

제1조 국가 총동원이란 전시에 국방 목적의 달성을 위해 ……
인적·물적 자원을 통제 운용하는 것을 가리킨다.
제4조 제국 신민을 징용하여 총동원 업무에 종사하게 할 수 있다.

자료 분석 중일 전쟁을 일으킨 일제는 한반도를 병참 기지로 만드는 동
시에 국가 총동원법을 제정하여 인적·물적 자원 수탈의 근거로 삼았다.

기본 기출 문제

바른답·알찬풀이 2쪽

핵심 개념 문제

● 빈칸에 들어갈 알맞은 말을 쓰시오.

001 1910년대 일제는 (　　　　)에게 일반 경찰 업무를 담당하게 하였다.

002 일제는 1910년 회사령을 공포하여 회사를 설립할 때 (　　　　)의 허가를 받게 하였다.

003 일제는 (　　　　) 정책을 실시하여 일본 방직 자본가에게 값싼 방직 원료를 공급하고자 하였다.

● 다음 내용이 옳으면 ○표, 틀리면 ✕표를 하시오.

004 일제는 1923년 일본 상품에 대한 관세를 대부분 철폐하였다. (　　　)

005 중일 전쟁 이후 일제는 병참 기지화 정책을 본격적으로 추진하였다. (　　　)

006 일제는 1938년 국가 총동원법을 공포하고, 이를 근거로 인적·물적 자원을 수탈하였다. (　　　)

● 일제의 통치와 사례를 바르게 연결하시오.

007 무단 통치　　•　　　•⊙ 보통 경찰제
008 '문화 정치'　•　　　•ⓛ 조선 태형령
009 민족 말살 통치•　　　•ⓒ 일본식 성명 강요

● 괄호 안에 들어갈 알맞은 말을 고르시오.

010 일제는 근대적 토지 소유권 확립을 내세워 (⊙ 토지, ⓛ 회사) 조사 사업을 실시하였다.

011 3·1 운동 이후 일제는 (⊙ 무관, ⓛ 문관)도 총독에 임명할 수 있도록 관제를 개정하였다.

● 다음에서 설명하는 용어를 <보기>에서 고르시오.

┤ 보기 ├
ㄱ. 징병제　ㄴ. 치안 유지법　ㄷ. 산미 증식 계획

012 한국의 식량 사정 악화를 가져왔다. (　　　)

013 일제가 한국인을 군인으로 침략 전쟁에 동원하기 위해 시행하였다. (　　　)

014 1925년에 제정되어 독립운동가와 사회주의 운동 탄압에 활용되었다. (　　　)

015

(가)에 들어갈 내용으로 옳은 것은?

> 1. 일제의 식민 통치 정책
> (1) ○○의 임명과 권한
>   • 식민 통치의 최고 기구 관할
>   • 육해군 대장 중에서 임명
>   • 입법·사법·행정권 및 군사권 장악
>   • _____(가)_____

① 일왕에게 직속
② 한국 병합 조약 체결
③ 화폐 정리 사업 추진
④ 을사늑약에 따라 부임
⑤ 대한 제국의 외교 업무 담당

016

다음 법령이 적용되던 시기의 상황으로 옳은 것만을 <보기>에서 고른 것은?

> 제1조　3개월 이하의 징역 또는 구류에 처해야 하는 자는 상황에 따라 태형에 처할 수 있다.
> 제11조　태형은 감옥 또는 즉결 관서에서 비밀리에 집행한다.
> 제13조　본령은 조선인에 한하여 적용한다.

┤ 보기 ├
ㄱ. 대한 제국의 군대가 해산되었다.
ㄴ. 러일 전쟁에서 일본이 승리하였다.
ㄷ. 교사가 제복을 입고 칼을 착용하였다.
ㄹ. 헌병 경찰이 일상 생활을 감시하였다.

① ㄱ, ㄴ　　　② ㄱ, ㄷ　　　③ ㄴ, ㄷ
④ ㄴ, ㄹ　　　⑤ ㄷ, ㄹ

● 바른답·알찬풀이 2쪽

017

🌟핵심 주제 '문화 정치'

(가)에 들어갈 내용으로 적절한 것만을 <보기>에서 고른 것은?

일제는 3·1 운동을 계기로 이른바 '문화 정치'를 표방하여 한국인을 회유하려 하였다. 이에 문관 출신 총독도 조선 총독에 임명할 수 있도록 하고 _____ (가)

┤ 보기 ├

ㄱ. 중추원을 설치하였다.
ㄴ. 만민 공동회를 개최하였다.
ㄷ. 보통 경찰제를 실시하였다.
ㄹ. 『동아일보』 창간을 허용하였다.

① ㄱ, ㄴ   ② ㄱ, ㄷ   ③ ㄴ, ㄷ
④ ㄴ, ㄹ   ⑤ ㄷ, ㄹ

018

🌟핵심 주제 산미 증식 계획

다음 상황을 해결하기 위해 일제가 실시한 정책으로 옳은 것은?

제1차 세계 대전을 계기로 일본은 공업화가 급속히 진전되면서 도시 인구가 크게 늘었고 쌀의 수요도 증가하였다. 그러나 쌀의 공급량이 쌀의 수요량에 미치지 못하면서 일본 내 쌀값이 폭등하고 쌀 부족 현상이 나타났다.

① 회사령의 제정
② 산미 증식 계획 착수
③ 토지 조사 사업 실시
④ 동양 척식 주식회사 설립
⑤ 일본 상품에 대한 관세 폐지

019

🌟핵심 주제 민족 말살 통치

다음 질문에 대한 학생들의 답변 내용으로 가장 적절한 것은?

이것은 일본과 한국이 한 몸과 같다는 점을 강조하는 선전물입니다. 1930년대 중반 이후 일제는 이러한 방법을 통해 한국인의 민족의식을 말살하려 하였습니다. 이유를 발표해 볼까요?

① 제1차 세계 대전에 참전하려 하였습니다.
② 한국의 많은 토지를 약탈하려 하였습니다.
③ 한국인을 침략 전쟁에 동원하려 하였습니다.
④ 조선 총독부의 지세 수입을 늘리려 하였습니다.
⑤ 값싼 일본산 제품을 국내에 유통하려 하였습니다.

020

🌟핵심 주제 전시 동원 체제

다음 회고에 나타난 시기의 상황으로 옳은 것만을 <보기>에서 고른 것은?

당시 상황을 설명해 주세요.

군대로 징집한다는 영장이 집으로 왔습니다. 시뻘건 종이로. …… 용산 30부대로 들어가서 열흘 동안 있었는데, 떠날 때까지 전혀 어디로 가는지 몰랐습니다. 용산역에서 출발했는데 그 기차가 북쪽으로 갔습니다. …… 중국으로 끌려간 것이지요.

┤ 보기 ├

ㄱ. 애국반이 설치되었다.
ㄴ. 회사령이 폐지되었다.
ㄷ. 궁성 요배가 강요되었다.
ㄹ. 치안 유지법이 제정되었다.

① ㄱ, ㄴ   ② ㄱ, ㄷ   ③ ㄴ, ㄷ
④ ㄴ, ㄹ   ⑤ ㄷ, ㄹ

I

1 무단 통치와 수탈 체제의 확립

021

다음 법령이 제정된 시기의 상황으로 옳은 것은?

> 제1조 경찰서장 또는 그 직무를 취급하는 자는 그 관할
> 구역 안에서 일어난 다음 각호의 범죄를 즉결할 수
> 있다.
> 1. 구류 또는 과료형에 해당하는 죄
> 2. 3개월 이하의 징역 또는 100원 이하의 벌금이나 과료형
> 에 처하여야 하는 도박죄 및 구류 또는 과료형에 처하여
> 야 하는 형법 제208조의 죄
> 3. 3개월 이하의 징역·금고, 구류 또는 100원 이하의 벌금
> 또는 과료형에 처하여야 하는 행정 법규 위반의 죄

① 중추원이 소집되었다.
② 명성 황후가 시해되었다.
③ 대한 제국의 군대가 해산되었다.
④ 순종이 새로운 황제의 자리에 올랐다.
⑤ 헌병 사령관이 경무 총감에 임명되었다.

022

다음 자료를 활용한 탐구 주제로 가장 적절한 것은?

① 일제의 무단 통치
② 독립 협회의 활동
③ 군국기무처의 활동
④ 폐정 개혁안의 내용
⑤ 구본신참에 입각한 정책

023

다음 상황이 나타난 배경을 알아보기 위한 탐구 활동으로 가장 적절한 것은?

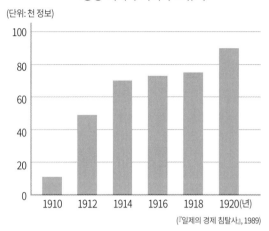

<동양 척식 주식회사 소유지>
(단위: 천 정보)

『일제의 경제 침탈사』, 1989

① 홍범 14조의 내용을 분석한다.
② 당백전 발행의 폐단을 파악한다.
③ 메가타의 부임 과정을 정리한다.
④ 교정청의 설치 경위를 살펴본다.
⑤ 토지 조사 사업의 영향을 파악한다.

024

다음 법령에 나타난 경제 정책에 대한 학생들의 발표 내용으로 적절한 것만을 <보기>에서 고른 것은?

> 제4조 토지의 소유자는 조선 총독이 정하는 기간 내에 그
> 주소, 성명·명칭 및 소유지의 소재, 지목, 자 번호,
> 사표, 등급, 지적, 결수를 임시 토지 조사 국장에게
> 신고하여야 한다.

┤ 보기 ├
ㄱ. 양전 사업을 통해 지계를 발급하였어요.
ㄴ. 경작과 관련된 조선의 관행을 인정하였어요.
ㄷ. 조선 총독부의 지세 수입 증가로 이어졌어요.
ㄹ. 근대적 토지 소유권의 확립을 구실로 추진되었어요.

① ㄱ, ㄴ
② ㄱ, ㄷ
③ ㄴ, ㄷ
④ ㄴ, ㄹ
⑤ ㄷ, ㄹ

025 빈출

다음 상황이 나타난 배경으로 가장 적절한 것은?

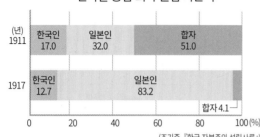

<민족별 공업 회사 불입 자본액>

(년)	한국인	일본인	합자
1911	17.0	32.0	51.0
1917	한국인 12.7	일본인 83.2	합자 4.1

(조기준, 『한국 자본주의 성립사론』)

① 회사령이 적용되었다.
② 청일 전쟁이 일어났다.
③ 헌정 연구회가 결성되었다.
④ 대한 천일 은행이 설립되었다.
⑤ 조·청 상민 무역 장정이 체결되었다.

---

2 민족 분열 통치와 경제 수탈의 확대

026

다음 법령이 제정된 시기의 상황으로 적절한 것만을 <보기>에서 고른 것은?

제1조 국체(천황제)를 변혁하거나 사유 재산 제도를 부인하는 것을 목적으로 결사를 조직하거나 이에 가입하는 자는 10년 이하의 징역 또는 금고에 처한다.
제7조 이 법은 이 법의 시행 구역 외에서 죄를 범한 자에게도 적용한다.

| 보기 |

ㄱ. 하와이 이민이 시작되었다.
ㄴ. 군인 출신 총독이 부임하였다.
ㄷ. 스티븐스가 미국에서 사살되었다.
ㄹ. 『동아일보』가 사회 문제를 보도하였다.

① ㄱ, ㄴ   ② ㄱ, ㄷ   ③ ㄴ, ㄷ
④ ㄴ, ㄹ   ⑤ ㄷ, ㄹ

027

(가), (나)에 들어갈 내용으로 옳은 것만을 <보기>에서 고른 것은?

3·1 운동 이후 일제는 보통 경찰제를 실시하였으나, 실제로는 ____(가)____ 하였다. 또한 한글 신문의 창간을 허용하였으나 ____(나)____ 하였다.

| 보기 |

ㄱ. (가) - 군대를 해산   ㄴ. (가) - 경찰 인원이 증가
ㄷ. (나) - 『황성신문』을 폐간   ㄹ. (나) - 기사 검열을 강화

① ㄱ, ㄴ   ② ㄱ, ㄷ   ③ ㄴ, ㄷ
④ ㄴ, ㄹ   ⑤ ㄷ, ㄹ

028

다음 조치가 취해진 배경으로 가장 적절한 것은?

친일 인물을 물색하고, 각기 계급에 및 시정에 따라 여러 친일적 단체를 만들게 한 후 편의와 원조를 제공하며 충분히 활동하게 한다. - 『사이토 마코토 문서』 -

① 보안회가 활동하였다.
② '문화 정치'가 실시되었다.
③ 고종이 강제 퇴위당하였다.
④ 13도 창의군이 조직되었다.
⑤ 한국 병합 조약이 체결되었다.

029

밑줄 친 '이 계획'의 결과로 적절한 것만을 <보기>에서 고른 것은?

이 계획에 따라 쌀 수확량은 늘어났지만, 수확으로 얻는 이익보다 수리 조합비 등으로 인한 농민의 부담이 커진 상황을 나타난 풍자화이다.

| 보기 |

ㄱ. 소작농의 비율이 늘어났다.
ㄴ. 황국 중앙 총상회가 결성되었다.
ㄷ. 한국의 식량 사정이 악화되었다.
ㄹ. 미국이 운산 금광 채굴권을 차지하였다.

① ㄱ, ㄴ   ② ㄱ, ㄷ   ③ ㄴ, ㄷ
④ ㄴ, ㄹ   ⑤ ㄷ, ㄹ

030

(가)에 들어갈 내용으로 가장 적절한 것은?

> 일본은 제1차 세계 대전 당시 유럽과 아시아로 공업 제품의 수출이 증가하면서 호황을 누렸다. 축적된 자본을 바탕으로 더 많은 이익을 얻기 위해 한국에 진출하려는 일본 기업이 늘어나자 조선 총독부는 _____(가)_____

① 회사령을 폐지하였다.
② 방곡령을 실시하였다.
③ 조일 통상 장정을 체결하였다.
④ 화폐 정리 사업을 시행하였다.
⑤ 일본 제일 은행권을 유통하였다.

3 민족 말살 통치와 전시 동원 체제

031

(가)에 들어갈 내용으로 가장 적절한 것은?

> 만주 사변
> ↓
> (가)
> ↓
> 일본의 하와이 진주만 기습 공격

① 삼국 간섭 발생
② 중일 전쟁 발발
③ 시모노세키 조약 체결
④ 제1차 세계 대전 종결
⑤ 포츠머스 강화 조약 체결

032

(가)에 들어갈 내용으로 가장 적절한 것은?

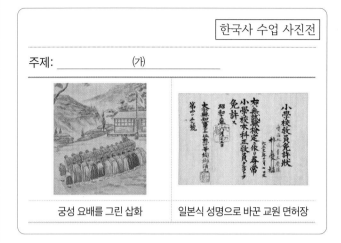

| 한국사 수업 사진전 |
| 주제: _____(가)_____ |

궁성 요배를 그린 삽화 / 일본식 성명으로 바꾼 교원 면허장

① 개화파의 분화
② 근대 문물의 수용
③ 독립 협회의 활동
④ 치안 유지법의 제정
⑤ 민족 말살 통치의 사례

033

다음 글이 만들어진 배경을 알아보기 위한 탐구 활동으로 가장 적절한 것은?

> • 우리는 대일본 제국의 신민입니다.
> • 우리는 마음을 합하여 천황 폐하에게 충의를 다합니다.
> • 우리는 인고 단련하여 훌륭하고 강한 국민이 되겠습니다.

① 경원선의 부설 경위를 찾아본다.
② 토지 조사령의 내용을 분석한다.
③ 산미 증식 계획의 영향을 알아본다.
④ 황국 신민화 정책의 목적을 파악한다.
⑤ 교사에게 칼을 차게 한 이유를 조사한다.

034

(가), (나)에 들어갈 용어가 옳게 짝지어진 것은?

> 일제는 대공황 이후 서구 열강의 보호 무역으로 어려움을 겪던 일본 방직 자본가에게 값싼 원료를 공급하기 위해 남부 지방에는 (가) 를 재배하고, 북부 지방에서는 (나) 을/를 기르게 하였다.

	(가)	(나)		(가)	(나)
①	벼	소	②	벼	양
③	면화	소	④	면화	양
⑤	보리	양			

● 바른답·알찬풀이 2쪽

035

자료를 보고 학생들이 나눈 대화 내용으로 적절한 것만을 〈보기〉에서 고른 것은?

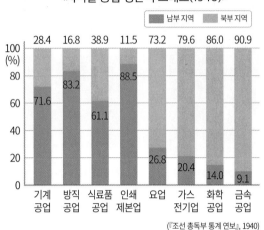

<지역별 공업 생산액 그래프(1940)>

(『조선 총독부 통계 연보』, 1940)

| 보기 |
ㄱ. 북부 지방에 군수 산업이 육성되었어요.
ㄴ. 경부선, 경의선 등 철도를 부설하였어요.
ㄷ. 병참 기지화 정책에 따라 나타난 현상이에요.
ㄹ. 전차 등 근대 시설이 수용된 결과를 알 수 있어요.

① ㄱ, ㄴ   ② ㄱ, ㄷ   ③ ㄴ, ㄷ
④ ㄴ, ㄹ   ⑤ ㄷ, ㄹ

036

다음 회고에 나타난 시기의 상황으로 옳은 것만을 〈보기〉에서 고른 것은?

• 면사무소 직원이 징용가라고 했어요. 다음날 출발했기 때문에 속옷만 챙겼어요.
• 사할린에서 비행장을 만들었어요. 이후에는 가와카미 탄광으로 끌려갔어요.

| 보기 |
ㄱ. 일제가 금속을 공출하였다.
ㄴ. 쌀의 배급제가 실시되었다.
ㄷ. 국채 보상 운동이 전개되었다.
ㄹ. 동양 척식 주식회사가 설립되었다.

① ㄱ, ㄴ   ② ㄱ, ㄷ   ③ ㄴ, ㄷ
④ ㄴ, ㄹ   ⑤ ㄷ, ㄹ

1등급을 향한 서답형 문제

| 037~038 |

다음 자료를 읽고 물음에 답하시오.

제1조 회사의 설립은 [(가)] 의 허가를 받아야 한다.
제5조 회사가 본령 또는 본령에 의한 허가의 조건에 위반하거나 공공질서 및 선량한 풍속에 반하는 행위를 한 경우에는 [(가)] 은/는 사업의 정지·금지, 지점의 폐쇄 또는 회사의 해산을 명령할 수 있다.

037

위 법령의 명칭을 쓰시오.

038

(가)에 해당하는 관직의 특징을 세 가지 서술하시오.

| 039~040 |

다음 자료를 읽고 물음에 답하시오.

㉠이번 사변에서 우리 조선은 상당량의 군수 물자를 공급하는 성과를 거두었다. …… 그러나 아직 불충분하며 중국 대륙 작전군에 대해 일본으로부터의 해상 수송이 차단당하는 경우가 있더라도, 조선의 힘만으로 보충할 수 있도록 조선 산업 분야를 다각화하며 특히 군수 공업의 육성에 역점을 두어야 한다.
- 『동아일보』, 1938. 9. 1. -

039

밑줄 친 ㉠에 해당하는 전쟁을 쓰시오.

040

위 방침에 따라 추진된 정책의 명칭을 쓰고, 한국의 경제 구조에 끼친 영향을 서술하시오.

적중 1등급 문제

내신 1등급을 결정하는 고난도 문제를 수록하였습니다.

041

(가) 시기의 상황으로 옳은 것은?

수업 주제: (가) 시기가 묘사된 문학 작품

소학교 선생님이 사벨(긴 칼)을 차고 교단에 오르는 나라가 있는 것을 보셨습니까? 나는 그런 나라의 백성이외다. …… 이 땅의 소학교 교원의 허리에서 그 장난감 칼을 떼어 놓을 날은 언제일지? 숨이 막힙니다.

- 염상섭, 『만세전』 -

① 『동아일보』가 창간되었다.
② 오산 학교가 설립되었다.
③ 토지 조사 사업이 실시되었다.
④ 통감이 외교 업무를 처리하였다.
⑤ 일본 상품에 대한 관세가 폐지되었다.

042

다음 상황이 나타난 배경을 알아보기 위한 탐구 활동으로 가장 적절한 것은?

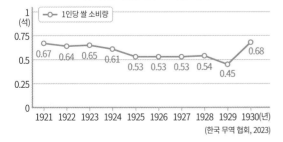

<한국인 1인당 쌀 소비량의 추이>

(한국 무역 협회, 2023)

① 경부선의 부설 경위를 살펴본다.
② 방곡령이 실시된 배경을 찾아본다.
③ 동양 척식 주식회사의 설립 목적을 파악한다.
④ 황무지 개간권 요구가 저지되는 과정을 정리한다.
⑤ 일본의 쌀 부족 문제를 해결하기 위한 정책을 조사한다.

043

다음 상황에 대한 일제의 대응으로 적절한 것만을 <보기>에서 고른 것은?

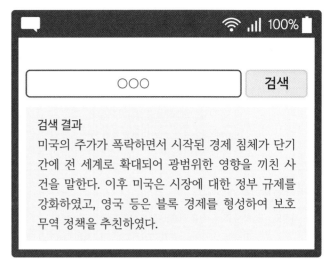

검색 결과
미국의 주가가 폭락하면서 시작된 경제 침체가 단기간에 전 세계로 확대되어 광범위한 영향을 끼친 사건을 말한다. 이후 미국은 시장에 대한 정부 규제를 강화하였고, 영국 등은 블록 경제를 형성하여 보호 무역 정책을 추친하였다.

┤ 보기 ├
ㄱ. 호남선 부설을 완료하였다.
ㄴ. 남면북양 정책을 실시하였다.
ㄷ. 회사 설립을 신고제로 전환하였다.
ㄹ. 만주 사변 등 침략 전쟁을 확대하였다.

① ㄱ, ㄴ   ② ㄱ, ㄷ   ③ ㄴ, ㄷ
④ ㄴ, ㄹ   ⑤ ㄷ, ㄹ

044

다음 법령이 제정된 시기를 연표에서 옳게 고른 것은?

제1조 국가 총동원이란 전시에 국방 목적의 달성을 위해 국가의 전력을 가장 유효하게 발휘할 수 있도록 인적·물적 자원을 통제 운용하는 것을 가리킨다.
제4조 제국 신민을 징용하여 총동원 업무에 종사하게 할 수 있다.

	(가)	(나)	(다)	(라)	(마)	
한국 병합 조약 체결		헌병 경찰제 폐지	치안 유지법 제정	중일 전쟁 발발	일본군의 하와이 공격	징병제 실시

① (가)   ② (나)   ③ (다)   ④ (라)   ⑤ (마)

02 3·1 운동과 대한민국 임시 정부

1 1910년대 국내외 독립운동

1 국내 항일 비밀 결사
— 일제의 가혹한 무단 통치 속에서 국내에서는 노출된 형태의 활동이 어려웠기 때문이다.

독립 의군부	임병찬 등이 고종의 밀명을 받아 결성, 복벽주의를 내세워 고종을 황제로 복위시키기 위해 의병 봉기 계획 → 국권 반환 요구서를 보내려던 중 발각되어 실패
대한 광복회	박상진 등이 주축, 민주 공화제 국가 건설 추구, 친일파 처단·무관 학교 설립(만주) 추진 → 조직이 발각되어 해체

2 국외 독립운동 기지 건설
— 신민회의 이회영, 이상룡 등이 서간도의 활동을 주도하였다.

서간도	경학사 조직, 신흥 강습소(이후 신흥 무관 학교) 설립
북간도	간민회 등 결성, 명동 학교(서전서숙 계승) 설립, 서일 등 대종교 간부들이 무장 독립 단체인 중광단 조직(→ 북로 군정서)
연해주	블라디보스토크 교외에 신한촌 조직, 권업회 결성 → 대한 광복군 정부(정·부통령으로 이상설, 이동휘) 수립
상하이	• 동제사 조직, 신한청년당 결성(대한민국 임시 정부 수립 기반) • 「대동단결 선언」 발표(1917)
미주	장인환과 전명운 의거를 계기로 샌프란시스코에서 대한인 국민회 결성(안창호 주도), 하와이에서 대조선 국민군단 조직(박용만 주도)

2 3·1 운동의 전개와 의의

1 3·1 운동의 배경

국제 정세	러시아 혁명 이후 레닌이 약소민족의 해방 운동 지원 선언, 미국 대통령 윌슨이 제1차 세계 대전 전후 처리 원칙으로 민족 자결주의 제창
국외	• 신한청년당이 파리 강화 회의에 김규식을 대표로 파견 • 대한인 국민회가 한국의 독립 문제를 파리 강화 회의에서 논의해달라고 미국 정부에 요청 • 일본 유학생들이 2·8 독립 선언 발표(1919)
국내	고종 독살설의 영향으로 한국인들의 분노 고조 → 종교 지도자와 학생들을 중심으로 고종 장례식에 즈음하여 독립 선언과 만세 시위 계획

꼭 나오는 자료
🔗 18쪽 73번 문제로 확인

3·1 독립 선언서

우리는 오늘 우리 조선이 독립국임과 자주민임을 선언하노라. 우리는 이를 세계 모든 나라에 알려 인류가 모두 평등하다는 큰 뜻을 분명히 하고, 우리 후손이 민족 스스로 살아갈 정당한 권리를 영원히 누리게 할 것이다.

자료 분석 민족 대표 주도로 작성된 3·1 독립 선언서의 일부이다. 민족 자결주의에 영향을 받은 독립운동가들은 한국의 독립 의지를 전 세계에 드러내어 열강이 지지를 얻고자 하였다.

2 만세 시위의 전개와 확산
— 평양, 원산 등지에서도 만세 시위가 전개되었다.
이후 농촌으로 확산되었다.

시작	• 민족 대표가 종로 탑골 공원에서 독립 선언 계획 → 시위가 과격해질 것을 우려해 태화관에서 독립 선언식 • 학생과 시민이 탑골 공원에서 독립 선언서 낭독 후 거리 시위
특징	교사, 상인(철시 투쟁), 노동자(파업 투쟁), 기생, 걸인 등 다양한 직업과 계층 참여
확산	농촌(무력 투쟁 양상으로 발전), 국외(만주, 연해주, 일본 등)

3 3·1 운동의 의의와 영향

의의	일제 강점기 최대 규모의 항일 운동, 독립 의지를 전 세계에 표방
영향	• 민족 운동의 구심점 필요성 대두 → 대한민국 임시 정부 수립 • 학생, 농민, 노동자, 여성 등 민족 운동 주체 확대 → 대중 운동과 사회 운동의 토대 • 일제 통치 방식이 무단 통치에서 '문화 정치'로 변화 • 중국의 5·4 운동 등 약소민족의 민족 운동에 영향

3 대한민국 임시 정부의 수립과 활동

1 대한민국 임시 정부의 수립

수립	대한 국민 의회(연해주), 대한민국 임시 정부(상하이), 한성 정부(국내) → 통합 운동 전개 → 대한민국 임시 정부 수립(한성 정부 계승, 상하이에 위치) — 서양 열강의 조계가 많아 외교 활동에 유리하였다.
특징	우리 역사상 최초의 민주 공화제 정부, 삼권 분립(임시 의정원, 국무원, 법원)
정부 구성	임시 의정원이 대한민국 임시 헌법 공포 → 초대 임시 대통령 이승만, 국무총리 이동휘 등 각료 선출

2 대한민국 임시 정부의 활동
이륭 양행에 근거를 둔 안동(단둥)
교통국이 특히 활약하였다.

자금 마련	• 연통제: 비밀 행정 조직, 군자금 조달, 정부 문서와 명령 전달 • 교통국: 통신 기관, 정보 수집과 분석, 독립운동 자금 모집 • 독립 공채 발행, 의연금 모금
외교 활동	• 파리 강화 회의에 파견된 김규식을 임시 정부의 대표로 임명 • 미국에 구미 위원부 설치
군사 활동	• 군무원 산하에 군무부 설치(만주 일대 군사 조직 관할) • 군무부 직할 부대로 육군 주만 참의부 등 편성
기타	『독립신문』 발행, 임시 사료 편찬회를 두고 『한일 관계 사료집』 간행

3 국민 대표 회의

배경	• 연통제와 교통국 조직 발각, 외교 활동의 성과 미흡, 이승만의 국제 연맹 위임 통치 청원 요청 비판 고조 • 사회주의 계열과 민족주의 계열의 갈등 심화
전개	국민 대표 회의 개최(1923) → 창조파와 개조파의 대립으로 결렬
결과	• 이승만 탄핵 → 박은식을 제2대 대통령으로 선출 • 개헌: 국무령 중심의 집단 지도 체제로 전환

기본 기출 문제

핵심 개념 문제

● 빈칸에 들어갈 알맞은 말을 쓰시오.

045 서간도 삼원보 지역에서는 신민회의 이회영 등이 자치 기관인 (　　　　)을/를 조직하였다.

046 국민 대표 회의는 개조파와 (　　　　) 등의 대립으로 결렬되었다.

● 다음 내용이 옳으면 ○표, 틀리면 ✕표를 하시오.

047 미국 대통령 윌슨이 제창한 민족 자결주의는 3·1 운동에 영향을 끼쳤다.　　　　　　(　　　)

048 대한민국 임시 정부는 미국에 구미 위원부를 두고 외교 활동을 펼쳤다.　　　　　　　(　　　)

● 지역과 주요 독립운동 내용을 바르게 연결하시오.

049 북간도 •　　　　　• ㉠ 권업회 결성
050 상하이 •　　　　　• ㉡ 명동 학교 설립
051 연해주 •　　　　　• ㉢ 「대동단결 선언」 발표
052 하와이 •　　　　　• ㉣ 대조선 국민군단 결성

● 괄호 안에 들어갈 알맞은 말을 고르시오.

053 박상진이 주축이 된 대한 광복회는 (㉠ 복벽주의, ㉡ 공화 정치)를 추구하였다.

054 대한민국 임시 정부는 비밀 행정 조직인 (㉠ 교통국, ㉡ 연통제)을/를 통해 국내와 연락하였다.

055 대한민국 임시 정부는 (㉠ 박은식, ㉡ 이승만)을 탄핵하고, 새로운 대통령을 선출하였다.

● 다음에서 설명하는 단체를 〈보기〉에서 고르시오.

| 보기 |
ㄱ. 독립 의군부　　　ㄴ. 대한인 국민회
ㄷ. 대한 국민 의회　　ㄹ. 대한민국 임시 정부

056 고종의 밀명을 받아 결성되었다.　　　(　　　)
057 상하이에서 외교 활동을 전개하였다.　(　　　)
058 3·1 운동을 계기로 연해주에서 수립되었다.
　　　　　　　　　　　　　　　　(　　　)
059 미주 지역 한인 단체들의 통합으로 조직되었다.
　　　　　　　　　　　　　　　　(　　　)

060

★핵심 주제 1910년대 독립운동

(가)에 들어갈 내용으로 적절한 것만을 〈보기〉에서 고른 것은?

> 헌병 경찰이 걸핏하면 즉결 심판으로 볼기를 때리고, 언론·출판·집회·결사의 자유마저 철저히 제한된 상황에서 국내에서는 독립운동을 전개하는 데 많은 어려움이 있었다. 이에 독립운동가들은 ＿＿＿＿＿＿＿＿(가)＿＿＿＿＿＿＿

| 보기 |
ㄱ. 만민 공동회를 열었다.
ㄴ. 비밀 결사를 조직하였다.
ㄷ. 서울 진공 작전을 벌였다.
ㄹ. 국외 독립운동 기지 건설에 나섰다.

① ㄱ, ㄴ　　　② ㄱ, ㄷ　　　③ ㄴ, ㄷ
④ ㄴ, ㄹ　　　⑤ ㄷ, ㄹ

061

★핵심 주제 독립 의군부

다음 자료의 단체에 대한 설명으로 옳은 것은?

> 1. 결성
> 　(1) 고종의 밀명에 따라 결성
> 　(2) 유생 중심으로 활동 모색
> 2. 활동
> 　(1) 전국적인 의병 봉기 계획
> 　(2) 국권 반환 요구서를 발송하는 과정에서 조직이 발각

① 이완용을 습격하였다.
② 복벽주의를 내세웠다.
③ 척화 주전론을 펼쳤다.
④ 청에 원군을 요청하였다.
⑤ 폐정 개혁안을 제출하였다.

기본 기출 문제

● 바른답·알찬풀이 6쪽

062

⭐핵심 주제 국외 독립운동

다음 활동이 전개된 지역으로 옳은 것은?

- 간민회 등의 자치 단체 조직
- 서전서숙을 계승한 명동 학교 등 설립
- 대종교 간부들이 중광단 조직

① 미주　　② 북간도　　③ 서간도
④ 상하이　　⑤ 연해주

063

⭐핵심 주제 국외 독립운동

(가), (나)에 들어갈 지역이 옳게 짝지어진 것은?

장인환과 전명운의 의거를 계기로 애국심이 고조되면서 안창호의 주도로 한인 단체들이 통합하여 [(가)]에서 대한인 국민회가 결성되었다. 한편 [(나)]에서는 박용만 등이 대조선 국민군단을 조직하여 군사 훈련을 실시하였다.

	(가)	(나)
①	삼원보	샌프란시스코
②	하와이	삼원보
③	하와이	샌프란시스코
④	샌프란시스코	삼원보
⑤	샌프란시스코	하와이

064

⭐핵심 주제 민족 자결주의

(가)에 들어갈 내용으로 가장 적절한 것은?

① 대공황 확산
② 워싱턴 회의 개최
③ 일본군의 만주 공격
④ 제2차 세계 대전 발발
⑤ 윌슨의 민족 자결주의 제창

065

⭐핵심 주제 3·1운동

(가)에 들어갈 내용으로 가장 적절한 것은?

① 신민회의 결성 과정
② 애국 계몽 운동의 배경
③ 동학 농민 운동의 성과
④ 3·1 운동의 전개와 확산
⑤ 대한민국 임시 정부의 활동

066

⭐핵심 주제 대한민국 임시 정부

(가)에 들어갈 내용으로 가장 적절한 것은?

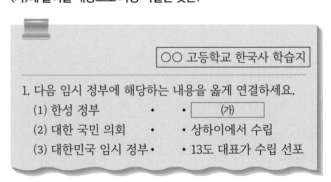

① 『독립신문』 발행
② 구미 위원부 설치
③ 『한일 관계 사료집』 간행
④ 이승만을 대통령으로 선출
⑤ 연해주의 블라디보스토크에서 수립

실력 기출 문제

1 1910년대 국내외 독립운동

067

(가)에 들어갈 내용으로 가장 적절한 것은?

① 경학사 결성
② 신한촌 형성
③ 중광단 조직
④ 명동 학교 설립
⑤ 독립 의군부 활동

068

(가) 인물에 대한 설명으로 옳은 것은?

> 1911년 연해주 지역에서는 이상설, 유인석, [(가)] 등이
> 권업회를 조직하고 『권업신문』을 발간하여 민족의식을 고
> 취하였다. 1914년에는 이상설과 [(가)] 을/를 정·부통령
> 으로 하는 대한 광복군 정부가 수립되었다.

① 왜양 일체론을 제기하였다.
② 단발령에 맞서 봉기하였다.
③ 『독립신문』 발행을 주도하였다.
④ 농민군을 이끌고 전주성을 점령하였다.
⑤ 대한민국 임시 정부의 국무총리로 활동하였다.

2 3·1 운동의 전개와 의의

069 빈출

밑줄 친 ㉠의 사례로 적절한 것만을 〈보기〉에서 고른 것은?

> 국내외에서 항일 투쟁이 활발히 전개되는 가운데 제1차 세
> 계 대전의 막바지부터 국제 정세의 흐름에 변화가 나타났
> 다. 이러한 변화에 희망을 품은 독립운동가들은 ㉠한국의
> 독립 의지를 전 세계에 분명히 드러내어 열강의 지지를 받
> 고자 하였다.

┤ 보기 ├
ㄱ. 대한인 국민회가 외교 활동에 나섰다.
ㄴ. 안중근이 이토 히로부미를 사살하였다.
ㄷ. 도쿄에서 2·8 독립 선언이 이루어졌다.
ㄹ. 헤이그에서 열린 만국 평화 회의에 특사가 파견되었다.

① ㄱ, ㄴ   ② ㄱ, ㄷ   ③ ㄴ, ㄷ
④ ㄴ, ㄹ   ⑤ ㄷ, ㄹ

070

(가)에 들어갈 내용으로 가장 적절한 것은?

① 만주 사변이 일어났어.
② 제1차 아편 전쟁이 벌어졌어.
③ 시모노세키 조약이 체결되었어.
④ 윌슨이 민족 자결주의를 제창하였어.
⑤ 일본군이 하와이의 미군 기지를 공격하였어.

071

(가) 인물에 대한 설명으로 옳은 것은?

> (가) 이/가 서거하자 일제의 독살에 의한 것이라는 소문이 퍼지면서 한국인들의 분노가 높아졌다. 이에 종교 지도자들과 학생들을 중심으로 국장일에 즈음하여 독립 선언과 만세 시위를 하기로 계획하였다.

① 국외로 망명하였다.　　　② 비변사를 설치하였다.
③ 서로 군정서를 이끌었다.　④ 한일 신협약을 체결하였다.
⑤ 임병찬 등에게 밀명을 내렸다.

072

(가), (나)에 들어갈 장소가 옳게 짝지어진 것은?

> 손병희, 이승훈, 한용운 등 민족 대표는 1919년 3월 1일 종로의 　(가)　에서 독립 선언을 하기로 하였다. 그러나 시위가 과격해질 것을 우려하여 　(나)　에서 독립 선언식을 가졌다.

	(가)	(나)
①	육영 공원	독립관
②	육영 공원	태화관
③	연무 공원	태화관
④	탑골 공원	독립관
⑤	탑골 공원	태화관

073 빈출

(가) 운동에 대한 학생들의 발표 내용으로 가장 적절한 것은?

> 우리는 오늘 조선이 독립국임과 조선인이 자주민임을 선언하노라.
>
> 　(가)　 운동 100주년을 기념하여 2019년에 제작된 우표이다. 배경에는 민족 대표 없이 공원에서 만세 시위에 나섰던 학생들과 시민들이 그려져 있고, 그 위에 독립 선언문이 제시되어 있다.

① 독립 협회의 결성으로 이어졌어요.
② 「대동단결 선언」에 영향을 끼쳤어요.
③ 평화적인 만세 시위로 시작하였어요.
④ 제물포 조약이 체결되는 토대가 되었어요.
⑤ 중추원 관제가 개편되는 결과를 가져왔어요.

074

밑줄 친 '이 운동'이 끼친 영향으로 적절한 것만을 〈보기〉에서 고른 것은?

> 1910년 한 미국 신문은 일본의 한국 강점에 대하여 '항의하는 이는 아무도 없었고 한국인들은 저항할 힘이 없었다.'라고 보도하였다. 하지만 9년 후 태평양 건너 전해진 <u>이 운동</u>의 '대한 독립 만세' 소식은 '무력한 한국의 이미지'를 '독립을 위해 저항하는 한국'으로 바꾸어 놓았다.

┤ 보기 ├
ㄱ. 군국기무처가 설치되었다.
ㄴ. 중국의 5·4 운동에 영향을 주었다.
ㄷ. 여성도 역사의 주체라는 의식이 높아졌다.
ㄹ. 조·청 상민 수륙 무역 장정이 체결되었다.

① ㄱ, ㄴ　　　② ㄱ, ㄷ　　　③ ㄴ, ㄷ
④ ㄴ, ㄹ　　　⑤ ㄷ, ㄹ

075

밑줄 친 '이 운동' 당시에 볼 수 있는 모습으로 가장 적절한 것은?

> <u>이 운동</u> 당시 일본군은 제암리 주민들을 교회에 모이게 한 뒤, 무차별 사격을 가하고 교회에 불을 지르는 만행을 저질렀다.

① 징병으로 끌려가는 청년
② 태형을 집행하는 헌병 경찰
③ 『동아일보』의 기사를 읽는 지식인
④ 식량 배급량에 불만을 토로하는 농민
⑤ 치안 유지법으로 처벌받는 독립운동가

3 대한민국 임시 정부의 수립과 활동

076

(가), (나)에 들어갈 단체가 옳게 짝지어진 것은?

> 1919년 국내외 여러 곳에서 임시 정부가 수립되었다. 연해
> 주에서는 [(가)]가, 상하이에서는 [(나)]가 세워졌다.
> 국내에서도 13도 대표가 정부 수립을 선포하였다.

	(가)	(나)
①	한성 정부	대한민국 임시 정부
②	대한 국민 의회	한성 정부
③	대한 국민 의회	대한민국 임시 정부
④	대한민국 임시 정부	한성 정부
⑤	대한민국 임시 정부	대한 국민 의회

077

다음을 활용한 탐구 주제로 가장 적절한 것은?

▲ 1920년 발행된 여권   ▲ 미주 지역에서 발행된 독립 공채

① 신민회의 특징
② 헌정 연구회의 활동
③ 보안회의 해체 경위
④ 대한인 국민회의 결성
⑤ 대한민국 임시 정부의 활동

078

(가)에 들어갈 기구로 옳은 것은?

> 대한민국 임시 정부는 국내외에 수립된 여러 임시 정부를
> 통합하여 상하이에 수립되었다. 대한민국 임시 정부의 입
> 법 기관이었던 [(가)]은 1919년 9월 대한민국 임시 헌법
> 을 공포하고 이에 따라 각료를 선출하였다.

① 법원   ② 국무원   ③ 중추원
④ 탁지아문   ⑤ 임시 의정원

079 빈출

**밑줄 친 '이 정부'에 대한 설명으로 옳은 것만을 〈보기〉에서 고른
것은?**

> 우리는 지금 이 정부의 첫
> 번째 청사에 도착했습니
> 다. 이곳은 당시 서양 열강
> 의 조계여서 일본의 힘이
> 크게 미치지 않았습니다.

┤ 보기 ├
ㄱ. 지계를 발급하였다.
ㄴ. 대한국 국제를 반포하였다.
ㄷ. 삼권 분립의 원칙을 내세웠다.
ㄹ. 주권이 국민에게 있음을 선언하였다.

① ㄱ, ㄴ   ② ㄱ, ㄷ   ③ ㄴ, ㄷ
④ ㄴ, ㄹ   ⑤ ㄷ, ㄹ

● 바른답·알찬풀이 **6쪽**

080

(가) 인물에 대한 설명으로 옳은 것은?

> 대통령 ⬜(가)⬜ 을/를 면직함. …… 난국 수습과 대업 진행에 성의를 다하지 않을 뿐 아니라, 허황된 사실을 퍼뜨려 정부의 위신을 손상하고 민심을 분산함은 물론, 정부의 행정과 국고 수입을 방해하였고, 의정원의 신성을 모독하고, 공적 결의를 부인하였으며, 심지어 정부까지 부인한 것이 사실이다.

① 만국 평화 회의에 파견되었다.
② 김옥균 등과 함께 정변을 일으켰다.
③ 국제 연맹에 위임 통치를 요청하였다.
④ 국민 대표 회의 당시 창조파에 속하였다.
⑤ 러일 전쟁 직전 국외 중립을 선언하였다.

081 빈출

밑줄 친 '회의'가 개최된 배경으로 적절하지 <u>않은</u> 것은?

> **〈회의 당시의 주장〉**
> •임시 정부는 민족의 대표 기관이다. 그러니 문제가 있다면 조직과 체제를 개선하여 독립 운동 단체의 중심 역할을 하도록 만들어야 한다.
> •본 회의에서 실제 독립운동에 적합하도록 새로운 조직을 만들어야 한다. 국내외 여러 독립운동 기관 중에서 임시 정부를 개조하여 그 계통을 이어갈 이유는 없다.

① 외교 활동의 성과가 미흡하였다.
② 박은식이 대통령의 자리에 올랐다.
③ 교통국과 연통제 조직이 발각되었다.
④ 사회주의와 민족주의 계열의 갈등이 심화되었다.
⑤ 대한민국 임시 정부의 재정적 어려움이 가중되었다.

✏️ **1등급을 향한 서답형 문제**

| 082~083 |

다음 자료를 읽고 물음에 답하시오.

> 융희 황제(순종)가 삼보(영토, 인민, 주권)를 포기한 경술년(1910) 8월 29일은 우리 동지가 삼보를 계승한 날이니, …… 우리 동지는 대한국을 완전히 상속한 자이다. 저 황제권 소멸의 때가 즉 민권 발생의 때이고, 구한국의 마지막 날은 즉 신한국 최초의 날이니, …… 우리는 국가 상속의 대의를 선포하여 해외 동지의 단결을 주장하며 국가적 행동의 진급적 활동을 표방한다.

082

위 선언의 명칭을 쓰시오.

083

위 선언의 주요 주장을 서술하시오.

| 084~085 |

다음 자료를 읽고 물음에 답하시오.

▲ 이륭 양행

> 대한민국 임시 정부는 영국 국적의 아일랜드인 조지 쇼가 경영하던 무역 회사 이륭 양행에 ⬜(가)⬜ 의 안동(단둥) 지부를 설치하였다.

084

(가)에 들어갈 조직을 쓰시오.

085

(가) 조직의 역할을 세 가지 서술하시오.

내신 1등급을 결정하는 고난도 문제를 수록하였습니다.

086

(가) 단체에 대한 설명으로 옳은 것만을 〈보기〉에서 고른 것은?

박상진은 법률학을 배운 뒤 평양 법원 판사로 발령받았다. 그러나 그는 조선 총독부의 관리는 되지 않겠다고 사임하고 독립운동에 뛰어들었다. 박상진은 비밀 결사인 [(가)]의 총사령으로 활동하다가 1918년 일제에 체포되어 모진 고문과 옥고를 치렀고, 사형을 선고받아 37세의 나이로 생을 마감하였다.

| 보기 |
ㄱ. 친일파 처단 활동을 전개하였다.
ㄴ. 만주에 무관 학교 설립을 추진하였다.
ㄷ. 고종을 복위시킬 것을 목표로 하였다.
ㄹ. 국권 반환 요구서를 발송하려 하였다.

① ㄱ, ㄴ   ② ㄱ, ㄷ   ③ ㄴ, ㄷ
④ ㄴ, ㄹ   ⑤ ㄷ, ㄹ

087

밑줄 친 '이 지역'을 지도에서 옳게 고른 것은?

사료로 보는 한국사

조국 광복을 이루지 못하고 이 세상을 떠나 어찌 외로운 영혼인들 조국에 돌아갈 수 있으랴. 내 몸과 유품은 모두 불태우고 그 재도 바다에 날린 후 제사도 지내지 말라.

위 자료는 헤이그 특사로 파견되었던 독립운동가의 유언입니다. 그는 서전서숙을 세웠으며, <u>이 지역</u>에서 결성된 대한 광복군 정부의 정통령으로 활동하였습니다.

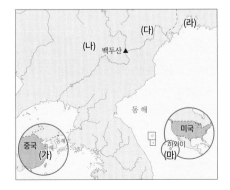

① (가)   ② (나)   ③ (다)   ④ (라)   ⑤ (마)

088

다음 선언이 발표된 시기를 연표에서 옳게 고른 것은?

1. 본 단체는 한일 병합이 우리 민족의 자유의사에서 나온 것이 아니며, 우리 민족의 생존과 발전을 위협하고 동양의 평화를 어지럽히는 원인이 된다는 이유로 독립을 주장한다.
3. 본 단체는 만국 평화 회의의 민족 자결주의를 우리 민족에게도 적용할 것을 청구한다.
4. 앞의 요구가 실현되지 않을 경우, 우리 민족은 일본에 대하여 영원히 혈전(血戰)을 벌일 것을 선언한다.

	(가)		(나)		(다)		(라)		(마)	
105인 사건 발생		러시아 혁명 발발		민족 대표 결성		대한 국민 의회 조직		워싱턴 회의 개최		박은식 대통령 취임

① (가)   ② (나)   ③ (다)   ④ (라)   ⑤ (마)

089

(가) 기관에 대한 탐구 활동으로 적절한 것만을 〈보기〉에서 고른 것은?

[(가)] 성립 축하문
10년의 노예 생활을 벗어나 금일에 다시 독립 대한의 국민이 되었다. …… 우리 국민은 다시 이민족의 노예가 아니요, 독립한 민주국의 자유민이라. …… 2천만 자유민아 일어나 자유의 전쟁을 벌일지어다.

| 보기 |
ㄱ. 장인환 의거의 배경을 살펴본다.
ㄴ.『독립신문』 발행의 목적을 파악한다.
ㄷ. 국민 대표 회의의 개최 배경을 조사한다.
ㄹ. 신흥 무관 학교의 설립 과정을 정리한다.

① ㄱ, ㄴ   ② ㄱ, ㄷ   ③ ㄴ, ㄷ
④ ㄴ, ㄹ   ⑤ ㄷ, ㄹ

03 민족 운동의 전개와 분화

1 무장 독립 전쟁과 의열 투쟁

1 1920년대 초 국외 무장 투쟁

압록강과 두만강을 건너 일본 군경을 공격하여 전과를 올렸다.

(1) 봉오동 전투(1920): 독립군의 국내 진공 작전 → 일본군의 추격 → 대한 독립군(홍범도) 등 연합 부대 결성 → 봉오동 전투에서 승리

(2) 청산리 전투(1920): 훈춘 사건을 구실로 일본군 파병 → 북로 군정서(김좌진), 대한 독립군 등 독립군 연합 부대가 백두산 부근 청산리 일대에서 일본군 격파

일본이 군대 투입 구실을 만들기 위해 중국 마적을 매수하여 훈춘의 일본인을 공격하게 하였다.

(3) 간도 참변과 자유시 참변

간도 참변 (1920)	일본군이 독립군의 근거지를 없앤다는 구실로 간도의 한인 학살 자행
자유시 참변 (1921)	청산리 대첩 이후 간도 지역에서 활동하던 독립군 부대 등이 자유시로 이동 → 독립군 내부의 지휘권 분쟁 발생, 러시아 적군의 무장 해제 과정에서 독립군 희생

자유시 참변 이후 독립군이 다시 만주로 돌아와 3부 결성에 참여하였다.

2 3부의 성립과 3부 통합 운동

3부의 성립	• 참의부(남만주), 정의부(지린성), 신민부(북만주) • 민정 조직 + 군정 조직 → 공화주의 자치 정부
미쓰야 협정	일제가 만주 군벌과 체결(1925) → 독립운동 타격
3부 통합 운동	• 북만주: 혁신 의회 → 한국 독립당(지청천), 한국 독립군 • 남만주: 국민부 - 조선 혁명당, 조선 혁명군

3 한중 연합군 결성

(1) 배경: 일제의 만주 침략(만주 사변, 1931) → 독립군과 항일 중국군 연합

(2) 1930년대 무장 투쟁

한중 연합 작전	• 조선 혁명군(양세봉): 남만주에서 영릉가 전투, 흥경성 전투 승리 → 1930년대 후반까지 활동 지속 • 한국 독립군(지청천): 북만주에서 쌍성보 전투, 대전자령 전투 승리 → 임시 정부의 요청으로 지도부의 중국 관내 이동
항일 유격 전쟁	• 중국 공산당이 동북 인민 혁명군 조직 → 동북 항일 연군으로 재편 • 동북 항일 연군 소속의 한인 유격대원들이 민족주의자들과 조국 광복회 조직(보천보 전투 전개)

4 의열 투쟁

김원봉의 요청으로 신채호가 작성하였다.

의열단	• 김원봉 등이 조직(1919), 「조선 혁명 선언」이 활동 지침 • 최수봉(밀양 경찰서), 김익상(조선 총독부), 김상옥(종로 경찰서), 김지섭(일본 왕궁), 나석주(동양 척식 주식회사) 의거 등 → 1920년대 후반 개별 투쟁의 한계를 인식하고 황푸 군관 학교에서 정규 군사 훈련 및 조선 혁명 간부 학교 창설
한인 애국단	• 배경: 대한민국 임시 정부 침체 극복을 위해 김구 등이 조직(1931) • 이봉창(1932): 도쿄에서 일왕을 대상으로 거사 • 윤봉길(1932): 상하이 훙커우 공원 의거 → 중국 국민당 정부의 대한민국 임시 정부 지원 계기

2 실력 양성 운동과 자치 운동

1 실력 양성 운동

(1) 물산 장려 운동

배경	민족 산업 육성 노력, 한국과 일본 사이의 관세 폐지 움직임
전개	• 평양에서 조만식 주도로 시작 → 토산품 애용, 근검저축, 단연 등 주장 • 구호: '내 살림 내 것으로', '조선 사람 조선 것'
한계	공급 부족과 일부 상인의 농간으로 상품 가격 폭등, 사회주의 계열의 비판

(2) 민립 대학 설립 운동: 조선 민립 대학 기성회 조직(이상재, 이승훈 주도) → 대학 설립을 위한 모금 운동 전개 → 일제의 탄압, 자연재해 등으로 실적 저조

(3) 농촌 계몽 운동: 『조선일보』(문자 보급 운동, '아는 것이 힘, 배워야 산다.'), 『동아일보』(브나로드 운동, 미신 타파·근검절약 강조)

「민족적 경륜」에서 자신의 주장을 밝혔다.

2 자치 운동: 자치권과 참정권 획득 주장(이광수, 최린 등)

자치 운동은 일제의 민족 분열 정책에 이용만 당하였고, 성과를 거두지 못하였다.

3 신간회의 활동

1 민족 유일당 운동

(1) 국외: 한국 독립 유일당 촉성회, 3부 통합 운동 전개

(2) 국내: 6·10 만세 운동(1926) 이후 민족 협동 전선 구축에 대한 관심 고조, 사회주의 진영의 정우회 선언 발표

꼭 나오는 자료   🔗28쪽 125번 문제로 확인

1920년대 국내 민족 운동의 흐름

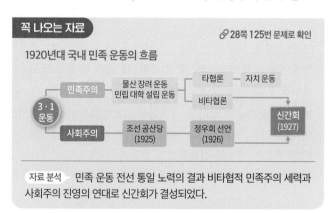

자료 분석 민족 운동 전선 통일 노력의 결과 비타협적 민족주의 세력과 사회주의 진영의 연대로 신간회가 결성되었다.

2 신간회의 결성과 해소

신간회는 창립한 지 2년 만에 약 140여 개의 지회와 4만여 명의 회원을 둔 일제 강점기 최대 규모의 항일 단체로 성장하였다.

결성	민족 운동 전선 통일 노력 → 신간회 결성(1927)
활동	• 강연회와 연설회 개최, 소작·노동 쟁의, 동맹 휴학 등 지원 • 일본인의 한국 이민 반대, 한국인 본위의 교육 실시 등 주장 • 광주 학생 항일 운동 당시 진상 조사단 파견, 대규모 민중 대회 추진 → 일제의 탄압으로 집행부 대부분 구속
해소	새로운 집행부가 타협론자와 협력 시도, 국제 공산주의 운동의 노선이 민족주의 세력과 연대에 부정적으로 변화 → 사회주의자 주도로 해소 결정(1931)

기본 기출 문제

핵심 개념 문제

● 빈칸에 들어갈 알맞은 말을 쓰시오.

090 남만주에서 (   )이/가 이끄는 조선 혁명군
은 영릉가 전투에서 승리하였다.

091 의열단의 (   )은/는 종로 경찰서에 폭탄을
투척하는 의거를 감행하였다.

● 다음 내용이 옳으면 ○표, 틀리면 ✕표를 하시오.

092 자유시로 이동한 많은 독립군이 지휘권을 둘러싼
내부 분쟁, 러시아 적군의 독립군 무장 해제 과정
에서 희생되었다.   (   )

093 동북 인민 혁명군은 쌍성보와 대전자령에서 일본
군을 격파하였다.   (   )

094 1927년 민족 협동 전선으로 창립된 정우회는 최
대 규모의 항일 단체로 성장하였다.   (   )

● 인물과 주요 의열 투쟁 내용을 바르게 연결하시오.

095 김지섭 •   • ㉠ 일본 왕궁에 폭탄 투척
096 나석주 •   • ㉡ 밀양 경찰서에 폭탄 투척
097 최수봉 •   • ㉢ 동양 척식 주식회사에 폭탄 투척

● 괄호 안에 들어갈 알맞은 말을 고르시오.

098 1920년대 중반 만주 지역에는 참의부, 정의부,
(㉠ 신민부, ㉡ 탁지부)의 3부가 결성되었다.

099 신채호는 (㉠ 김구, ㉡ 김원봉)의 요청을 받아
「조선 혁명 선언」을 저술하였다.

100 (㉠『동아일보』, ㉡『조선일보』)는 브나로드 운
동을 전개하여 근검절약을 강조하였다.

● 다음에서 설명하는 지역을 〈보기〉에서 고르시오.

┌ 보기 ┐
ㄱ. 도쿄   ㄴ. 봉오동   ㄷ. 상하이
└─────────────────────┘

101 윤봉길이 의거를 감행한 곳이다.   (   )

102 이봉창이 의거를 감행한 곳이다.   (   )

103 홍범도가 이끄는 대한 독립군 등이 일본군을 물리
친 곳이다.   (   )

104

핵심 주제 봉오동 전투와 청산리 전투

(가) 인물에 대한 설명으로 옳은 것은?

> 6월 7일 오전 7시에 북간도에 주둔한 아군 700여 명이 왕
> 칭현 봉오동을 향하여 행군할 때 불의에 같은 지점을 향하
> 는 적군 300여 명을 발견한지라. 군을 지휘하는 [(가)],
> 최진동 두 장군은 급히 적을 공격하여 사격으로 적에게 12
> 여 명의 사상자를 내게 하였고, 적이 달아남에 따라 즉시
> 추격하였다.

① 북로 군정서군을 이끌었다.
② 단발령에 맞서 봉기하였다.
③ 청산리 대첩에 참여하였다.
④ 「민족적 경륜」을 발표하였다.
⑤ 13도 창의군 조직을 주도하였다.

105

핵심 주제 1920년대 국외 무장 투쟁

(가)에 들어갈 내용으로 가장 적절한 것은?

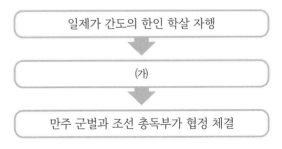

일제가 간도의 한인 학살 자행

↓

(가)

↓

만주 군벌과 조선 총독부가 협정 체결

① 자유시 참변 발생
② 고종 장례식 거행
③ 6·10 만세 운동 전개
④ 동북 인민 혁명군 조직
⑤ 대종교 총본산이 간도로 이동

106

핵심 주제 한국 독립군

(가) 독립군 부대에 대한 설명으로 옳은 것은?

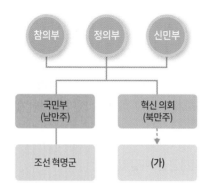

① 항일 중국군과 연합하였다.
② 조국 광복회를 결성하였다.
③ 양세봉의 지휘 아래 활동하였다.
④ 남만주 일대에서 일제에 맞섰다.
⑤ 영릉가 전투에서 승리를 거두었다.

107

핵심 주제 의열단

다음을 활동 지침으로 삼은 단체에 대한 설명으로 옳은 것만을 〈보기〉에서 고른 것은?

> 우리는 '외교', '준비' 등의 미몽을 버리고 민중 직접 혁명의 수단을 취함을 선언하노라. …… 끊임없는 폭력 - 암살, 파괴, 폭동 - 으로써 강도 일본의 통치를 타도하고 …… 이상적 조선을 건설할지니라.

┤ 보기 ├
ㄱ. 조선 총독부에 폭탄을 투척하였다.
ㄴ. 일왕이 탄 마차에 폭탄을 투척하였다.
ㄷ. 일본 왕궁을 대상으로 의거를 감행하였다.
ㄹ. 상하이 훙커우 공원에서 의거를 감행하였다.

① ㄱ, ㄴ   ② ㄱ, ㄷ   ③ ㄴ, ㄷ
④ ㄴ, ㄹ   ⑤ ㄷ, ㄹ

108

핵심 주제 물산 장려 운동

(가)에 들어갈 도시로 옳은 것은?

> 일본의 경제적 침투에 위기를 느낀 한국인 자본가들은 민족 산업을 지키기 위해 운동을 전개하였다. 조만식의 주도로 [(가)]에서 시작된 이 운동은 각 지역의 호응 속에서 전국으로 확산되었다.

① 경성   ② 대구   ③ 진주   ④ 청진   ⑤ 평양

109

핵심 주제 민립 대학 설립 운동

자료에 나타난 민족 운동에 대한 탐구 활동으로 적절한 것만을 〈보기〉에서 고른 것은?

> 우리의 운명을 어떻게 개척할까? 정치냐, 외교냐, 산업이냐? …… 가장 힘 있고 필요한 수단은 교육이 아니면 아니 된다. …… 오늘날 조선이 세계 문화 민족의 일원으로 어깨를 견주고 우리의 생존을 유지하며 문화의 창조와 향상을 기도하려면, 대학의 설립이 아니고서는 다른 방도가 없도다.

┤ 보기 ├
ㄱ. 이상재의 활동 사례를 조사한다.
ㄴ. 『대한매일신보』의 역할을 알아본다.
ㄷ. 모금 운동이 실패하게 된 배경을 파악한다.
ㄹ. 『동아일보』의 브나로드 운동이 끼친 영향을 찾아본다.

① ㄱ, ㄴ   ② ㄱ, ㄷ   ③ ㄴ, ㄷ
④ ㄴ, ㄹ   ⑤ ㄷ, ㄹ

110

핵심 주제 신간회의 활동

(가)에 들어갈 내용으로 가장 적절한 것은?

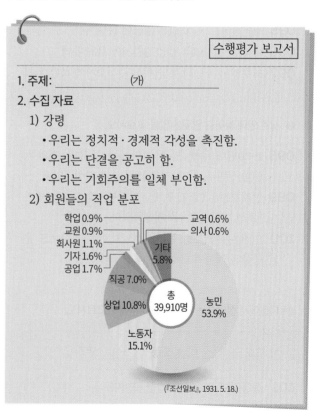

『조선일보』, 1931. 5. 18.

① 자치 운동의 대두   ② 정우회 선언의 배경
③ 신간회의 결성과 특징   ④ 실력 양성 운동의 전개
⑤ 한국 독립 유일당 촉성회의 조직

실력 기출 문제

학교 시험에서 출제율이 높은 문제를 엄선하여 수록하였습니다.

1 무장 독립 전쟁과 의열 투쟁

111

밑줄 친 '무장 투쟁'의 사례로 가장 적절한 것은?

제1차 세계 대전 당시 시베리아에 출병한 체코슬로바키아 군단은 전쟁 후 볼셰비키 정부와 정전 협정을 체결한 뒤 귀국길에 올랐다. 이때 슬로바키아 군단은 3·1 운동에 대한 소식을 접하였고, 귀환 전 자신들의 총포, 탄약 등의 무기를 독립군에게 값싸게 넘겨주었다. 이는 이후 무장 투쟁에 유용하게 사용되었다.

① 유인석이 봉기하였다.
② 13도 창의군이 결성되었다.
③ 신흥 무관 학교가 설립되었다.
④ 봉오동에서 일본군을 격파하였다.
⑤ 독립 의군부가 의병 항쟁을 모색하였다.

112 빈출

다음 전투가 전개된 지역을 지도에서 옳게 고른 것은?

<전투 일지(1920)>

10월 21일	백운평 전투
10월 21~22일	완루구 전투
10월 22일	천수평·어랑촌 전투
10월 24~25일	천보산 전투
10월 25~26일	고동하 전투

① (가)　　② (나)　　③ (다)　　④ (라)　　⑤ (마)

113

(가)에 들어갈 내용으로 가장 적절한 것은?

한국사 수업 학습지

주제: ＿＿＿ (가) ＿＿＿

• 일제가 만주에 군대를 투입할 구실을 만들기 위해 중국 마적을 매수하여 자국 영사관과 자국민을 공격하게 하였다.
• 레닌의 지원을 믿고 이동한 부대를 통합하는 과정에서 내부 분쟁이 발생하였고, 러시아 적군이 개입하였다.

① 을미의병의 한계
② 독립군의 활동과 시련
③ 서울 진공 작전의 실패 배경
④ 대한 제국 군대 해산의 영향
⑤ 동학 농민군 진압을 위한 노력

114

(가)에 들어갈 내용으로 적절한 것만을 <보기>에서 고른 것은?

자유시 참변 이후 성립한 3부에 대해 말해볼까?

만주의 독립군 세력이 전열을 재정비하고 결성한 새로운 조직이야.

(가)

┤ 보기 ├

ㄱ. 공화주의 자치 정부였어.
ㄴ. 「대동단결 선언」을 발표하였어.
ㄷ. 군정 조직과 민정 조직을 갖추었어.
ㄹ. 연통제를 실시하고 교통국을 운영하였어.

① ㄱ, ㄴ　　② ㄱ, ㄷ　　③ ㄴ, ㄷ
④ ㄴ, ㄹ　　⑤ ㄷ, ㄹ

115

(가)에 들어갈 내용으로 가장 적절한 것은?

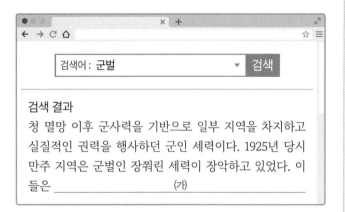

검색어: 군벌   ▼   검색

검색 결과

청 멸망 이후 군사력을 기반으로 일부 지역을 차지하고
실질적인 권력을 행사하던 군인 세력이다. 1925년 당시
만주 지역은 군벌인 장쭤린 세력이 장악하고 있었다. 이
들은 _____(가)_____

① 임오군란을 진압하였다.
② 조선 태형령을 제정하였다.
③ 조선의 내정을 간섭하였다.
④ 조선 총독부와 미쓰야 협정을 맺었다.
⑤ 조·청 상민 수륙 무역 장정을 체결하였다.

116

(가), (나)에 들어갈 인물이 옳게 짝지어진 것은?

• 조선 혁명군 총사령인 [(가)], 참모장 김학규 등은 중국
의용군의 부대와 합세하였다. …… 일본군을 추격한 끝에
당일 오후 3시경 신빈현 서쪽의 영릉가성을 점령하였다.
• 대전자령의 양쪽은 기어 올라갈 수 없는 험악한 골짜기
였다. [(나)] 장군은 한국 독립군 일부를 선발로 삼고,
중국군과 혼성하여 교전을 맡았다.

	(가)	(나)
①	양세봉	김좌진
②	양세봉	지청천
③	지청천	양세봉
④	지청천	홍범도
⑤	홍범도	김좌진

117

다음 합의가 이루어진 배경으로 가장 적절한 것은?

• 한중 양군은 최악의 상황이 오는 경우에도 장기간 항전
할 것을 맹세한다.
• 중동 철도를 경계선으로 서부 전선은 중국군이 맡고, 동
부 전선은 한국 독립군이 맡는다.

① 만주 사변이 일어났다.   ② 전주 화약이 맺어졌다.
③ 갑신정변이 발생하였다.   ④ 청일 전쟁이 발발하였다.
⑤ 한일 신협약이 체결되었다.

118

(가) 부대에 대한 설명으로 옳은 것만을 〈보기〉에서 고른 것은?

중국 공산당이 일제에 맞서 항일 무장 투쟁을 주도하자 여
기에 호응하여 한국인 사회주의자들도 항일 유격대를 조
직하고 중국 사회주의 세력과 연합하였다. 중국 공산당은
이들을 규합하여 동북 인민 혁명군으로 조직하였다. 이후
동북 인민 혁명군은 [(가)]으로 확대되었다.

┤ 보기 ├
ㄱ. 자유시 참변을 겪었다.
ㄴ. 보천보 전투를 감행하였다.
ㄷ. 조국 광복회를 조직하였다.
ㄹ. 쌍성보 전투에서 승리하였다.

① ㄱ, ㄴ   ② ㄱ, ㄷ   ③ ㄴ, ㄷ
④ ㄴ, ㄹ   ⑤ ㄷ, ㄹ

119

(가) 단체에 대한 설명으로 옳은 것은?

서울 서대문 형무소의 수형자 카
드에 기록된 [(가)] 단원들의
모습입니다. 오른쪽의 인물이
김원봉이고, 그 아래 작게 김익
상의 얼굴이 있습니다.

┤ 보기 ├
ㄱ. 만민 공동회를 개최하였다.
ㄴ. 을사오적을 처단하려 하였다.
ㄷ. 종로 경찰서에 폭탄을 투척하였다.
ㄹ. 조선 혁명 간부 학교를 설립하였다.

① ㄱ, ㄴ   ② ㄱ, ㄷ   ③ ㄴ, ㄷ
④ ㄴ, ㄹ   ⑤ ㄷ, ㄹ

120

밑줄 친 '범인'이 속한 단체에 대한 설명으로 옳은 것만을 〈보기〉에서 고른 것은?

1932년 1월 9일   ○○ 신문

일왕 저격 실패

한국인이 일왕을 저격하였으나 명중치 않았다. 일왕이 열병식을 마치고 환궁하는 도중 돌연 저격당하였다. 불행하게도 겨우 다른 마차를 폭파하였을 뿐 범인은 즉시 체포되었다.

┤ 보기 ├

ㄱ. 김구 주도로 결성되었다.
ㄴ. 윤봉길이 단원으로 활동하였다.
ㄷ. 「조선 혁명 선언」을 활동 지침으로 삼았다.
ㄹ. 동양 척식 주식회사에 폭탄을 투척하였다.

① ㄱ, ㄴ   ② ㄱ, ㄷ   ③ ㄴ, ㄷ
④ ㄴ, ㄹ   ⑤ ㄷ, ㄹ

2 실력 양성 운동과 자치 운동

121

밑줄 친 ㉠에 해당하는 사례로 적절한 것만을 〈보기〉에서 고른 것은?

이번 워싱턴 회의에서 미국과 영국은 조선 문제 때문에 일본의 감정을 상하는 일은 회피하였다. 조선 독립은 당분간 절망적이므로 우리 조선인은 ㉠힘써 교육과 산업과 문화적 시설에 열중하여야 한다.

┤ 보기 ├

ㄱ. 농촌 계몽 운동이 전개되었다.
ㄴ. 민립 대학 설립 운동이 추진되었다.
ㄷ. 오산 학교와 대성 학교가 설립되었다.
ㄹ. 일제의 황무지 개간권 요구를 좌절시켰다.

① ㄱ, ㄴ   ② ㄱ, ㄷ   ③ ㄴ, ㄷ
④ ㄴ, ㄹ   ⑤ ㄷ, ㄹ

122

(가) 운동이 전개된 배경으로 가장 적절한 것은?

< (가) 당시의 표어>
• 내 살림 내 것으로   • 조선 사람 조선 것

---

① 조일 통상 장정이 맺어졌다.
② 국가 총동원법이 제정되었다.
③ 화폐 정리 사업이 추진되었다.
④ 메가타가 재정 고문으로 부임하였다.
⑤ 한국과 일본 사이의 관세 폐지 움직임이 나타났다.

123 빈출

(가)에 들어갈 내용으로 가장 적절한 것은?

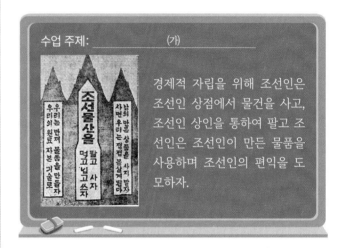

① 회사령 제정의 영향
② 국채 보상 운동의 실패
③ 농촌 진흥 운동의 한계
④ 물산 장려 운동의 주장
⑤ 황국 중앙 총상회의 활동

124

다음 운동 당시에 제기된 구호로 가장 적절한 것은?

조선의 현실에서 가장 간단하고 쉬운 문자의 보급은 …… 가장 시급한 일이라 하겠다. 일찍이 우리 『조선일보』는 이를 절실히 느낀 바 있어 이미 6년 전부터 노력하였다.

① 조선 사람 조선 것
② 다 함께 가르치자! 배우자!
③ 아는 것이 힘, 배워야 산다!
④ 우리가 만든 것 우리가 쓰자!
⑤ 한민족 1천만이 한 사람이 1원씩

● 바른답·알찬풀이 10쪽

3 신간회의 활동

125 빈출

(가) 단체에 대한 설명으로 옳은 것은?

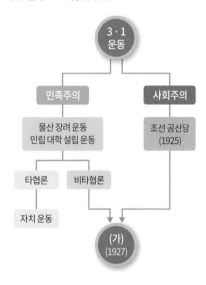

① 복벽주의를 내세웠다.
② 국민 대표 회의를 개최하였다.
③ 비밀 결사 형태로 조직되었다.
④ 광주 학생 항일 운동을 지원하였다.
⑤ 파리 강화 회의에 독립 청원서를 제출하였다.

126

다음을 활용한 탐구 주제로 가장 적절한 것은?

• 현재의 단체는 무산 계급의 투쟁 욕구에 장애가 되고 있다. 노동자 투쟁과 농민 투쟁을 강력하게 펼치기 위해서는 조속히 해소하여 노동자는 노동조합으로, 농민은 농민 조합으로 돌아가야 한다.
• 단결은 힘이다. 약자의 힘은 단결이다. 모든 역량을 집중하여 단결을 공고히 하자. …… 역량을 분산하거나 제 살 깎아 먹는 식의 과오를 범하지 않도록 유의해야 한다.

① 이승만 탄핵의 목적
② 신간회의 해소 배경
③ 헌정 연구회의 활동
④ 6·10 만세 운동의 영향
⑤ 위임 통치 청원서의 제출

1등급을 향한 서답형 문제

| 127~128 |

다음 자료를 읽고 물음에 답하시오.

2. 중국 관헌은 각 현에 명령하여 만주에 거주하는 한국인이 무기를 휴대하고 조선에 침입하는 것을 엄금한다. 범한 자는 이를 체포하여 일본 경찰에 인도한다.
3. 조선인 단체를 해산하고 소유한 총기를 수색하여 이를 몰수하고 무장을 해제한다.

127

위 협정의 명칭을 쓰시오.

128

위 협정의 체결 배경과 독립운동에 끼친 영향을 서술하시오.

| 129~130 |

다음 자료를 읽고 물음에 답하시오.

지금의 조선 민족에게는 왜 정치적 생활이 없는가? …… 지금까지 해 온 정치적 운동은 모두 일본을 적대시하는 운동뿐이었다. 이런 종류의 정치 운동은 해외에서나 할 수 있는 일이고, 조선 내에서는 허용되는 범위 내에서 일대 정치적 결사를 조직해야 한다.

- 「민족적 경륜」 -

129

위 글을 발표한 인물을 쓰시오.

130

자료에 나타난 운동의 명칭과 내용, 한계를 서술하시오.

적중 1등급 문제

내신 1등급을 결정하는 고난도 문제를 수록하였습니다.

131

다음 상황이 나타난 배경을 알아보기 위한 탐구 활동으로 적절한 것만을 〈보기〉에서 고른 것은?

> 우리 독립군이 만주에서 중국 군경의 손에 살해된 수만도 1백여 명이 넘고, 일본에 인도되어 그들의 손에 살해된 수는 2백여 명이 넘고 있다. …… 우리 독립군을 총살하고 독립군을 체포해서 일본의 관헌에게 인도하고 양민의 재산을 약탈하는 등 악랄한 행동을 하면 우리는 부득이 자위상 만주에 있는 백만 동지들을 일치 단결시켜 최후의 수단을 쓸 수밖에 다른 도리가 없다.

| 보기 |
ㄱ. 3부의 활동 사례를 수집한다.
ㄴ. 간도 참변의 실상을 찾아본다.
ㄷ. 미쓰야 협정의 영향을 파악한다.
ㄹ. 신흥 무관 학교의 설립 과정을 정리한다.

① ㄱ, ㄴ　　② ㄱ, ㄷ　　③ ㄴ, ㄷ
④ ㄴ, ㄹ　　⑤ ㄷ, ㄹ

132

다음 사건이 발생한 연도의 상황으로 옳은 것은?

> ○○○은/는 작년 12월 상순경에 육혈포 몇 자루와 폭발탄 몇 개를 가지고 압록강의 얼음을 타고 국경을 건너 몇 십 리를 걸었고, 평안북도 경의선 모 정거장에서 차를 타고 오다가 경의선 일산역에서 내려 걸어서 경성까지 들어왔다 하며 …… 올해 1월 12일 저녁에 종로 경찰서에 폭발탄이 터진 이후로 …… 즉시 각 경찰서 정복 순사 1천여 명을 풀어 …… 그는 숨이 끊어진 후에도 육혈포에 건 손가락을 쥐고 펴지 아니하며 손가락으로 쏘는 시늉을 하였다.

① 윤봉길이 의거를 감행하였다.
② 민립 대학 설립 운동이 전개되었다.
③ 박상진을 주축으로 대한 광복회가 조직되었다.
④ 대전자령 전투에서 한국 독립군이 승리하였다.
⑤ 조선 혁명 간부 학교에서 독립군을 양성하였다.

133

밑줄 친 '이 운동'에 대한 설명으로 옳은 것만을 〈보기〉에서 고른 것은?

> 실상을 말하면, 노동자에게는 이제 새삼스럽게 이 운동을 말할 필요가 없는 것이다. 그들은 벌써 오랜 옛날부터 이 운동에 참여하여 왔다. 그들은 자본가 중산 계급이 양복이나 비단 옷을 입는 대신 무명과 베옷을 입었고, …… 서들 자본가, 중산 계급은 민족적·애국적 하는 감상적인 말로써 눈물을 흘리며 저들과 이해가 전혀 상반한 노동 계급의 후원을 갈구하는 것이다. 그러나 노동자에게 있어서는 저들도 외래 자본가와 조금도 다를 것이 없다.

| 보기 |
ㄱ. 『대한매일신보』의 지원을 받았다.
ㄴ. 경성 제국 대학 설립의 계기가 되었다.
ㄷ. 평양에서 시작되어 전국으로 확산되었다.
ㄹ. '내 살림 내 것으로' 등의 구호를 내세웠다.

① ㄱ, ㄴ　　② ㄱ, ㄷ　　③ ㄴ, ㄷ
④ ㄴ, ㄹ　　⑤ ㄷ, ㄹ

134

(가) 단체에 대한 설명으로 옳은 것은?

> (가) 의 유일 생명이요 표방하는 것은 민족의 총역량을 집중한다는 것이다. 그러나 …… 조선에서 유력한 단체와 인물을 다 망라하지 못하였을 뿐 아니라 실제에 있어서 하등의 투쟁이 없고 다만 종이로 미지근한 선전이나 하고 …… 차라리 하루라도 조속히 해소하여 농민층은 농민 운동, 노동자층은 노동 운동, 기타 각 부분은 부분 운동으로 적극적 진출하고 …… 우리의 최고 이상과 최대 목적을 도달하게 하는 것이 조선의 정세에서 당연하다고 생각한다.

① 강우규의 의거를 지원하였다.
② 6·10 만세 운동을 계획하였다.
③ 양세봉의 지휘 아래 항일전에 나섰다.
④ 전국을 순회하며 강연회와 연설회를 열었다.
⑤ 고종 서거 직후 민족 대표 구성을 주도하였다.

04 사회·문화의 변화와 대중 운동

1 사회 구조와 생활의 변화

1 도시와 농촌의 상황

도시	• 도시 인구 증가, 일본인 거주지(남촌)와 한국인 거주지(북촌) 구분, 한국인은 단순 노동·차별 대우 ─ 간선 철도망의 확대로 철도역이 들어선 신흥 도시가 성장하였다. • 철도역(대전 등), 항구(군산 등), 공업(함흥 등) ─
농촌	• 소작농, 화전민·토막민 증가, 만주·연해주·일본 등지로 이주 • 농촌 진흥 운동: 빈곤 책임을 농민에게 전가, 저축·근면 강조 └─ 1930년대 일제가 농민 생활의 개선을 내세우며 추진하였다.

2 대중문화의 유행과 일상생활의 변화

대중 문화	• 소비 문화 확대, 대중가요 인기 ─ 당시 영화는 흑색 무성 영화여서 장면을 해설하고 대사를 전달하는 변사가 인기를 끌었다. • 영화: 나운규 『아리랑』 등 흥행 → 일제의 검열 ─ • 저항 문학: 심훈, 한용운, 이상화, 이육사, 윤동주 등
일상 생활	• 서양식 옷차림과 단발, 중일 전쟁 이후 국민복(남성), 몸뻬(여성) • 양식·일식·중식 대중화, 도시형 한옥·문화 주택 등장

└─ 서구 문물이 본격적으로 유입되면서 일상 생활에 변화가 나타났다.

3 국외 이주 동포의 고난

간도	일본군이 간도 지역 한인 학살(간도 참변, 1920)
일본	관동 대지진 당시 한인 학살(1923)
연해주	소련이 연해주에 사는 한인을 중앙아시아로 강제 이주(1937)

└─ 소련은 일본과 전쟁을 할 경우 한국인이 일본에 협력할 것이라는 구실로 강제 이주를 진행하였다.

2 다양한 사회 운동

1 여성 운동
일제는 차별을 법적으로 규정하였다.
(1) 배경: 여성 노동자와 신여성 증가, 여성 차별 잔존
(2) 근우회(1927): 민족주의 계열과 사회주의 계열 여성 단체의 통합 → 계몽(강연회, 야학 등), 기관지 『근우』 발간

2 소년 운동
(1) 배경: 일제 강점기 어린이의 열악한 지위
(2) 전개: 방정환 주도, '어린이' 용어 보급, 천도교 소년회의 조직, 어린이날 제정, 잡지 『어린이』 발간 주도

3 형평 운동
(1) 배경: 백정 차별(호적에 붉은 점 등으로 표시, 불이익)
(2) 조선 형평사: 진주에서 창립(1923) → 전국으로 조직 확대
갑오개혁으로 법적으로 신분제는 폐지되었으나 사회적 차별은 남아 있었다.

4 농민·노동 운동 ─ 사회주의 운동의 영향으로 농민·노동 운동 단체가 활발하게 결성되었다.

농민 운동	소작료 인하, 소작권 이동 반대 등 주장 → 소작 쟁의(암태도 소작 쟁의), 조선 농민 총동맹 결성(1927)
노동 운동	임금 인상, 노동권 개선 요구 → 노동 조합 결성 → 노동 쟁의(원산 총파업), 조선 노동 총동맹 결성(1927)
변화	생존권 투쟁(1920년대) → 비합법적 폭력 투쟁(1930년대)

5 학생 항일 운동
3·1운동 이후 청년, 학생의 의식이 성장하는 가운데 사회주의의 영향을 받아 조선 청년 총동맹이 결성되었다(1924).
(1) 6·10 만세 운동(1926): 순종 서거 → 만세 시위 준비 → 사회주의자와 천도교 간부 검거 → 학생 중심의 만세 시위 전개
(2) 광주 학생 항일 운동(1929): 한일 학생 충돌 → 경찰과 지역 언론의 편파적 대응 → 광주 지역 학생들의 대규모 가두 시위 → 신간회의 지원 등으로 전국으로 확대
└─ 3·1 운동 이후 최대 규모의 항일 민족 운동이었다.

3 민족 문화 수호를 위한 노력

1 역사 연구 ─ 일제는 식민 사관을 통해 한국사의 자율적·주체적 발전을 부정하고 식민 지배를 정당화하려 하였다.
(1) 식민 사관: 타율성론, 정체성론, 당파성론 주장
(2) 민족주의 사학: 한국사의 독자성, 민족 정신 강조

박은식	조선 국혼 강조, 『한국통사』·『한국독립운동지혈사』 저술
신채호	고대사 연구, 『조선상고사』·『조선사연구초』 저술
정인보	조선학 운동 전개 → 정약용 등 조선 후기 실학 연구

(3) 사회 경제 사학과 실증 사학 — 마르크스의 유물 사관에 근거하여 역사를 연구하였다.

사회 경제 사학	백남운(『조선사회경제사』, 정체성론 반박)
실증 사학	객관적 역사 서술 시도, 진단 학회 조직, 『진단학보』 발행

2 국어 연구

조선어 연구회	가갸날(한글날) 제정, 『한글』 간행 → 조선어 학회로 발전
조선어 학회	• 한글 맞춤법 통일안, 표준어 및 외래어 표기법 통일안 제정 • 『조선말 큰사전』 편찬 사업 추진 → 조선어 학회 사건(1942)

3 종교계의 민족 운동과 문화 유산 수호 노력

대종교	나철 창시, 단군 신앙 전파, 개천절 기념, 일제 강점 이후 간도로 이동하여 중광단 조직(무장 투쟁) ─ 북로 군정서의 토대가 되었다.
천도교	제2의 독립 선언 운동 계획(1922), 『개벽』, 『신여성』 등 발간
불교	조선 불교 유신회(한용운), 사찰령 등 일본의 통제에 저항
원불교	박중빈 창시, '새 생활 운동'(허례 폐지, 근검절약, 협동 단결)
개신교	교육 및 의료 사업, 신사 참배 강요 거부
천주교	보육원·양로원 설립, 의민단 조직(무장 투쟁)
문화유산 수호	전형필의 문화유산 수호 노력(고려청자, 김홍도·신윤복의 작품, 『훈민정음』 해례본 등)

기본 기출 문제

핵심 주제를 파악할 수 있는 기출 문제를 수록하였습니다.

핵심 개념 문제

● 빈칸에 들어갈 알맞은 말을 쓰시오.

135 학교 입학, 취업 등에서 불이익을 받던 (   )들은 1923년 진주에서 조선 형평사를 창립하였다.

136 1929년 나주역에서 일어난 한일 학생 충돌을 계기로 (   )이/가 전개되었다.

137 『조선말 큰사전』 편찬을 시도하던 (   )은/는 일제에 의해 탄압받았다.

● 다음 내용이 옳으면 ○표, 틀리면 ✕표를 하시오.

138 중일 전쟁 이후 일제는 남성에게 국민복을 입도록 강요하였다. (   )

139 1927년 민족주의 계열과 사회주의 계열 여성 단체의 통합으로 근우회가 결성되었다. (   )

140 일제는 타율성론, 정체성론, 당파성론 등을 통해 식민 지배를 정당화하려 하였다. (   )

● 인물과 역사 연구 내용을 바르게 연결하시오.

141 박은식 •   • ㉠ 『조선상고사』를 남겼다.

142 백남운 •   • ㉡ 『한국통사』를 저술하였다.

143 신채호 •   • ㉢ 유물 사관에 근거하였다.

● 괄호 안에 들어갈 알맞은 말을 고르시오.

144 1929년 (㉠ 원산, ㉡ 암태도) 노동자들이 총파업을 전개하였다.

145 1926년 (㉠ 고종, ㉡ 순종)의 서거를 계기로 6·10 만세 운동이 전개되었다.

● 다음에서 설명하는 종교를 〈보기〉에서 고르시오.

┌─ 보기 ┐
ㄱ. 불교   ㄴ. 대종교   ㄷ. 천도교
└─────────┘

146 중광단을 조직하였다. (   )

147 사찰령 등 일제의 통제에 맞섰다. (   )

148 『개벽』과 『신여성』 등의 잡지를 발간하였다. (   )

149

핵심 주제 국외 이주 동포

I

(가), (나)에 들어갈 지역이 옳게 짝지어진 것은?

┌──────────────────────────────┐
│ (가) 에서 (나) 로의 한인 강제 이주는 1937년 10월 │
│ 초에 시작되었다. …… 사방은 추웠고, 모두가 앓고 있었 │
│ 다. …… 이주 도중에 병자가 생기면 그 즉시로 실어내 갔 │
│ 다. 완쾌 후 곧 가족에게 보내주겠다고 약속은 받았으나 │
│ 이 같은 병자들은 모두 실종자가 되었다. │
└──────────────────────────────┘

	(가)	(나)
①	간도	상하이
②	간도	연해주
③	연해주	상하이
④	연해주	중앙아시아
⑤	중앙아시아	연해주

150

핵심 주제 여성 운동

다음 상황을 배경으로 전개된 활동으로 가장 적절한 것은?

┌──────────────────────────────┐
│ 일제 강점기에는 사회의 변화와 더불어 새로운 직업이 생 │
│ 기고 여성 노동자 수도 늘어났다. 그러나 남존여비(男尊女 │
│ 卑)의 가부장적인 인습이 남아 있었고, 일제가 이러한 차 │
│ 별을 법적으로 규정하면서 여성의 지위는 전반적으로 열 │
│ 악하였다. │
└──────────────────────────────┘

① 헌의 6조가 결의되었다.
② 이화 학당이 설립되었다.
③ 전주 화약이 체결되었다.
④ 국민 대표 회의가 개최되었다.
⑤ 민족주의와 사회주의 계열 여성 단체가 통합하였다.

● 바른답·알찬풀이 13쪽

151

핵심 주제 형평 운동

자료에 나타난 상황을 배경으로 전개된 활동으로 옳은 것은?

> 공평은 사회의 근본이고 애정은 인류의 본량(本良, 본래 타고난 양심)이다. …… 지금까지 조선의 백정은 어떠한 지위와 압박을 받아 왔는가? 과거를 회상하면 종일 통곡하고도 피눈물을 금할 수 없다.

① 군국기무처가 설치되었다.
② 만민 공동회가 개최되었다.
③ 조선 형평사가 창립되었다.
④ 유인석 등이 의병을 일으켰다.
⑤ 『대한 자강회 월보』가 간행되었다.

152

핵심 주제 농민·노동 운동

다음 상황이 나타난 배경으로 가장 적절한 것은?

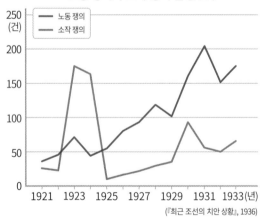

<노동 쟁의와 소작 쟁의 발생 건수>

(『최근 조선의 치안 상황』, 1936)

① 통감부가 설치되었다.
② 회사령이 제정되었다.
③ 사회주의 사상이 확산되었다.
④ 토지 조사 사업이 착수되었다.
⑤ 일제가 황무지 개간권을 요구하였다.

153

핵심 주제 광주 학생 항일 운동

밑줄 친 '이 운동'에 대한 학생들의 발표 내용으로 적절한 것만을 〈보기〉에서 고른 것은?

이 탑은 광주제일고등학교 안에 위치한 탑으로, 1929년에 전개된 이 운동을 기념하기 위해 세워졌습니다. 이 운동은 광주에서 시작되어 전국으로 확산되었습니다.

| 보기 |
ㄱ. 신간회 등의 지원을 받았어요.
ㄴ. 순종의 장례식날 전개되었어요.
ㄷ. 한일 학생 충돌을 계기로 일어났어요.
ㄹ. 조선 공산당과 천도교가 시위를 준비하였어요.

① ㄱ, ㄴ   ② ㄱ, ㄷ   ③ ㄴ, ㄷ
④ ㄴ, ㄹ   ⑤ ㄷ, ㄹ

154

핵심 주제 종교계의 민족 운동

다음 활동을 전개한 종교로 옳은 것은?

> • 3·1 운동 당시 주도적인 역할
> • 제2의 독립 선언 계획(1922)
> • 방정환 등이 소년 운동 주도
> • 『개벽』, 『신여성』 등 잡지 발간

① 개신교   ② 대종교   ③ 천도교
④ 천주교   ⑤ 원불교

학교 시험에서 출제율이 높은 문제를 엄선하여 수록하였습니다.

실력 기출 문제

1 사회 구조와 생활의 변화

155

(가) 지역에 대한 학생들의 발표 내용으로 가장 적절한 것은?

① 토막촌이 형성되었어요.
② 일본인이 주로 거주하였어요.
③ 서울과 연결되는 철도가 부설되었어요.
④ 남촌에 비해 기반 시설이 열악하였어요.
⑤ 관동 대지진 당시 많은 한국인이 희생되었어요.

156 빈출

다음 상황이 나타난 배경을 알아보기 위한 탐구 활동으로 가장 적절한 것은?

경성부 내의 토막민 수가 1,583호이고 인구가 5,000여 명에 달한다고 한다. 3년 전에 비해 거의 200호나 증가하였다. …… 이는 도시의 미관·위생상 큰 문제이다.
- 『동아일보』, 1931. 11. 22. -

① 보안회의 활동을 찾아본다.
② 폐정 개혁안의 내용을 분석한다.
③ 국채 보상 운동의 배경을 파악한다.
④ 수리 조합비 부담의 실태를 조사한다.
⑤ 조·청 상민 수륙 무역 장정의 영향을 살펴본다.

157

다음 잡지가 발행되던 시기에 볼 수 있던 모습으로 적절하지 <u>않은</u> 것은?

▲『신여성』

▲『삼천리』

① 모던 걸을 풍자하는 지식인
② 한복에 모자를 쓴 중년 남성
③ 『제국신문』을 인쇄하는 노동자
④ 영화 『아리랑』을 관람하는 주민
⑤ 화학조미료를 사용해 요리하는 주방장

2 다양한 사회 운동

158

(가)에 들어갈 내용으로 가장 적절한 것은?

○○○
(1) 결성: 민족주의와 사회주의 계열 여성 단체의 통합
(2) 강령: 조선 여자의 공고한 단결과 지위 향상 등
(3) 활동: _____(가)_____

① 「여권통문」 발표
② 국문 연구소 설립
③ 『대한매일신보』 발행
④ 교육 입국 조서 반포
⑤ 강연회 개최를 통한 민중 계몽

159

다음을 활용한 탐구 주제로 가장 적절한 것은?

어린이는 결코 부모의 물건이 되려고 생겨 나오는 것도 아니오. 어느 기성 사회의 주문품이 되려고 낳는 것도 아닙니다. 그네는 훌륭한 한 사람으로 태어나는 것이고, 저는 저대로 독특한 한 사람이 되어 갈 것입니다.

▲ 잡지 『어린이』

① 서재필의 망명 배경
② 윤동주의 문학 세계
③ 이승훈의 학교 설립
④ 방정환의 생애와 활동
⑤ 이범윤의 영토 수호 노력

160 빈출

(가) 단체에 대한 설명으로 옳은 것은?

< (가) 취지문>
공평은 사회의 근본이고 애정은 인류의 본량(本良)이다. ······ 계급을 타파하고 모욕적 칭호를 폐지하며 교육을 장려하여 우리도 참다운 인간이 되고자 함이 우리의 주장이다. ······ 과거를 회상하면 종일 통곡하고도 피눈물을 금할 수 없다.

① 복벽주의를 내세웠다.
② 『독립신문』을 발간하였다.
③ 서울 진공 작전을 전개하였다.
④ 백정에 대한 평등한 대우를 요구하였다.
⑤ 국무령 중심의 집단 지도 체제로 개편하였다.

161

(가)에 들어갈 지명으로 옳은 것은?

오랫동안 맹렬히 싸워 오던 (가) 의 소작 문제는 일단락을 마쳤는데 ······ 지주 문재철 씨는 소작인회의 요구인 4할을 승낙하는 동시에 이천 원을 소작인회에 기부하기로 되었더라. － 『동아일보』, 1924. 9. 2. －

① 군산
② 대전
③ 목포
④ 청진
⑤ 암태도

162

(가) 사건에 대한 학생들의 발표 내용으로 적절한 것만을 <보기>에서 고른 것은?

노동자의 계급 의식과 민족의식이 높아지면서 노동 쟁의 발생 건수와 참여 노동자의 수도 크게 늘어났다. 전국적인 규모의 노동 운동 단체도 결성되었다. 노동 쟁의가 격렬해질수록 경찰의 탄압 강도가 높아졌다. 이에 노동 쟁의는 점차 항일 투쟁으로 바뀌어 갔다. 1929년에 원산 지역의 노동자들이 일으킨 (가) 은/는 그 대표적인 사건이었다.

| 보기 |
ㄱ. 헌병 경찰에 의해 진압되었어요.
ㄴ. 국내외 노동 단체들의 지원을 받았어요.
ㄷ. 조선 노동 총동맹 결성의 배경이 되었어요.
ㄹ. 한국인 노동자 구타 사건을 계기로 일어났어요.

① ㄱ, ㄴ
② ㄱ, ㄷ
③ ㄴ, ㄷ
④ ㄴ, ㄹ
⑤ ㄷ, ㄹ

163 빈출

(가)에 들어갈 구호로 적절한 것만을 <보기>에서 고른 것은?

대공황의 영향으로 농민과 노동자의 생활이 어려워지면서 소작 쟁의와 노동 쟁의가 격화되었다. 농민과 노동자는 사회주의 세력과 연대하고 혁명적 농민 조합·혁명적 노동 조합을 결성하여 일제에 맞섰다. 이들은 (가) 와 같은 구호를 내걸고 반제국주의 항일 투쟁을 전개하였고, 그 방법도 점차 비합법적인 폭력 투쟁으로 변화하였다. 그러나 중일 전쟁 이후 일제의 강력한 탄압으로 점차 위축되었다.

| 보기 |
ㄱ. 공사 노비제를 폐지하라!
ㄴ. 일본 제국주의를 타도하자!
ㄷ. 조선 광업령 제정에 반대한다!
ㄹ. 노동자·농민의 정부를 수립하자!

① ㄱ, ㄴ
② ㄱ, ㄷ
③ ㄴ, ㄷ
④ ㄴ, ㄹ
⑤ ㄷ, ㄹ

164 빈출

자료에 나타난 민족 운동에 대한 설명으로 옳은 것은?

 사진은 순종의 장례 행렬 당시의 사진이다. 이날 일부 학생들은 장례 행렬을 따라 경찰의 삼엄한 경비 속에서도 격문을 뿌리고 독립 만세를 외쳤다.

① 신간회의 지원을 받았다.
② 대구에서 시작되어 확산되었다.
③ 2·8 독립 선언의 발표로 이어졌다.
④ 민족 협동 전선 형성에 영향을 끼쳤다.
⑤ 대한민국 임시 정부 수립의 계기가 되었다.

165 빈출

밑줄 친 '시위'에 대한 설명으로 옳은 것은?

> 1929년 광주 학생들의 거센 시위에 놀란 일제는 배후 세력으로 독서회, 성진회 등을 지목하였다. 특히 성진회 출신 인물들은 비밀리에 독서회를 조직하고 졸업 후에도 학생 운동에 관여하였다. 일제는 이들 중 장재성 등에게 징역형을 선고하였다.

① 전국으로 확산되었다.
② 고종의 서거를 계기로 일어났다.
③ 민족 말살 통치에 맞서 전개되었다.
④ 대한 광복군 정부 수립의 토대가 되었다.
⑤ 조선 청년 총동맹의 결성에 영향을 끼쳤다.

3 민족 문화 수호를 위한 노력

166

다음 자료를 활용한 탐구 주제로 가장 적절한 것은?

> 종교, 역사, 말과 글, 풍속 등에 불멸의 국혼(國魂)이 있다면 비록 한때 병탄을 당할지라도 마침내 독립하는 것을 세계 역사에서 많이 볼 수 있다.

① 서민 문화의 발달　　② 서북 학회의 활동
③ 민족주의 사학의 전개　　④ 북학론의 등장과 영향
⑤ 근대 민권 의식의 성장

167

다음 글을 남긴 인물에 대한 설명으로 옳은 것은?

> 우리 조선의 역사적 발전의 전 과정은 가령 지리적 조건, 인종학적 골상, 문화 형태의 외형적 특징 등 다소의 차이는 인정되더라도, 다른 문화 민족의 역사적 발전 법칙과 구별되어야 하는 독자적인 것이 아니다. 세계사적 일원론적 역사 법칙에 의해 다른 민족과 거의 같은 궤도로 발전 과정을 거쳐 왔다.
>
> - 『조선사회경제사』 -

① 『조선사연구초』를 남겼다.
② 「독사신론」을 발표하였다.
③ 정체성론과 당파성론을 주장하였다.
④ 『을지문덕전』 등 위인전을 저술하였다.
⑤ 유물 사관에 근거하여 역사를 연구하였다.

168 빈출

(가) 단체에 대한 설명으로 옳은 것만을 〈보기〉에서 고른 것은?

> 아래와 같이 이곳 길주와 성진 지방의 규칙을 적어 두어 말 적어 드립니다. 조선어 사전을 준비하는 (가) 의 편집자에게 백분지 일이라도 도움이 된다면 이 뒤에도 힘 있는 데까지 이어 적어 드리려 합니다.

| 보기 |
ㄱ. 『국어문법』을 간행하였다.
ㄴ. 한글 맞춤법 통일안을 제정하였다.
ㄷ. 국한문 혼용의 『황성신문』을 발행하였다.
ㄹ. 치안 유지법 위반 혐의로 시련을 겪었다.

① ㄱ, ㄴ　　② ㄱ, ㄷ　　③ ㄴ, ㄷ
④ ㄴ, ㄹ　　⑤ ㄷ, ㄹ

169

(가), (나)에 들어갈 내용으로 옳은 것만을 〈보기〉에서 고른 것은?

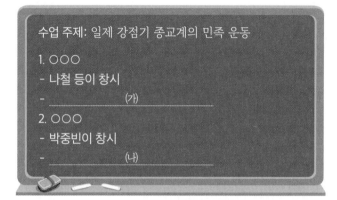

수업 주제: 일제 강점기 종교계의 민족 운동

1. ○○○
- 나철 등이 창시
- _____ (가)
2. ○○○
- 박중빈이 창시
- _____ (나)

| 보기 |

ㄱ. (가) - 『개벽』 등 잡지 발행
ㄴ. (가) - 총본사를 간도로 이전
ㄷ. (나) - 의민단을 통해 무장 투쟁에 참여
ㄹ. (나) - 허례 폐지 등 '새 생활 운동'을 전개

① ㄱ, ㄴ   ② ㄱ, ㄷ   ③ ㄴ, ㄷ
④ ㄴ, ㄹ   ⑤ ㄷ, ㄹ

170

밑줄 친 '그'에 해당하는 인물은?

그는 만석꾼 집안의 상속자로, 뛰어난 안목을 바탕으로 옛 물건 수집에 열을 올렸다. 영국인 개츠비가 모은 고려자기를 인수하기 위해 논을 팔아 기와집 400채 어치의 값을 치르기도 하였고, 일본인들과 치열한 경쟁 끝에 경매에서 조선 시대 백자 한 점을 기와집 15채에 해당하는 값에 구입하기도 하였다.
남들 눈에는 바보 같은 행동이었지만, 그의 활동은 일본 등 국외로 마구 반출되던 문화유산을 지키는 데 기여하였다. 그의 노력 덕분에 김홍도, 신윤복의 작품이나 고려청자, 한글 창제의 원리를 담은 『훈민정음』 해례본 등을 지킬 수 있었다. 그는 문화 독립운동가였다.

① 심훈   ② 손병희   ③ 정인보
④ 전형필   ⑤ 주기철

1등급을 향한 서답형 문제

| 171~172 |

다음 자료를 읽고 물음에 답하시오.

1. 여성에 대한 사회적·법률적 일체의 차별을 철폐한다.
2. 일체의 봉건적인 인습과 미신을 타파한다.
6. 부인 노동의 임금 차별을 철폐하고 산전 및 산후 임금을 지불하도록 한다.

171

위 강령을 내건 단체를 쓰시오.

172

위 단체의 활동 사례 **두 가지**를 서술하시오.

| 173~174 |

다음 자료를 읽고 물음에 답하시오.

	(가)	(나)
주요 경력	대한민국 임시 정부의 대통령 역임	「조선 혁명 선언」 작성
대표 저술	『한국통사』, 『한국독립운동지혈사』	「독사신론」, 『조선상고사』 등

173

(가), (나)에 들어갈 인물을 쓰시오.

174

역사학자로서 (가), (나) 인물의 공통점을 서술하시오.

175

다음 자료에 나타난 시기에 볼 수 있는 모습으로 적절한 것만을 〈보기〉에서 고른 것은?

한국사 신문

최신 유행을 따르는 젊은이 급증!

최근 경성부를 중심으로 단발머리와 서양식 옷 등으로 한껏 치장하고 쇼핑과 외식을 즐기는 모던 걸과 모던 보이가 늘고 있다. 이에 대해 중장년층은 못된 걸, 못된 보이라며 비판을 하기도 한다.

| 보기 |

ㄱ. 『대한매일신보』 창간 소식에 기뻐하는 지식인
ㄴ. 나운규와 함께 영화 『아리랑』을 촬영하는 배우
ㄷ. 고된 하루 일과를 마치고 집으로 돌아가는 토막민
ㄹ. 서양의 수교국과 오찬을 즐기는 대한 제국의 관리

① ㄱ, ㄴ　　② ㄱ, ㄷ　　③ ㄴ, ㄷ
④ ㄴ, ㄹ　　⑤ ㄷ, ㄹ

176

(가) 종교에 대한 설명으로 옳은 것은?

대한 제국의 마지막 황제가 서거하자 조선 공산당 등 사회주의 계열과 (가), 학생 단체 등이 대규모 만세 시위를 준비하였다. 그러나 7년 전 만세 시위를 경험한 일제는 철저히 대비하고 있었고, 결국 사회주의자와 (가)의 간부들이 일제에 검거되고 말았다. 그렇지만 학생들은 장례식 당일 경찰의 삼엄한 경비 속에서도 서울 시내 곳곳에서 격문을 뿌리고 독립 만세를 외쳤다.

---

① 의민단을 결성하였다.
② 단군 신앙을 전파하였다.
③ 조선 형평사를 설립하였다.
④ 잡지 『개벽』을 간행하였다.
⑤ 105인 사건으로 와해되었다.

177

다음 사건이 일어난 시기를 연표에서 옳게 고른 것은?

함흥 영생 여자 고등 보통학교 학생들이 기차를 타고 집으로 돌아가는 길에 우리말로 대화를 나누었다는 이유로 경찰에 연행되었다. 취조 결과 경찰은 학생들에게 영향을 미친 사람이 우리말 사전을 편찬하고 있던 정태진임을 알게 되었고, 일제는 이를 빌미로 학회 회원과 관련 인사들을 검거하였다. 이들 중 일부는 치안 유지법 위반으로 징역형을 선고받았고, 일부는 혹독한 고문을 견디지 못하고 옥사하였다.

	(가)		(나)		(다)		(라)		(마)	
고종 서거		광주 학생 항일 운동		만주 사변		중일 전쟁		국가 총동원법 제정		일본 항복

① (가)　② (나)　③ (다)　④ (라)　⑤ (마)

178

다음을 주장한 인물에 대한 설명으로 옳은 것은?

무엇을 아(나)라 하고, 무엇을 비아(남)라 하는가? 조선 사람은 조선을 '아'라 하고, 영국, 미국, 프랑스, 러시아 등을 '비아'라 하지만, 그들은 각기 제 나라를 '아'라 하고, 조선은 '비아'라 하며, …… 역사는 '아'와 '비아'의 투쟁인 것이다.

---

① 『조선사회경제사』를 저술하였다.
② 국내에서 조선학 운동을 이끌었다.
③ 국민 대표 회의에서 창조파로 활동하였다.
④ 대한민국 임시 정부의 대통령으로 선출되었다.
⑤ 실증 사학을 추구하며 『진단학보』 발행에 앞장섰다.

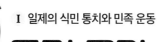

I. 일제의 식민 통치와 민족 운동

05 독립 국가 건설 노력

1 항일 전선 통합 노력과 무장 투쟁

1 민족 혁명당
김원봉이 이끄는 의열단 외에 여러 단체가 연합하여 민족 혁명당을 결성하였다.

(1) 결성: 일제의 만주 침략 이후 독립운동가들이 중국 관내로 이동 → 통합 움직임 전개 → 난징에서 민족 혁명당 결성(1935)

(2) 특징: 민족주의 계열과 사회주의 계열 단체들의 통합 → 중국 관내 최대 규모의 민족 통일 전선 정당

(3) 변화: 임시 정부 옹호 세력 미참여(김구는 한국 국민당 창당), 의열단 계열이 민족 혁명당의 당권을 장악하면서 조소앙·지청천 등 민족주의계 일부 인사 탈당 → 통일 전선 정당의 성격 약화

2 중일 전쟁 이후 항일 전선 통합 노력

(1) 배경: 중일 전쟁 발발 → 한중 연대 강화, 항일 세력의 통합을 통한 투쟁 역량 강화 시도

(2) 전개

① 1937년 한국 국민당 중심, 조소앙, 지청천 등 민족주의 세력이 연합 → 한국 광복 운동 단체 연합회 결성(김구)

② 1937년 민족 혁명당 중심, 사회주의 세력과 조선 민족 전선 연맹 결성(김원봉)

(3) 통합 노력: 중국 국민당 정부의 단일화 촉구 → 통합 추진 → 이념과 통합 방식을 둘러싼 의견 차이로 어려움

3 조선 의용대의 창설과 활동

창설	중일 전쟁 이후 중국 국민당 정부의 지원을 받아 우한(한커우)에서 조선 민족 전선 연맹 산하 부대로 창설(1938)
활동	• 중국 관내에서 창설된 최초의 한인 부대 • 일본군에 대한 심리전이나 포로 심문, 후방 공작 활동 전개
변화	다수 병력이 적극적인 항일 투쟁을 위해 중국 공산당 근거지인 화북 지방으로 이동 → 조선 의용대 화북 지대 결성 → 타이항산을 중심으로 호가장 전투, 반소탕전 등에서 큰 성과

꼭 나오는 자료   🔗 40쪽 195번 문제로 확인

조선 의용대 창설

일본은 중국의 항일 중심지인 우한을 공격해 왔다. 이때를 당하여 전 중국 민중은 …… 항일 전쟁에 돌입하였다. 이에 있어서 우리는 모름지기 이 정의로운 전쟁에 참여하고 본 전쟁 중에 조국의 독립을 쟁취해야 할 것이다. 그러므로 우리는 우리 조선 민족 전선 연맹의 기치 아래 일치단결하고, …… 조선 의용대를 조직한 것이다.
– 「조선 의용대 성립 선언」, 1938. 10. –

자료 분석 중일 전쟁이 일어나자 중국 내 독립운동 세력은 이를 적극적인 항일 투쟁의 기회로 보았다. 김원봉은 중국 국민당의 지원을 받아 조선 의용대를 창설하고, 일본군에 맞섰다.

2 광복을 위한 노력과 건국 준비 활동

1 대한민국 임시 정부의 재정비

(1) 이동: 윤봉길 의거 후 일제 탄압을 피해 여러 지역 이동 → 충칭 정착(1940) → 중국 국민당의 지원을 받아 체제 개편

(2) 체제 정비: 한국 독립당 주도, 한국 광복군 창설(총사령 지청천), 단일 지도 체제(주석 김구), 건국 강령 발표
민족주의 계열의 정당 통합으로 결성되었다.

꼭 나오는 자료   🔗 42쪽 206번 문제로 확인

대한민국 임시 정부 건국 강령(1941)

삼균 제도를 골자로 한 헌법을 실시하여 정치와 경제와 교육의 민주적 시설로 실제상 균형을 도모하며, 전국의 토지와 대생산 기관의 국유가 완성되고 전국 학령 아동 전체에 대한 고급의 무상 교육이 완성되고, 보통 선거 제도가 구속 없이 완전히 실시되어 …….

자료 분석 대한민국 임시 정부는 조소앙의 삼균주의에 기초한 건국 강령을 발표하였다.

(3) 다양한 세력의 합류
독립운동가들은 아시아·태평양 전쟁 이후 일제의 패망과 한국의 독립을 예상하면서 새로운 국가 건설을 준비하고자 하였다.

① 배경: 한국의 독립 예상, 대한민국 임시 정부 중심 통일 전선 형성 노력
한국 광복군의 부사령관이 되었다.

② 확대: 김원봉 등 조선 의용대 병력 일부가 한국 광복군에 합류, 김규식 등 민족 혁명당과 사회주의 계열의 인사 참여, 조선 독립 동맹과 통일 전선 교섭

(4) 한국 광복군: 대일 선전 포고 → 미얀마·인도 전선에 대원 파견(1943), 미국 전략 정보국(OSS)과 함께 국내 진공 작전 추진(일본 항복으로 작전 취소)

2 국외 건국 준비 활동

조선 독립 동맹 (1942)	• 옌안에서 사회주의 세력 중심으로 결성(위원장 김두봉) • 조선 의용대 화북 지대를 조선 의용군으로 개편(중국 공산당의 팔로군과 연합)
조선 건국 동맹 (1944)	• 여운형 주도 아래 국내에서 결성(좌우 합작 비밀 결사) • 조선 독립 동맹 및 대한민국 임시 정부와 연합 시도
재미 한족 연합 위원회(1941)	미주 지역에서 조직, 임시 정부 재정 및 주미 외교 위원부 활동 지원, 한인 국방 경비대 창설

3 국제 사회의 독립 약속

카이로 선언 (1943. 12.)	• 미국, 영국, 중국의 정상 참여 • 일본 세력을 점령지에서 몰아내고 적절한 시기 한국의 독립을 처음으로 약속
얄타 회담 (1945. 2.)	• 미국, 영국, 소련의 정상 참여 • 독일과 전쟁 종결 후 소련이 대일전에 참전하기로 합의
포츠담 선언 (1945. 7.)	• 미국, 영국, 중국 정상 참여 → 소련이 뒤늦게 참여 • 카이로 선언 재확인 → 한국 독립 약속 재확인

기본 기출 문제

핵심 주제를 파악할 수 있는 기출 문제를 수록하였습니다.

핵심 **개념 문제**

● 빈칸에 들어갈 알맞은 말을 쓰시오.

179 1935년 중국 관내에서 독립운동 세력의 통합으로 난징에서 민족 통일 전선 정당인 (   )이/가 결성되었다.

180 (   )의 일부 병력은 화북으로 이동하여 호가장 전투 등에서 활약하였다.

181 대한민국 임시 정부는 일제의 탄압을 피해 상하이를 떠나 1940년 (   )에 정착하였다.

182 대한민국 임시 정부는 조소앙의 (   )에 기초하여 대한민국 건국 강령을 발표하였다.

● 다음 내용이 옳으면 ○표, 틀리면 ✕표를 하시오.

183 의열단이 민족 혁명당을 주도하자 김구가 이탈하여 한국 국민당을 창당하였다. (   )

184 사회주의 세력이 중심이 된 조선 독립 동맹은 영국군의 요청에 따라 인도, 미얀마에 대원을 파견하였다. (   )

185 미국, 영국, 중국, 소련의 정상은 카이로에 모여 한국의 독립을 처음으로 약속하였다. (   )

● 인물과 활동을 바르게 연결하시오.

186 김구 ・   ・㉠ 민족 혁명당 주도
187 김원봉 ・   ・㉡ 한국 국민당 창당
188 여운형 ・   ・㉢ 조선 건국 동맹 조직
189 지청천 ・   ・㉣ 한국 광복군 총사령관 취임

● 다음에서 설명하는 단체를 〈보기〉에서 고르시오.

┤ 보기 ├
ㄱ. 조선 독립 동맹   ㄴ. 조선 건국 동맹

190 민족주의와 사회주의 계열의 인사들이 함께 참여한 국내의 비밀 결사였다. (   )

191 조선 의용대 화북 지대를 조선 의용군으로 재편하고 항일 무장 투쟁을 벌였다. (   )

192

⭐핵심 주제 한국 광복군

(가)에 들어갈 내용으로 적절한 것은?

수업 주제: _____(가)_____

미얀마와 인도 전선으로 파견된 대원 / 총사령부 창설식

① 반소탕전의 전개
② 조선 의용대의 이동
③ 한국 광복군의 활동
④ 13도 창의군의 결성
⑤ 한중 연합 작전의 배경

193

⭐핵심 주제 카이로 회담

(가)에 들어갈 내용으로 적절한 것만을 〈보기〉에서 고른 것은?

1943년 이집트에 모인 중국, 미국, 영국의 정상을 찍은 사진입니다. 당시 이들은 [(가)]을/를 결정하였습니다.

┤ 보기 ├
ㄱ. 소련이 대일전에 참전할 것
ㄴ. 일본을 점령 지역에서 몰아낼 것
ㄷ. 카이로 선언의 내용을 재확인할 것
ㄹ. 한국을 적절한 시기에 독립시킬 것

① ㄱ, ㄴ   ② ㄱ, ㄷ   ③ ㄴ, ㄷ
④ ㄴ, ㄹ   ⑤ ㄷ, ㄹ

학교 시험에서 출제율이 높은 문제를 엄선하여 수록하였습니다.

실력 기출 문제

1 항일 전선 통합 노력과 무장 투쟁

194

(가) 정당에 대한 학생들의 발표 내용으로 가장 적절한 것은?

사료로 보는 한국사

본 당은 혁명적 수단으로 원수 일본의 침탈 세력을 박멸하여 5천 년 동안 독립자주해 온 국토와 주권을 회복하고, 정치·경제·교육의 평등을 기초로 한 진정한 민주 공화국을 건설하여 국민 전체의 생활의 평등을 확보하고, 나아가 세계 인류의 평등과 행복을 촉진한다.

1935년 난징에서 독립운동 세력 결집의 결과 결성된 [(가)]의 결의로, 그들이 지향한 국가의 형태가 잘 제시되어 있다.

① 조소앙이 이탈하였어요.
② 김구 주도로 결성되었어요.
③ 공화주의 자치 정부였어요.
④ 치안 유지법으로 탄압받았어요.
⑤ 3부 통합 운동 결과 조직되었어요.

195 빈출

(가) 독립군 부대에 대한 설명으로 옳은 것은?

일본은 가장 야만적이고, 난폭한 수단으로 중국의 항일 중심지인 우한을 공격해 왔다. 이때를 당하여 전 중국 민중은 …… 항일 전쟁에 돌입하였다. 이에 있어서 우리는 모름지기 이 정의로운 전쟁에 참여하고 본 전쟁 중에 조국의 독립을 쟁취해야 할 것이다. 그러므로 우리는 우선 조선 민족 전선 연맹의 기치 아래 일치단결하고, …… [(가)] 을/를 조직한 것이다.

① 복벽주의를 내세웠다.
② 조국 광복회를 조직하였다.
③ 대전자령 전투에서 승리하였다.
④ 이상설의 지휘 아래 활동하였다.
⑤ 일부 대원이 화북으로 이동하였다.

196

(가), (나)에 들어갈 단체가 옳게 짝지어진 것은?

중일 전쟁이 발발하자 독립운동가들은 한중 연대를 강화하고 항일 세력을 하나로 통합하여 투쟁 역량을 강화하고자 하였다. 이러한 노력의 결과 김구의 한국 국민당을 중심으로 [(가)] 이/가 결성되었고, 김원봉이 이끄는 민족 혁명당을 중심으로 [(나)] 이/가 결성되었다.

	(가)	(나)
①	신간회	조선 민족 전선 연맹
②	조선 민족 전선 연맹	신간회
③	조선 민족 전선 연맹	한국 광복 운동 단체 연합회
④	한국 광복 운동 단체 연합회	신간회
⑤	한국 광복 운동 단체 연합회	조선 민족 전선 연맹

2 광복을 위한 노력과 건국 준비 활동

197

(가) 단체에 대한 설명으로 옳은 것만을 〈보기〉에서 고른 것은?

┤보기├
ㄱ. 호가장 전투를 이끌었다.
ㄴ. 건국 강령을 발표하였다.
ㄷ. 한국 광복군을 창설하였다.
ㄹ. 순종 서거를 계기로 만세 시위를 계획하였다.

① ㄱ, ㄴ　　② ㄱ, ㄷ　　③ ㄴ, ㄷ
④ ㄴ, ㄹ　　⑤ ㄷ, ㄹ

198

(가) 인물에 대한 설명으로 옳은 것만을 〈보기〉에서 고른 것은?

> 일본이 미국을 공격하여 전쟁을 일으키자, 독립운동가들은 일제가 미국에 패망할 것이라 예상하였다. 이러한 상황에서 화북 지방으로 이동하지 않은 조선 의용대 병력이 (가) 의 인솔 아래 한국 광복군에 합류하였다.

| 보기 |

ㄱ. 의열단의 활동을 이끌었다.
ㄴ. 「조선 혁명 선언」을 집필하였다.
ㄷ. 민족 혁명당 결성을 주도하였다.
ㄹ. 상하이 훙커우 공원 의거를 감행하였다.

① ㄱ, ㄴ   ② ㄱ, ㄷ   ③ ㄴ, ㄷ
④ ㄴ, ㄹ   ⑤ ㄷ, ㄹ

199 빈출

(가) 단체에 대한 설명으로 옳은 것만을 〈보기〉에서 고른 것은?

| 보기 |

ㄱ. 조선 혁명 간부 학교를 설립하였다.
ㄴ. 여운형 주도로 결성된 비밀 결사였다.
ㄷ. 사회주의 세력이 중심이 되어 결성하였다.
ㄹ. 조선 의용대 화북 지대를 조선 의용군으로 개편하였다.

① ㄱ, ㄴ   ② ㄱ, ㄷ   ③ ㄴ, ㄷ
④ ㄴ, ㄹ   ⑤ ㄷ, ㄹ

200

다음 활동이 전개된 지역으로 옳은 것은?

> • 대한인 국민회 등의 연합으로 새로운 단체 결성
> • 의연금을 모아 대한민국 임시 정부 후원
> • 한인 국방 경비대를 조직하여 무장 독립 전쟁 준비

① 미주   ② 북간도   ③ 상하이
④ 연해주   ⑤ 중앙아시아

201 빈출

(가) 독립군 부대에 대한 설명으로 옳은 것만을 〈보기〉에서 고른 것은?

> (가) 선언문
>
> 대한민국 임시 정부는 대한민국 원년(1919)에 정부가 공포한 군사 조직법에 따라 …… 중화민국 영토 내에서 군대를 조직하고 …… 공동의 적인 일본 제국주의자들을 타도하고자 연합군의 일원으로 항전을 계속한다.

| 보기 |

ㄱ. 반소탕전에서 활약하였다.
ㄴ. 영릉가 전투에서 승리하였다.
ㄷ. 국내 진공 작전을 추진하였다.
ㄹ. 미얀마와 인도 전선에 대원을 파견하였다.

① ㄱ, ㄴ   ② ㄱ, ㄷ   ③ ㄴ, ㄷ
④ ㄴ, ㄹ   ⑤ ㄷ, ㄹ

202

(가)에 들어갈 인물로 옳은 것은?

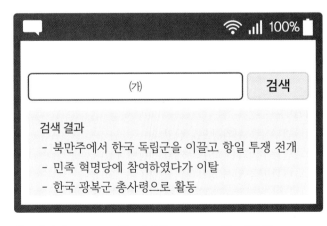

검색 결과
- 북만주에서 한국 독립군을 이끌고 항일 투쟁 전개
- 민족 혁명당에 참여하였다가 이탈
- 한국 광복군 총사령으로 활동

① 김좌진   ② 양세봉   ③ 이봉창
④ 지청천   ⑤ 홍범도

 기출 문제

203

다음 회고에 나타난 시기를 연표에서 옳게 고른 것은?

> 광복 1년 전 학도병으로 징집된 나는 곧 목숨을 걸고 탈출하여 충칭으로 가는 6,000리 장정의 길에 나섰고, 이범석 장군의 부관이 되어 시안에 있는 제2지대로 찾아가서 미국 전략 정보국(OSS)과 특별 훈련을 받았다.

	(가)		(나)		(다)		(라)		(마)	
러일전쟁 발발		치안 유지법 제정		만주 사변		중일 전쟁 발발		아시아·태평양 전쟁 발발		일본 항복

① (가)   ② (나)   ③ (다)   ④ (라)   ⑤ (마)

204

다음 강령을 발표한 단체에 대한 설명으로 옳은 것만을 〈보기〉에서 고른 것은?

> 1. 각인 각파를 대동단결하여 거국일치로 일본 제국주의의 여러 세력을 쫓아내고 조선 민족의 자유와 독립을 회복할 것
> 2. 반추축국 여러 나라와 협력하여 대일 연합 전선을 형성하고 조선의 완전한 독립을 저해하는 일체 반동 세력을 박멸할 것
> 3. 건설 부면에 있어서 일체 시위(施爲)를 민주주의적 원칙에 의거하고 특히 노동 대중의 해방에 치중할 것
> - 이만규, 『여운형 투쟁사』 -

| 보기 |
ㄱ. 김두봉을 위원장으로 삼았다.
ㄴ. 민족주의와 사회주의 계열이 참여하였다.
ㄷ. 대한민국 임시 정부와의 연합을 시도하였다.
ㄹ. 동양 척식 주식회사를 대상으로 의거를 일으켰다.

① ㄱ, ㄴ   ② ㄱ, ㄷ   ③ ㄴ, ㄷ
④ ㄴ, ㄹ   ⑤ ㄷ, ㄹ

205

(가)~(다)에 들어갈 지명이 옳게 짝지어진 것은?

> 1943년 12월 미국, 영국, 중국의 정상은 [(가)] 에 모여 일본의 침략을 저지하고, 일본 세력을 점령 지역에서 몰아낼 것을 결의하였다. 1945년 2월에 [(나)] 에서는 독일과의 전쟁이 끝나면 소련이 대일전에 참전한다는 합의가 이루어졌다. 같은 해 7월 [(다)] 에 모인 미국, 영국, 중국의 정상들은 [(가)] 선언의 내용을 재확인하고, 일본의 무조건 항복을 촉구하였다. 소련은 뒤늦게 이 선언에 참여하였다.

	(가)	(나)	(다)
①	얄타	카이로	포츠담
②	얄타	포츠담	카이로
③	카이로	얄타	포츠담
④	카이로	포츠담	얄타
⑤	포츠담	카이로	얄타

1등급을 향한 서답형 문제

| 206~207 |

다음 자료를 읽고 물음에 답하시오.

> [(가)] 제도를 골자로 한 헌법을 실시하여 정치와 경제와 교육의 민주적 시설로 실제상 균형을 도모하며, 전국의 토지와 대생산 기관의 국유가 완성되고 전국 학령 아동 전체에 대한 고급의 무상 교육이 완성되고, 보통 선거 제도가 구속 없이 완전히 실시되어 …….
> - 대한민국 임시 정부 건국 강령 -

206

(가)에 들어갈 용어를 쓰시오.

207

위 강령이 지향한 국가 형태를 구체적으로 서술하시오.

42   I. 일제의 식민 통치와 민족 운동

208

(가)에 들어갈 내용으로 적절한 것만을 〈보기〉에서 고른 것은?

한국 국민당이 창당되었다.

↓

(가)

↓

조선 의용대가 창설되었다.

| 보기 |

ㄱ. 조선 독립 동맹이 창설되었다.
ㄴ. 일본이 중국 본토를 공격하였다.
ㄷ. 대한민국 임시 정부가 충칭에 도착하였다.
ㄹ. 한국 광복 운동 단체 연합회가 조직되었다.

① ㄱ, ㄴ   ② ㄱ, ㄷ   ③ ㄴ, ㄷ
④ ㄴ, ㄹ   ⑤ ㄷ, ㄹ

209

(가) 독립군 부대에 대한 탐구 활동으로 적절한 것만을 〈보기〉에서 고른 것은?

(가) 은/는 화북에서 본격적인 공작을 진행하기 시작하였다. 이들은 전단을 살포하고 적군을 향해 구호를 외치는가 하면 투항을 권유하는 편지를 적군에게 보내기도 하였다. 1년 반의 활동 기간에 (가) 이/가 중국어·한국어·일본어로 작성한 전단은 3만 장 이상에 달하였고, 반전사상을 선전하는 만화도 4백여 폭에 달하였다. 반소탕 작전과정에서는 (가) 의 제1지대가 중국 우군의 후퇴를 엄호하기 위해 단독으로 적들과 수일간 격전을 벌였다.

| 보기 |

ㄱ. 미쓰야 협정이 끼친 영향을 살펴본다.
ㄴ. 조선 민족 전선 연맹의 군사 기구를 파악한다.
ㄷ. 미얀마와 인도에 대원이 파견된 배경을 알아본다.
ㄹ. 중국 국민당의 지원을 받아 창설된 부대를 조사한다.

① ㄱ, ㄴ   ② ㄱ, ㄷ   ③ ㄴ, ㄷ
④ ㄴ, ㄹ   ⑤ ㄷ, ㄹ

210

대한민국 임시 정부의 각료 구성이 다음과 같았던 시기에 볼 수 있는 모습으로 가장 적절한 것은?

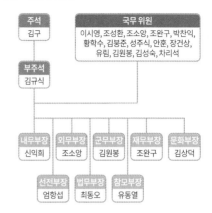

① 훈련하는 한국 광복군 소속 군인
② 양세봉과 군사 작전을 모의하는 독립군
③ 국가 총동원법 제정 소식에 놀라는 지식인
④ 청산리 일대에서 일본군을 격파하는 북로 군정서군
⑤ 국민 대표 회의에서 새 정부의 조직을 주장하는 독립운동가

211

밑줄 친 '이 회의'에 대한 학생들의 발표 내용으로 적절한 것만을 〈보기〉에서 고른 것은?

이 회의의 발표에서 한국이 적절한 시기에 독립이 되게 하겠다고 약속한 것에 대해 임시 정부의 김구는 "우리는 적절한 시기라는 말을 어떻게 해석하든지 그 표현을 좋아하지 않는다. 우리는 반드시 일본이 붕괴되는 바로 그때 독립이 되어야 할 것이다. 그렇지 않으면 우리의 싸움은 계속될 것이다."라고 하였다.

| 보기 |

ㄱ. 소련의 대일전 참전에 합의하였어요.
ㄴ. 외국군의 한반도 철수를 결정하였어요.
ㄷ. 미국, 영국, 중국의 대표가 참여하였어요.
ㄹ. 연합국이 한국의 독립을 처음으로 약속하였어요.

① ㄱ, ㄴ   ② ㄱ, ㄷ   ③ ㄴ, ㄷ
④ ㄴ, ㄹ   ⑤ ㄷ, ㄹ

마무리 문제

 제국주의 질서와 일제의 식민 통치 정책

212

다음 기사가 보도된 시기에 볼 수 있는 모습으로 가장 적절한 것은?

> ○○ 신문
>
> **웃통 벗었다고 볼기 맞아**
>
> 개성군에 사는 2명은 당시 조세 업무를 담당하던 관청의 출장소 건축 공사장에서 역부로 종사하였는데, 웃통을 벗어버리고 노동하다가 헌병에게 발견되어 태형 10대의 처분을 받았다.

① 방곡령을 지시하는 지방관
② 국민학교에서 공부하는 학생
③ 사건을 취재하는 『동아일보』 기자
④ 남면북양 정책에 불만을 토로하는 농민
⑤ 회사 설립을 거부당하는 한국인 사업가

213

(가)에 들어갈 내용으로 가장 적절한 것은?

> ○○ 고등학교 한국사 학습지
>
> 다음 통치 방식에 해당하는 내용을 옳게 연결하세요.
> (1) 무단 통치 •   • ┌─── (가) ───┐
> (2) '문화 정치' •   • 황국 신민 서사 암송 강요
> (3) 민족 말살 통치•   • 교사에게 칼을 차도록 지시

① 궁성 요배 강요
② 친일파 양성 시도
③ 국가 총동원법 적용
④ 토지 조사 사업 실시
⑤ 경찰범 처벌 규칙 제정

214

다음 조직이 활동하던 시기의 상황으로 옳은 것만을 〈보기〉에서 고른 것은?

> │ 역사 용어 사전 │
>
> ○○○
>
> 일제가 국민정신 총동원 운동을 전개하면서 조직한 말단 조직으로 일장기 게양, 신사 참배, 애국 헌금 등을 강요하였고, 공출 물량 확보, 징용 지원자 추천 등을 담당하면서 전쟁에 필요한 인력과 물자를 동원하는 데 앞장섰다.

┤ 보기 ├
ㄱ. 치안 유지법이 제정되었다.
ㄴ. 일제가 쌀과 금속을 공출하였다.
ㄷ. 동양 척식 주식회사가 설립되었다.
ㄹ. 여성들이 일본군 '위안부'로 끌려갔다.

① ㄱ, ㄴ   ② ㄱ, ㄷ   ③ ㄴ, ㄷ
④ ㄴ, ㄹ   ⑤ ㄷ, ㄹ

│ 215~216 │

다음 자료를 읽고 물음에 답하시오.

> 대개 이 계획에 따라 조선인들이 생산한 쌀을 수이출(輪移出)할 때, 결코 자신이 충분히 소비하고 남은 것을 수이출하는 것이 아니다. 생계가 곤란하여 먹을 것을 먹지 못하고 파는 것이다. …… 그러므로 조선 쌀의 수이출이 증가하고 외국 쌀의 수입은 감소하는 반면, 만주산 좁쌀의 수입만이 증가하는 사실은 조선인의 생활난이 점점 심각해지고 있음을 실증한다.

215 ┄ 단답형

밑줄 친 '이 계획'을 쓰시오.

216 📝 서술형

밑줄 친 '이 계획'이 실시된 배경과 농민에게 끼친 영향을 서술하시오.

3·1 운동과 대한민국 임시 정부

217

다음 강령을 발표한 단체에 대한 설명으로 옳은 것은?

1. 일반 부호로부터 의연금을 받는 한편, 일본인이 불법 징수한 세금을 압수하여 무장을 준비한다.
2. 남북 만주에 사관 학교를 설치하고 인재를 양성하여 사관(士官)으로 채용한다.
3. 종래의 의병 및 해산 군인과 만주 이주민을 소집하여 훈련한다.

① 복벽주의를 내세웠다.
② 박상진 주도로 활동하였다.
③ 105인 사건으로 와해되었다.
④ 신흥 무관 학교를 설립하였다.
⑤ 고종의 밀명에 따라 조직되었다.

218

(가), (나)에 들어갈 인물로 옳은 것만을 〈보기〉에서 고른 것은?

러시아 혁명 이후 [(가)]은/는 약소 민족의 해방 운동을 지원하겠다고 선언하였고, 미국 대통령 [(나)]은/는 파리 강화 회의에 영향을 끼친 14개조 평화 원칙에서 민족 자결주의를 제창하였다.

| 보기 |
ㄱ. (가) – 레닌
ㄴ. (가) – 스탈린
ㄷ. (나) – 윌슨
ㄹ. (나) – 루스벨트

① ㄱ, ㄴ
② ㄱ, ㄷ
③ ㄴ, ㄷ
④ ㄴ, ㄹ
⑤ ㄷ, ㄹ

219

(가) 단체에 대한 설명으로 옳은 것만을 〈보기〉에서 고른 것은?

<대한민국 헌법>
유구한 역사와 전통에 빛나는 우리 대한 국민은 3·1 운동으로 건립된 [(가)]의 법통과 불의에 항거한 4·19 민주이념을 계승하고 …….

| 보기 |
ㄱ. 독립 공채를 발행하였다.
ㄴ. 「대동단결 선언」을 발표하였다.
ㄷ. 교통국과 연통제를 운영하였다.
ㄹ. 이상설, 이동휘를 정·부통령으로 삼았다.

① ㄱ, ㄴ
② ㄱ, ㄷ
③ ㄴ, ㄷ
④ ㄴ, ㄹ
⑤ ㄷ, ㄹ

| 220~221 |

다음 자료를 읽고 물음에 답하시오.

<통계로 보는 [(가)] >

전국의 시위 현황		수감자의 계층별 분포		행동 양상별 시위 수	
지역	시위 수	직업	인원	유형	시위 수
평안도	276	농민	4,969	만세	1,671
함경도	144	학생, 지식인	1,776	집단 항의	252
황해도	180			폭행	175
경기도/경성부	415	상공업자	1,174	처단	5
		노동자	328	방화	25
강원도	81	무직자	264	파손·파괴	142
충청도	225				
전라도	89				
경상도	273				

220 [단답형]

(가) 운동의 명칭을 쓰시오.

221 [서술형]

(가) 운동이 끼친 영향을 세 가지 서술하시오.

03 민족 운동의 전개와 분화

222

다음 질문에 대한 학생들의 발표 내용으로 가장 적절한 것은?

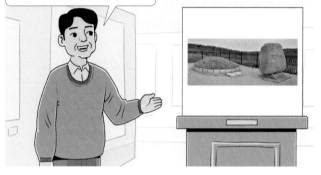

일본군이 독립군의 근거지를 없앤다는 구실로 1920년부터 학살을 자행한 국경 지역에 있는 한인들의 합동 묘와 기념비입니다. 이 시기 독립운동의 양상을 말해볼까요?

① 참의부 등이 결성되었어요.
② 대한 제국의 군대가 해산되어요.
③ 독립군이 밀산으로 이동하였어요.
④ 한중 연합 작전이 본격화되었어요.
⑤ 한국 독립군이 중국 관내 지역으로 이동하였어요.

223

다음 신문 기사가 보도된 시기를 연표에서 옳게 고른 것은?

함남 보천보를 습격

	(가)	(나)	(다)	(라)	(마)	
봉오동 전투 승리	미쓰야 협정 체결	조선 노동 총동맹 결성	만주 사변 발생	흥경성 전투 승리	아시아· 태평양 전쟁 발발	

① (가) ② (나) ③ (다) ④ (라) ⑤ (마)

224

다음 지도의 제목으로 가장 적절한 것은?

① 의열단의 활동
② 한인 애국단의 결성
③ 조선 혁명당의 조직
④ 청산리 대첩의 경과
⑤ 대한 독립군의 활약

225

(가), (나) 운동의 공통점으로 옳은 것은?

▲ (가) 운동 당시의 포스터   ▲ (나) 운동에서 사용한 한글 교재

① 통감부의 탄압을 받았다.
② 언론사 주도로 전개되었다.
③ 교육 입국 조서 반포의 토대가 되었다.
④ 경성 제국 대학 설립에 영향을 끼쳤다.
⑤ 국외 독립운동 기지 건설의 일환이었다.

226

다음 선언이 끼친 영향으로 가장 적절한 것은?

> 민족주의 세력에 대하여는 그 부르주아 민주주의적 성질을 명백하게 인식하는 한편, 우리와 과정적 동맹자가 될 수 있음을 충분히 인정하면서 그것이 타락한 형태로 나타나지 않는 것에 한해서는 적극적으로 제휴하여, 대중의 개량적 이익을 위해서도 종래의 소극적 태도를 버리고 분연히 싸워야 할 것이다.

① 민족 대표 33인이 구성되었다.
② 공화주의 자치 정부인 3부가 결성되었다.
③ 순종 장례식날 학생들이 만세 시위를 벌였다.
④ 민족 운동 진영의 연대 분위기가 고조되었다.
⑤ 대한민국 임시 정부가 국민 대표 회의를 개최하였다.

| 227~228 |

다음 자료를 읽고 물음에 답하시오.

> ___(가)___ 의 강령
> • 우리는 정치·경제적 각성을 촉구함.
> • 우리는 단결을 공고히 함.
> • 우리는 ㉠기회주의를 일체 부인함.

227 [단답형]

(가) 단체를 쓰시오.

228 [서술형]

밑줄 친 ㉠의 의미를 설명하고, 자료의 강령이 만들어진 배경을 서술하시오.

---

04 사회·문화의 변화와 대중 운동

I

229

밑줄 친 ㉠을 알아보기 위한 탐구 활동으로 가장 적절한 것은?

> 회고하여 보면 과거의 조선 여성 운동은 분산되어 있었다. 그것에는 일정한 조직이 없었고 통일된 지도 정신도 없었고, 통일된 항쟁이 없었다. …… ㉠우리는 우선 조선 자매 전체의 역량을 강고히 단결하여 운동을 전반적으로 전개하지 아니하면 아니 된다. 일어나자, 오너라, 단결하자, 분투하자 조선의 자매들아! 미래는 우리 것이다.

① 근우회의 강령을 분석한다.
② 원산 총파업의 영향을 파악한다.
③ 농촌 진흥 운동의 영향을 살펴본다.
④ 군국기무처의 활동 상황을 알아본다.
⑤ 천도교 소년회의 결성 과정을 정리한다.

230

(가)에 들어갈 내용으로 가장 적절한 것은?

> 탐구 조사 보고서
>
> 주제: ___(가)___
> 수집 자료

| 형평사 정기 대회 포스터 | 수평사의 축전(1926) |

> 싸우자 싸우자. 형제 해방을 위해 결코 걱정을 하지 마라. 언제라도 응원하러 간다. 우리 형제는 형평사의 형제와 완전히 손을 잡을 기회를 희망하고 있다.

① 13도 창의군의 활동
② 조선 농민 총동맹의 결성
③ 헌정 연구회의 결성과 활동
④ 독립 협회의 자유 민권 운동
⑤ 차별 철폐를 위한 백정들의 노력

231

(가), (나)가 발표된 시기 사이에 있었던 일로 옳은 것은?

> (가) 대한 독립 만세! 대한 독립운동가여 단결하라!
> 일본인 공장의 직공은 총파업하라!
> 일본인 지주에게 소작료를 바치지 말자!
>
> (나) 학생, 대중이여 궐기하라! 우리의 슬로건 아래로!
> 검거된 학생들은 우리 손으로 탈환하자!
> 식민지적 노예 교육 제도를 철폐하라!

① 신간회가 창립되었다.
② 「민족적 경륜」이 발표되었다.
③ 암태도 소작 쟁의가 일어났다.
④ 조선 청년 총동맹이 결성되었다.
⑤ 제1회 어린이날 행사가 개최되었다.

232

(가), (나)를 저술한 인물에 대한 설명으로 옳은 것만을 〈보기〉에서 고른 것은?

> (가) 옛사람이 이르기를 나라는 없어질 수 있으나 역사는 없어질 수 없다고 하였다. 그것은 나라는 형체이고, 역사는 정신이기 때문이다.
>
> (나) 조선 민족의 발전사는 그 과정이 아무리 아시아적이라 하더라도 사회 구성의 내면적 발전 법칙 그 자체는 오로지 세계사적인 것이다.

┤ 보기 ├
ㄱ. (가) - 조선학 운동에 가담하였다.
ㄴ. (가) - 대한민국 임시 정부의 대통령으로 선출되었다.
ㄷ. (나) - 유물 사관을 바탕으로 역사 연구에 매진하였다.
ㄹ. (나) - 진단 학회 창립과 『진단학보』 발행을 주도하였다.

① ㄱ, ㄴ   ② ㄱ, ㄷ   ③ ㄴ, ㄷ
④ ㄴ, ㄹ   ⑤ ㄷ, ㄹ

233

(가)에 들어갈 내용으로 가장 적절한 것은?

> 2. ○○○ ○○
> (1) 조선어 연구회가 발전하여 성립(1931)
> (2) 주요 활동
> - 한글 맞춤법 통일안 제정
> - 표준어 및 외래어 표기법 통일안 마련
> - _____(가)_____
> (3) 시련: 치안 유지법 위반으로 많은 회원이 투옥 (1942)

① 의민단 결성
② 가갸날 제정
③ 국문 연구소 설립
④ 사찰령 폐지 운동 전개
⑤ 『조선말 큰사전』 편찬 시도

| 234~235 |

다음 자료를 읽고 물음에 답하시오.

> 지난 기미년의 독립 만세 운동[1]은 곧 우리의 전통적인 독립의 의지를 만방에 천명한 것이고, 국제 정세의 순리[2]에 병진하는 자유·정의·진리의 함성이었습니다. …… 우리는 일어나야 합니다. 그래서 섬나라 사람[3]은 섬으로 보내고, 대한 사람은 대한을 지켜야 합니다.
> - 「자주독립 선언문[4]」, 1922 -
>
> 1) 1919년의 3·1 운동을 의미한다.
> 2) 러시아 혁명, 민족 자결주의 등을 의미한다.
> 3) 일본인을 의미한다.
> 4) 3·1 운동 당시 민족 대표 결성을 주도한 [(가)] 세력이 계획한 제2의 독립 선언이 반영되어 있다.

234 [단답형]

(가) 종교를 쓰시오.

235 [서술형]

일제 강점기 (가) 종교의 활동을 세 가지 서술하시오.

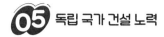

05 독립 국가 건설 노력

236

(가) 독립군 부대에 대한 설명으로 옳은 것은?

> 1935년 7월 5일 우리는 중국의 수도 난징에서 다섯 당을 통일하여 전 민족의 단일 진영을 결성하고 민족 혁명당을 창립하였다. 이는 수십 년 이래 조선 혁명 통일 운동의 최대의 성과인 동시에 국외의 독립당 촉성회와 국내의 신간회의 혁명적 전통의 빛나는 계승이다. …… 우리는 1938년에 [(가)]을/를 성립하고 조선의 혁명 청년에게 호소하여 직접 중국의 항전에 참여하여 …… 우리 조선 혁명 건아의 뜨거운 피가 이미 중국 대륙 위에 뿌려졌다.

① 조선 독립 동맹과 연대를 모색하였다.
② 미국 전략 정보국(OSS)과 연합하였다.
③ 총사령 지청천의 지휘 아래 활동하였다.
④ 미얀마·인도 전선에 대원을 파견하였다.
⑤ 중국 국민당 정부의 지원을 받아 창설되었다.

237

다음을 발표한 단체에 대한 설명으로 옳은 것만을 〈보기〉에서 고른 것은?

> 우리는 3천만 한국인과 정부를 대표하여 중국, 영국, 미국, 네덜란드, 캐나다, 오스트레일리아 및 기타 여러 나라의 대일 선전이 일본을 패배하게 하고 동아시아를 재건하는 가장 유효한 수단이 됨을 축하한다. 이에 다음과 같이 성명한다.
> 1. 한국 전체 인민은 현재 이미 반침략 전선에 참가하였으니, 한 개의 전투 단위로서 추축국을 상대로 선전한다.
> 2. 1910년 합병 조약과 일체의 불평등 조약의 무효를 거듭 선포한다.

― 보기 ―
ㄱ. 옌안을 무대로 활동하였다.
ㄴ. 김구를 주석으로 선출하였다.
ㄷ. 한국 광복군의 국내 진공 작전을 계획하였다.
ㄹ. 광복을 1년여 앞두고 국내에서 결성된 비밀 결사였다.

① ㄱ, ㄴ
② ㄱ, ㄷ
③ ㄴ, ㄷ
④ ㄴ, ㄹ
⑤ ㄷ, ㄹ

238

(가), (나) 시기 사이의 사실로 옳은 것은?

(가)	(나)
카이로에서 한국의 독립을 약속한 미국, 중국, 영국의 정상	한국의 독립을 재확인한 연합국의 정상들

① 조선 의용대가 창설되었다.
② 소련의 대일전 참전이 결정되었다.
③ 조소앙이 민족 혁명당에서 이탈하였다.
④ 한국 광복 운동 단체 연합회가 조직되었다.
⑤ 대한민국 임시 정부가 대일 선전 성명서를 발표하였다.

| 239~240 |

다음 자료를 읽고 물음에 답하시오.

> 내가 김구 주석의 명을 받아 옌안에서 사흘을 묵었어요. 좌우 합작이 정말 성공하는구나 하는 꿈에 젖었는데 다음 날 깨어보니 일제의 항복입니다. …… 나도 인간인지라 한 가지 아쉬움을 느꼈습니다. 그것은 임시 정부와 [(가)]의 통일 전선을 보지 못하고 해방을 맞이한 때가 오는 것이었습니다. 이 통일 전선이 이룩되고 그 통일 전선의 토대가 굳어졌을 때 해방이 왔더라면 얼마나 더 좋았을까 하는 안타까운 생각이 잠시 들었습니다.

239 ··· 단답형

(가) 단체를 쓰시오.

240 서술형

(가) 단체의 산하 독립군 부대의 활동을 서술하시오.

06 냉전 체제와 통일 정부 수립 운동

1 냉전 체제의 형성

1 냉전 체제의 형성 ┌직접적인 무력 충돌 없이 군사적, 경제적, 외교적 대립이 지속되는 상태로, 미국 중심 자본주의 진영과 소련 중심의 공산주의 진영의 대립이었다.

(1) 미국: 트루먼 독트린 발표, 유럽 부흥 계획(마셜 플랜) 수립, 북대서양 조약 기구(NATO) 조직

(2) 소련: 경제 상호 원조 회의(COMECON) 결성, 바르샤바 조약 기구(WTO) 조직
└1947년 공산당의 정보 교환과 협력을 목적으로 코민포름(공산당 정보국)을 조직하였다.

2 동아시아의 국제 질서

(1) 중국: 국공 내전 → 중국 공산당 승리, 중화 인민 공화국 수립

(2) 일본: 샌프란시스코 강화 조약으로 주권 회복

2 광복과 국토의 분단
┌일본의 패망 직전 조선 총독부와 행정권 이양 등을 교섭하고, 정치 활동 불간섭 등을 약속받았다.

1 조선 건국 준비 위원회(건준) 조직

결성	여운형, 안재홍 등이 좌익 세력을 모아 조직
활동 및 해체	• 활동: 전국 각지에 지부 설치, 치안대 조직(질서 유지) → 좌익 세력이 주도권을 장악하자 안재홍 등 우익 세력 이탈 • 해체: 미군의 진주에 앞서 조선 인민 공화국 수립 선포 └미군정의 인정을 받지 못하였다.

2 미군과 소련군의 한반도 분할 점령

(1) 분단: 미국이 북위 38도선을 기준으로 한반도 분할 점령 제안 → 소련의 수용(북위 38도선 북쪽에는 소련군, 남쪽에는 미군 주둔)

(2) 미군과 소련군의 주둔

미군	1945년 9월 서울 진주, 미군정 선포 후 한국에 대한 직접 통치 → 조선 총독부의 체제와 경찰 조직 활용
소련군	행정권을 북한 각 지역의 인민 위원회에 이양하는 간접 통치, 김일성 등 좌익 세력 후원(공산주의 정권 수립 지원)

3 정치 세력의 동향

우익 계열	• 송진우, 김성수를 중심으로 한국 민주당 결성 • 이승만이 미국에서 귀국 → 독립 촉성 중앙 협의회 조직 • 김구 귀국 → 한국 독립당을 중심으로 활동
좌익 계열	박헌영 등이 남조선 노동당(남로당) 결성

└임시 정부 요인들은 미군정이 임시 정부를 인정하지 않아 개인 자격으로 귀국하였다.

4 모스크바 3국 외상 회의와 국내의 갈등

결정 사항	한국에 임시 민주 정부 수립, 미소 공동 위원회 설치, 최대 5년간 4개국(미·영·중·소)의 신탁 통치 실시 등
국내 반응	• 우익: 김구, 이승만 등이 신탁 통치 반대 운동 주도 • 좌익: 처음에는 반대, 이후 모스크바 3국 외상 회의의 결정 지지 → 좌익과 우익이 이견을 보이며 격렬하게 대립

└신탁 통치안을 독립을 위한 지원 방안으로 인식하였다.

3 통일 정부 수립 운동

1 미소 공동 위원회와 좌우 합작 운동

(1) 제1차 미소 공동 위원회: 임시 민주 정부 수립을 위한 협의 대상에 모든 정치 세력의 참여(미국) 주장과 3국 외상 회의의 결정 사항 지지 단체만 참여(소련) 주장 대립 → 협의 결렬, 무기 휴회

(2) 좌우 합작 운동

① 배경: 제1차 미소 공동 위원회의 휴회, 단독 정부 수립론 대두(이승만의 정읍 발언) ┌미군정은 중도 세력을 중심으로 정국을 개편하기 위해 좌우 합작 위원회를 지원하였다.

② 전개: 여운형과 김규식 등 중도 세력이 미군정의 지원을 받아 좌우 합작 위원회 조직 → 좌우 합작 7원칙 발표

③ 결과: 토지 개혁, 친일파 처벌 등을 놓고 좌우익 대립, 미군정의 지원 철회, 여운형의 암살로 사실상 중단

꼭 나오는 자료 ⊘55쪽 266번 문제로 확인

좌우 합작 7원칙

1. 남북을 통한 좌우 합작으로 민주주의 임시 정부를 수립할 것.
2. 미소 공동 위원회의 속개를 요청하는 공동 성명을 발표할 것.
3. 토지 개혁은 몰수, 유상 매수 등으로 토지를 농민에게 무상 분배하고 주요 산업을 국유화할 것.
4. 친일 반민족 행위자 처리는 새로이 구성할 입법 기구에서 심의 결정하여 실시할 것.

> 자료 분석 좌우 합작 위원회는 좌익과 우익의 의견을 절충하여 1946년 10월 좌우 합작 7원칙을 발표하였다.

2 한반도 문제의 유엔 상정과 남북 협상의 추진

(1) 한반도 문제의 유엔 상정: 제2차 미소 공동 위원회 결렬 → 미국이 한반도 문제를 유엔에 상정 → 유엔 총회에서 인구 비례에 따른 총선거 실시 결의 → 소련과 북한이 유엔 한국 임시 위원단의 입북 거부 → 유엔 소총회가 임시 위원단이 접근 가능한 지역의 총선거 실시 결의

(2) 남북 협상(1948. 4.): 남한만의 단독 선거 결정 → 김구, 김규식이 남북 협상 추진 → 평양에서 남북 연석 회의 개최 ┌외국 군대 철수와 남한 단독 선거 반대 등을 주장하였다.
→ 공동 성명 발표 → 성과를 얻지 못함
└북한은 이미 독자적인 정권 수립이 진행 중이었고, 남한에서는 단독 선거가 추진되었다.

3 단독 정부 수립을 둘러싼 갈등 ┌미군정이 군대와 경찰, 서북 청년회 등을 동원하여 탄압하였으며 정부 수립 이후에도 진압은 계속되었다.

제주 4·3 사건	1947년 3·1절 기념행사 때 경찰의 발포로 사상자 발생 → 1948년 4월 3일 제주도의 좌익 세력 등이 단독 선거 반대, 통일 정부 수립 등을 주장하며 무장봉기 → 정부의 강경 진압으로 수많은 민간인 희생
여수·순천 10·19 사건	제주 4·3 사건 진압을 위해 여수 주둔 군부대에 출동 명령 → 부대 내 좌익 세력의 무장봉기 → 정부의 진압, 수많은 민간인 희생

└국가 보안법이 제정되는 계기가 되었다.

기본 기출 문제

핵심 주제를 파악할 수 있는 기출 문제를 수록하였습니다.

핵심 개념 문제

● 빈칸에 들어갈 알맞은 말을 쓰시오.

241 여운형은 광복 직후 안재홍과 함께 좌우익 세력을 모아 ( )을/를 조직하였다.

242 모스크바 3국 외상 회의의 결정에 따라 한국의 임시 민주 정부 수립을 논의하기 위해 ( )이/가 서울에서 열렸다.

243 좌익과 우익의 대립이 격화되는 가운데 여운형과 김규식 등 중도 세력은 미군정의 지원을 받아 ( )을/를 조직하였다.

● 다음 내용이 옳으면 ○표, 틀리면 ×표를 하시오.

244 조선 건국 준비 위원회는 전국 각지에 지부를 두고 치안대를 조직하여 질서를 유지하였다. ( )

245 미소 공동 위원회에서 한국에 최대 10년간 신탁 통치를 실시한다는 내용이 협의되었다. ( )

● 사건과 관련 인물을 바르게 연결하시오.

246 남북 협상 •   • ㉠ 김구
247 정읍 발언 •   • ㉡ 이승만

● 괄호 안에 들어갈 알맞은 말을 고르시오.

248 1945년 서울에 진주한 미군은 군정을 선포하고 한국에 대한 (㉠ 간접, ㉡ 직접) 통치에 나섰다.

249 (㉠ 우익 진영, ㉡ 좌익 진영)은 신탁 통치 결정에 대해 처음에는 반대하였으나, 이후 모스크바 3국 외상 회의의 결정을 지지하였다.

● 다음에서 설명하는 사건을 <보기>에서 고르시오.

| 보기 |
ㄱ. 제주 4·3 사건   ㄴ. 여수·순천 10·19 사건

250 제주도 출동 명령을 받은 부대 내 좌익 세력이 '통일 정부 수립' 등을 내세우며 무장봉기하였다. ( )

251 미군정에 대한 반감이 높아진 가운데 좌익 세력 등이 '단독 선거 반대', '통일 정부 수립' 등을 내세우며 무장봉기를 일으켰다. ( )

252

핵심 주제 조선 건국 준비 위원회

다음 강령을 내세운 단체에 대한 설명으로 옳은 것만을 <보기>에서 고른 것은?

- 우리는 완전한 독립 국가 건설을 기함.
- 우리는 전 민족의 정치적·경제적·사회적 기본 요구를 실현할 수 있는 민주주의 정권 수립을 기함.
- 우리는 일시적 과도기에 있어서 국내 질서를 자주적으로 유지하며 대중 생활의 확보를 기함.

| 보기 |
ㄱ. 미군정의 지원을 받았다.
ㄴ. 안재홍 등 우익 세력이 중도에 이탈하였다.
ㄷ. 삼균주의에 기반한 건국 강령을 발표하였다.
ㄹ. 전국 각지에 지부를 두고 치안대를 조직하였다.

① ㄱ, ㄴ   ② ㄱ, ㄷ   ③ ㄴ, ㄷ
④ ㄴ, ㄹ   ⑤ ㄷ, ㄹ

253

핵심 주제 제1차 미소 공동 위원회

밑줄 친 ㉠에 해당하는 사실로 가장 적절한 것은?

모스크바 3국 외상 회의의 결정에 따라 한국의 임시 민주 정부 수립을 논의하기 위해 제1차 미소 공동 위원회가 서울에서 열렸다. 그러나 자국에 유리한 임시 민주 정부를 세우려는 ㉠미국과 소련의 의견 차이를 좁히기 어려웠다.

① 남한 단독 선거
② 토지 개혁 원칙
③ 외국 군대 철수
④ 친일 반민족 행위자 처벌
⑤ 신탁 통치 반대 세력 참여

● 바른답·알찬풀이 24쪽

254

★핵심 주제 정읍 발언

다음 발언이 발표된 당시의 상황으로 옳은 것은?

> 이제 우리는 무기 휴회된 미소 공동 위원회가 다시 열릴 기색도 보이지 않으며, 통일 정부를 고대하나 여의치 않게 되었다. 우리는 남방만이라도 임시 정부 또는 위원회 같은 것을 조직하여 38도선 이북에서 소련이 물러나도록 세계 여론에 호소해야 될 것이니, 여러분도 결심해야 할 것이다.

① 미군이 군정을 선포하였다.
② 소련군이 일본군을 무장 해제하였다.
③ 제1차 미소 공동 위원회가 휴회에 들어갔다.
④ 제주도 3·1절 기념행사에서 사상자가 발생하였다.
⑤ 조선 건국 준비 위원회가 조선 인민 공화국을 선포하였다.

256

★핵심 주제 남북 협상

다음 사건이 일어난 배경으로 가장 적절한 것은?

▲ 남북 협상을 위해 38도선을 넘는 김구 일행

① 애치슨 선언이 발표되었다.
② 남한만의 단독 선거가 결정되었다.
③ 한미 상호 방위 조약이 체결되었다.
④ 미군정이 유일한 정부임을 선언하였다.
⑤ 경찰이 반민 특위 사무실을 습격하였다.

255

★핵심 주제 좌우 합작 운동

(가) 운동에 대한 설명으로 옳은 것은?

> 이 만평은 (가) 을/를 나타낸 것으로 가운데에서 악수하는 여운형과 김규식을 '극좌'와 '극우'가 끌어당기고 있습니다.

① 미군정의 지원을 받았다.
② 미국과 소련의 의견 차이가 나타났다.
③ 신탁 통치를 둘러싼 갈등을 야기하였다.
④ 모스크바 3국 외상 회의의 결정으로 추진되었다.
⑤ 인구 비례에 따른 한반도 총선거 실시를 결의하였다.

257

★핵심 주제 제주 4·3 사건

(가) 사건이 끼친 영향으로 가장 적절한 것은?

> 이것은 (가) 을/를 잊지 않기 위해 평화 공원에 세워진 행방불명인 표석이다. 3·1절 기념행사 때 경찰이 발포한 것이 계기가 되어 일어난 (가) 당시 국가 폭력으로 2만 5천~3만 명의 민간인이 억울하게 죽거나 실종되었다. 이러한 사실은 냉전과 분단, 이념 대립의 소용돌이 속에서 오랜 기간 은폐, 왜곡되었다.

① 좌우 합작 운동이 중단되었다.
② 여수·순천 10·19 사건이 일어났다.
③ 유엔 한국 임시 위원단이 파견되었다.
④ 제1차 미소 공동 위원회가 결렬되었다.
⑤ 이승만이 정읍에서 남한 단독 정부 수립을 주장하였다.

● 바른답·알찬풀이 24쪽

1 냉전 체제의 형성

258

밑줄 친 ㉠, ㉡에 대한 설명으로 옳은 것은?

> 제2차 세계 대전이 끝난 뒤 본격화된 냉전은 동아시아에서 열전으로 이어졌다. 중국에서는 ㉠내전이 일어났으며 한국에서도 ㉡전쟁이 발발하였다.

① ㉠은 군벌 타도를 목적으로 전개되었다.
② ㉠은 중화민국이 수립되는 결과를 가져왔다.
③ ㉡은 트루먼 독트린이 발표되는 계기가 되었다.
④ ㉠, ㉡의 피해 해결을 위해 마셜 계획이 발표되었다.
⑤ ㉡은 미국이 일본의 재무장을 추진하는 데 영향을 끼쳤다.

259

(가), (나)에 들어갈 기구가 옳게 짝지어진 것은?

> 미국은 공산주의의 팽창을 막기 위해 자유 민주주의 국가를 지원하겠다는 (가) 을/를 발표하고, 서유럽 국가와 군사 방위 체제를 구축하기 위해 (나) 을/를 조직하였다.

	(가)	(나)
①	국제 연맹	경제 상호 원조 회의
②	국제 연맹	북대서양 조약 기구
③	닉슨 독트린	바르샤바 조약 기구
④	트루먼 독트린	바르샤바 조약 기구
⑤	트루먼 독트린	북대서양 조약 기구

2 광복과 국토의 분단

260

(가), (나) 시기에 있었던 사실로 옳은 것은?

① (가) - 정읍 발언이 보도되었다.
② (가) - 조선 인민 공화국이 수립되었다.
③ (나) - 한반도 문제가 유엔에 이관되었다.
④ (나) - 철도 노동자들이 총파업을 일으켰다.
⑤ (나) - 제1차 미소 공동 위원회가 개최되었다.

261

밑줄 친 ㉠에 대해 학생들이 나눈 대화 내용으로 적절하지 않은 것은?

> 광복 이후 국내에는 새로운 국가 건설을 향한 의지가 고조되며 ㉠다양한 정치 세력이 출현하였다.

① 송진우, 김성수 등은 한국 민주당을 조직하였어요.
② 임병찬 등은 밀명을 받아 독립 의군부를 결성하였어요.
③ 미국에서 귀국한 이승만은 독립 촉성 중앙 협의회를 조직하였어요.
④ 김구 등 임시 정부 요인들은 한국 독립당을 중심으로 활동하였어요.
⑤ 조선 공산당은 좌익 세력을 통합하여 남조선 노동당으로 개편하였어요.

262

다음 자료를 활용한 탐구 주제로 가장 적절한 것은?

신탁 통치 절대 반대

삼상 결정 절대 지지

① 좌우 합작 7원칙의 내용을 파악한다.
② 6·25 전쟁이 끼친 영향을 알아본다.
③ 모스크바 3국 외상 회의의 결정 내용을 조사한다.
④ 38도선을 경계로 한반도가 분할된 배경을 살펴본다.
⑤ 제주도 3·1절 기념행사 발포 사건의 영향을 알아본다.

---

3 통일 정부 수립 운동

263 빈출

밑줄 친 '위원회'에 대한 설명으로 옳은 것은?

 사진은 덕수궁 석조전에서 열린 위원회의 모습이다. 회의를 하는 미국측 대표와 소련측 대표의 모습이 담겨 있다. 양측은 임시 민주 정부 수립에 관한 협의 단체의 범위를 놓고 대립하였다.

① 합의점을 찾지 못한 채 휴회하였다.
② 열강이 한국의 독립을 처음 약속하였다.
③ 광복 직후 여운형과 안재홍 등이 결성하였다.
④ 인구 비례에 의한 남북한 총선거 실시를 결정하였다.
⑤ 토지 개혁, 친일파 처벌 문제 등에 대한 원칙을 발표하였다.

264

(가)에 들어갈 내용으로 옳은 것만을 <보기>에서 고른 것은?

역사적 장면으로 본 광복 3년사

▲ 광복 직후   ▲ 모스크바 3국 외상 회의 개최   (가)   ▲ 제헌 헌법 공포

┤ 보기 ├
ㄱ. 5·10 총선거가 실시되었다.
ㄴ. 좌우 합작 7원칙이 발표되었다.
ㄷ. 제1차 미소 공동 위원회가 개최되었다.
ㄹ. 한반도에 들어온 미군이 군정을 실시하였다.

① ㄱ, ㄴ   ② ㄱ, ㄷ   ③ ㄴ, ㄷ
④ ㄴ, ㄹ   ⑤ ㄷ, ㄹ

---

265 빈출

(가) 인물에 대한 설명으로 옳은 것은?

 며칠 전 정읍에서 (가) 이/가 한 발언 내용을 알고 있나.

 신문에서 보았네. 이러다가 통일 정부가 아니라 남북한에 따로 정부가 생길지도 모른다는 생각이 들었네.

① 남북 협상에 참가하였다.
② 독립 촉성 중앙 협의회를 조직하였다.
③ 남조선 노동당을 결성하여 활동하였다.
④ 조선 총독부와 치안권과 행정권 이양을 교섭하였다.
⑤ 김구 등 대한민국 임시 정부 요인들과 함께 귀국하였다.

266 빈출 ⭐

다음 원칙을 발표한 위원회에 대한 설명으로 옳은 것만을 <보기>에서 고른 것은?

> 1. 남북을 통한 좌우 합작으로 민주주의 임시 정부를 수립할 것.
> 2. 미소 공동 위원회의 속개를 요청하는 공동 성명을 발표할 것.
> 7. 언론, 집회, 결사, 출판, 교통, 투표의 자유를 보장할 것.

┤ 보기 ├
ㄱ. 안재홍이 부위원장을 맡았다.
ㄴ. 미군정의 인정을 받지 못하였다.
ㄷ. 토지 개혁, 친일파 처벌 등을 제시하였다.
ㄹ. 여운형의 암살로 사실상 활동이 중단되었다.

① ㄱ, ㄴ   ② ㄱ, ㄷ   ③ ㄴ, ㄷ
④ ㄴ, ㄹ   ⑤ ㄷ, ㄹ

267

(가), (나) 시기 사이에 있었던 사실로 옳은 것은?

> (가) 유엔은 총선거를 관리 감독할 유엔 한국 임시 위원단을 파견하였다.
> (나) 유엔 소총회는 유엔 한국 임시 위원단의 접근이 가능한 지역의 총선거를 결의하였다.

① 제2차 미소 공동 위원회가 개최되었다.
② 평양에서 남북 연석 회의가 개최되었다.
③ 건준의 각 지부가 인민 위원회로 바뀌었다.
④ 미군이 38도선 이남 지역에서 군정을 선포하였다.
⑤ 소련이 유엔 한국 임시 위원단의 입북을 거부하였다.

268

다음 자료가 발표된 배경으로 가장 적절한 것은?

> 한국이 있어야 한국 사람이 있고 한국 사람이 있고야 민주주의도 공산주의도 또 무슨 단체도 있을 수 있는 것이다. …… 나는 통일된 조국을 건설하려다 38선을 베고 쓰러질지언정, 일신의 구차한 안일을 위하여 단독 정부를 세우는 데는 협력하지 않겠다.

① 좌우 합작 운동이 중단되었다.
② 제1차 미소 공동 위원회가 결렬되었다.
③ 남한 지역만의 총선거 실시가 결정되었다.
④ 최대 5년간의 신탁 통치 실시가 결정되었다.
⑤ 여수·순천에서 군대 내 좌익 세력이 무장봉기하였다.

269

다음 성명서 내용을 읽은 학생들의 대화 내용으로 가장 적절한 것은?

> • 남과 북에서 외국 군대는 즉시 철수해야 한다.
> • 남북 정당 사회단체 협의회를 소집하여 임시 정부를 수립하고 총선거를 통해 입법 기관을 선출한 다음 헌법을 제정하고 통일 정부를 수립한다.

① 미소 공동 위원회가 개최되는 배경이 되었어.
② 미국, 영국, 중국의 대표가 모여서 결정하였어.
③ 유엔 한국 임시 위원단 파견에 영향을 주었어.
④ 남한에서는 여운형과 김규식 등 중도 세력이 참여하였어.
⑤ 남한에서 단독 선거가 추진되면서 성과를 거두지 못하였어.

270

(가)에 들어갈 내용으로 가장 적절한 것은?

남한만의 단독 선거에 반발하여 나타난 움직임에 대해 말해 보자.

제주도의 좌익 세력 등이 단독 선거 반대, 통일 정부 수립을 주장하며 무장 봉기를 일으켰어.

맞아. 미군정은 (가)

① 한국 문제를 유엔에 이관하였어.
② 서북 청년회 등을 동원하여 진압하였어.
③ 여운형 등 중도 세력 중심으로 정국을 개편하려고 하였어.
④ 진상 규명 및 희생자 명예 회복에 관한 특별법을 제정하였어.
⑤ 임시 민주 정부 수립에 신탁 통치 반대 세력도 포함시키려 하였어.

271

(가) 사건의 영향으로 적절한 것만을 〈보기〉에서 고른 것은?

사진은 진압군이 (가) 의 협력자를 색출하는 모습입니다. 진압군은 여수와 순천 일대를 장악한 부대 내 좌익 세력을 진압하였으나, 일부는 지리산 일대로 옮겨가서 6·25 전쟁 때까지 활동하였습니다.

┤ 보기 ├
ㄱ. 국가 보안법이 제정되었다.
ㄴ. 제주도에 계엄령이 선포되었다.
ㄷ. 진압 과정에서 수많은 민간인이 희생되었다.
ㄹ. 이승만이 정읍에서 남한 단독 정부 수립을 주장하였다.

① ㄱ, ㄴ   ② ㄱ, ㄷ   ③ ㄴ, ㄷ
④ ㄴ, ㄹ   ⑤ ㄷ, ㄹ

🖊 1등급을 향한 서답형 문제

| 272~273 |

다음 자료를 읽고 물음에 답하시오.

1. 한국의 독립을 위하여 임시 민주 정부를 수립한다.
2. 임시 정부 수립을 위하여 미소 공동 위원회를 설치하고 한국의 정당 및 사회 단체와 협의한다.
3. 미소 공동 위원회의 제안은 조선 임시 정부와 협의 후 ㉠5년 이내를 기한으로 하는 조선에 대한 4개국 신탁 통치의 협정을 작성하기 위하여 미국·소련·영국·중국 각국 정부의 공동 심의를 받아야 한다.

272

위의 결정서가 발표된 회의를 쓰시오.

273

밑줄 친 ㉠에 대해 좌익 진영의 입장 변화 내용과 이유를 서술하시오.

| 274~275 |

다음 자료를 읽고 물음에 답하시오.

(가) 공동 성명
1. 남과 북에서 외국 군대는 즉시 철수해야 한다.
2. 외국군 철수 후 제 남북은 내전과 무질서를 반대한다.
3. 남북 정당 사회단체 협의회를 소집하여 임시 정부를 수립하고 총선거를 통해 입법 기관을 선출한 다음 헌법을 제정하고 통일 정부를 수립한다.
4. 남한의 단독 선거를 반대한다.

274

(가)에 들어갈 회의 명칭을 쓰시오.

275

(가) 회의가 개최된 배경을 서술하시오.

적중 1등급 문제

내신 1등급을 결정하는 고난도 문제를 수록하였습니다.

276

밑줄 친 '이 회의'가 개최된 시기를 연표에서 옳게 고른 것은?

자료는 이 회의에서 결정된 사항을 보도한 기사로 소련은 신탁 통치, 미국은 즉시 독립을 주장하였다고 사실과 다르게 보도되었습니다. 이는 신탁 통치 논쟁을 격화시키는 계기가 되었습니다.

(가)	(나)	(다)	(라)	(마)
카이로 회담	조선 인민 공화국 수립	제1차 미소 공동 위원회 개최	좌우 합작 7원칙 발표	유엔 한국 임시 위원단 파견	여수·순천 10·19 사건

① (가)　　② (나)　　③ (다)　　④ (라)　　⑤ (마)

277

(가) 인물에 대한 설명으로 옳은 것은?

Q ___(가)___ 에 대해 알려 줘.

A └ 비밀리에 조선 건국 동맹을 결성하였어요.
　 └ 광복 이후 치안 유지와 건국 사업을 주도하였어요.

① 좌우 합작 운동을 이끌던 중 암살당하였다.
② 충칭에서 귀국하여 한국 독립당을 이끌었다.
③ 정읍에서 남한만의 단독 정부 수립을 주장하였다.
④ 미국에서 귀국하여 독립 촉성 중앙 협의회를 조직하였다.
⑤ 좌익 세력이 주도권을 장악하자 조선 건국 준비 위원회에서 이탈하였다.

278

(가), (나) 시기 사이에 볼 수 있는 모습으로 가장 적절한 것은?

한국사 신문

(가)

제주도에서 열린 3·1 기념 행사 중 군중과 경찰 사이에 충돌이 발생하였다. 경찰의 발포로 사상자가 발생하여 제주도민들이 반발하고 있다.

한국사 신문

(나)

유엔 총회는 미국의 제안을 받아들여 인구 비례에 따른 총선거를 통해 한반도에 정부를 수립하기로 결정하였다.

① 계엄령이 선포된 제주에 파견되는 경찰
② 좌우 합작 위원회 해산 소식을 듣는 학생
③ 남한 지역을 방문하는 유엔 한국 임시 위원단
④ 제2차 미소 공동 위원회에 참여하는 미국 대표
⑤ 제주도 출동 명령을 거부하고 무장봉기하는 군인

279

밑줄 친 '협상'에서 합의된 내용으로 옳은 것만을 〈보기〉에서 고른 것은?

어제 21일 김규식은 출발에 앞서 이번 북행(北行)에 대한 소견을 다음과 같이 피력하였다. "나와 김구 선생은 우리의 손으로써 조국을 통일시켜야 한다는 데서 협상을 제안하였던 것이다. …… 우리는 안으로 민족의 통일을 성취시키고, 밖으로 연합국의 협조를 통하여 우리의 자주독립을 이루기 위하여 다음과 같은 원칙을 제시할 예정이다.

┤ 보기 ├
ㄱ. 남한 단독 선거 반대
ㄴ. 한반도에서 외국 군대 철수
ㄷ. 미소 공동 위원회 속개 요청
ㄹ. 친일파, 민족 반역자를 처단할 조례 제정

① ㄱ, ㄴ　　　② ㄱ, ㄷ　　　③ ㄴ, ㄷ
④ ㄴ, ㄹ　　　⑤ ㄷ, ㄹ

07 대한민국 정부 수립과 6·25 전쟁

1 대한민국 정부 수립

1 5·10 총선거와 대한민국 정부의 수립
<small>제주 4·3 사건으로 제주도 선거구 중 2곳에서 선거가 제대로 치러지지 못하였다.</small>

(1) 5·10 총선거(1948. 5. 10.): 최초의 민주 선거, 제헌 국회 의원 선출(임기 2년, 198명), 김구와 김규식 등 남북 협상 인사 불참 → 제헌 헌법 제정, 대한민국 국호 제정

(2) 대한민국 정부 수립(1948. 8. 15.): 국회에서 대통령 이승만, 부통령 이시영 선출 → 이승만이 행정부 구성, 정부 수립 선포 → 유엔 총회의 승인
<small>대한민국 정부를 유엔 감시하의 선거가 가능했던 지역에서 유일한 합법 정부로 승인하였다.</small>

2 친일 반민족 행위자 청산을 위한 노력

배경	광복 이후 식민지 잔재 청산, 반민족 행위자 처단 요구
과정	반민족 행위 처벌법 제정(1948), 반민족 행위 특별 조사 위원회(반민 특위) 구성 → 친일 반민족 행위자에 대한 조사와 사법 처리 추진
위기	이승만 정부의 방해, 경찰의 반민 특위 습격, 국회 프락치 사건 등
한계	반민족 행위 처벌법 개정(반민법 공소 시효 단축), 반민 특위 해체, 친일 반민족 행위 청산 좌절

<small>반민 특위 소속 국회 의원들이 공산당과 내통하였다는 혐의로 구속되었다.</small>

3 광복 이후 경제 상황

경제 상황	• 남북 간 경제 불균형 심화, 산업 기반 취약 • 일본의 자본과 기술 철수, 인구 증가로 실업자 발생 • 농민 대다수는 소작농으로 고율의 소작료에 시달림
미군정의 정책	• 화폐의 과도한 발행: 재정 마련 목적, 물가 폭등 • 미곡 자유화 정책: 상인과 지주의 매점매석으로 곡물 가격 상승 → 식량 수급 통제(성과 거두지 못함)

4 농지 개혁
<small>경작하는 농민이 토지를 소유해야 한다는 뜻이다.</small>

배경	경자유전의 원칙 실현, 북한의 토지 개혁 실시(1946)
전개	유상 매수·유상 분배의 농지 개혁법 제정(1949), 농지 개혁 추진
내용	가구당 토지 소유 상한선을 3정보로 정함, 3정보 초과 토지는 매수하여(지가 증권 발행) 농민에게 매각
결과	지주·소작제 거의 소멸, 농민 대다수가 자기 토지 소유

꼭 나오는 자료
<small>🔗 61쪽 300번 문제로 확인</small>

농지 개혁법
• 농민이 아닌 사람의 농지, 농가 1가구당 3정보(약 3만m²) 초과 농지는 정부가 사들인다.
• 분배받은 농지 상환액은 평년작 주생산물의 1.5배로 하고, 5년 동안 균등 상환한다.
• 농가의 희망과 정부가 인정하는 사유에 따라서 일시 상환 또는 상환 기간을 단축할 수 있다.

자료 분석 농지 개혁법은 1949년 6월 제정된 후 보상액과 상환액이 같도록 개정하여 1950년 5월부터 시행하였다.

---

5 귀속 재산 처리

(1) 귀속 재산 처리법 제정(1949): 농지를 제외한 일본인이 남긴 공장 등을 민간에 불하

(2) 한계: 특정 기업에 대한 특혜(정경 유착) 발생
<small>정치인과 기업인이 정책적 혜택과 정치 자금을 거래하는 부적절한 밀착 관계를 말한다.</small>

2 북한 정권 수립

북조선 임시 인민 위원회 조직	위원장 김일성, 무상 몰수, 무상 분배의 토지 개혁 실시(1946), 중요 산업 국유화 → 사회주의 경제 체제 토대 마련
북한 정권 수립	북조선 인민 위원회 수립(1947) → 최고 인민 회의가 헌법 채택 → 조선 민주주의 인민 공화국 수립(1948. 9. 9.)

<small>5정보를 초과하는 토지를 무상으로 몰수하였으며, 분배된 토지의 매매·소작·저당은 금지되었다.</small>

<small>김일성을 초대 수상으로 하였다.</small>

3 6·25 전쟁

배경	미군과 소련군 철수, 미국이 애치슨 선언(1950. 1.) 발표
전개	북한의 남침(1950. 6. 25.) → 서울 함락 → 유엔군 참전 → 인천 상륙 작전(1950. 9. 15.) → 서울 수복 → 국군과 유엔군의 압록강 진출 → 중국군 참전(1950. 10.) → 흥남 철수 → 서울 재함락(1·4 후퇴, 1951. 1. 4.) → 정전 회담 시작(1951. 7.) → 이승만 정부의 반공 포로 석방 → 정전 협정 체결(1953. 7. 27.)
영향	• 인적 피해(군인과 민간인 사상자, 전쟁고아와 이산가족 발생), 물적 피해(공장, 도로, 주택 등 파괴) • 남북한의 이념 대립 및 적대감 심화, 한미 상호 방위 조약 체결 • 북한에 대한 중국의 영향력 증대, 6·25 전쟁 특수로 일본 경제 재건

<small>이후 일본은 미국의 의도에 따라 아시아에서 공산주의의 확산을 막는 반공 거점 국가로 자리 잡았다.</small>

4 남북의 정치·경제 변화와 분단의 고착화

1 이승만 정부의 독재
<small>6·25 전쟁 중 군 지휘관들이 국민 방위군의 군수품을 빼돌려 많은 사람이 추위와 굶주림으로 사망하였다.</small>

발췌 개헌 (1952)	제2대 국회 의원 선거에서 정부에 비판적인 후보 대거 당선, 국민 방위군 사건 폭로 → 이승만, 자유당 창당 → 부산 일대에 계엄령 선포, 국회 의원 체포 → 대통령 직선제 개헌 → 이승만, 제2대 대통령 당선 <small>공포 분위기 속에서 토론 없이 기립 투표로 통과되었다.</small>
사사오입 개헌 (1954)	개헌 당시 대통령에 한해 중임 제한 규정 적용하지 않는 개헌안 발의 → 정족수 1명 차이로 부결 → 사사오입 논리로 개헌안 통과 → 이승만, 제3대 대통령 당선(1956)
독재 체제 강화	• 제3대 대통령 선거 과정에서 민주당 신익희 후보 사망, 민주당 장면의 부통령 당선, 무소속 조봉암의 선전 • 진보당 사건(진보당 등록 취소, 조봉암 사형), 국가 보안법 개정, 『경향신문』 폐간 등 <small>선거 후 진보당을 창당하였다.</small>
전후 복구	미국의 경제 원조 → 삼백 산업 발달, 국내 곡물 가격 하락

2 북한의 독재 체제: 6·25 전쟁 이후 박헌영, 김두봉 계열 숙청 → 김일성의 1인 독재 체제 강화, 사회주의 경제 체제 형성, 천리마 운동 전개(노동력 동원, 정신 무장 강조)
<small>모든 농민의 협동조합 가입, 협동조합이 농토 소유</small>

기본 기출 문제

핵심 개념 문제

● **빈칸에 들어갈 알맞은 말을 쓰시오.**

280 1948년 38도선 이남 지역에서 유엔 한국 임시 위원단의 감시 아래 우리 역사상 최초의 선거인 ( )이/가 실시되었다.

281 6·25 전쟁 초기에 고전하던 국군과 유엔군은 ( )에 성공하여 전세를 역전시켰다.

282 전후 복구 과정에서 미국이 원조한 잉여 농산물을 가공하는 ( )이/가 발전하였다.

● **다음 내용이 옳으면 ○표, 틀리면 ✕표를 하시오.**

283 제헌 헌법은 대한민국 임시 정부의 법통을 계승한 민주 공화국이라는 점을 밝히고, 삼권 분립과 대통령 중심제를 채택하였다. ( )

284 6·25 전쟁이 교착 상태에 빠지자 소련의 제의로 정전 회담이 시작되었다. ( )

● **개헌과 관련 내용을 바르게 연결하시오.**

285 발췌 개헌 • • ㉠ 대통령 직선제
286 사사오입 개헌 • • ㉡ 개헌 당시 대통령 중임 제한 철폐

● **괄호 안에 들어갈 알맞은 말을 고르시오.**

287 1950년대 초 미국은(㉠ 애치슨 선언, ㉡ 트루먼 독트린)을 발표하여 미국의 태평양 지역 방위선에서 한국을 제외하였다.

288 이승만 정부는 정부에 비판적인 (㉠ 『경향신문』, ㉡ 『동아일보』)을/를 폐간하였다.

● **다음에서 설명하는 법을 〈보기〉에서 고르시오.**

| 보기 |
ㄱ. 국가 보안법   ㄴ. 귀속 재산 처리법
ㄷ. 반민족 행위 처벌법

289 제헌 국회가 헌법 조항에 따라 친일 반민족 행위자를 처단하기 위해 제정하였다. ( )

290 일본인이 남기고 간 부동산과 기업체, 유가 증권 등을 불하하기 위해 제정하였다. ( )

291

(가) 선거에 대한 설명으로 옳은 것만을 〈보기〉에서 고른 것은?

이 포스터는 (가) 을/를 독려하기 위해 제작된 포스터이다. (가) 은/는 우리 역사상 최초로 실시된 민주적인 선거로 만 21세 이상의 남녀가 투표에 참여하였다.

| 보기 |
ㄱ. 좌익 세력이 중심이 되었다.
ㄴ. 김구, 김규식은 참여하지 않았다.
ㄷ. 임기 4년의 국회 의원을 선출하였다.
ㄹ. 제주도의 2개 선거구에서 선거가 무효 처리되었다.

① ㄱ, ㄴ   ② ㄱ, ㄷ   ③ ㄴ, ㄷ
④ ㄴ, ㄹ   ⑤ ㄷ, ㄹ

292

밑줄 친 '합법 정부'에 대한 설명으로 옳은 것은?

유엔 한국 임시 위원단이 총선거를 감시하고 협의할 수 있었던 남한 지역에서 효과적인 통제 및 관할권을 보유한 합법 정부가 수립되었으며 이 정부는 선거가 가능하였던 한반도 내에서 유일한 합법 정부임을 승인한다.

— 유엔 총회 결의 제195호 —

① 제헌 헌법을 공포하였다.
② 남북 협상을 개최하였다.
③ 미군정의 지원을 받았다.
④ 조선 인민 공화국을 인정하지 않았다.
⑤ 대통령 이승만이 행정부를 구성하였다.

293

(가) 위원회에 대한 설명으로 옳지 않은 것은?

국회는 헌법 조항에 따라 반민족 행위 처벌법(반민법)을 제정하고, 국회 직속의 (가) 을/를 구성하여 친일 반민족 행위자에 대한 조사와 사법 처리에 나섰다.

① 경찰의 습격을 받기도 하였다.
② 여운형, 김규식이 중심이 되었다.
③ 정부의 비협조와 방해로 위기를 겪었다.
④ 개정 법안 통과로 활동 시기가 축소되었다.
⑤ 소속 국회 의원들이 국회 프락치 사건으로 구속되었다.

● 바른답·알찬풀이 **28쪽**

294

⭐핵심 주제 6·25 전쟁

밑줄 친 '전쟁'에 대한 탐구 활동으로 가장 적절한 것은?

> 오늘 하루 호외(號外)가 두 번이나 돌고 신문은 큼직한 활자로 "괴뢰군의 38전선에 걸친 불법 남침"을 알리었다. …… '전쟁이 기어이 벌어지고 말았구나.' 하는 생각에 뒤이어 '5년 동안 민족의 넋을 가위 누르던 동족상잔이 마침내 오고야 마는구나.' 하는 순간, 갑자기 길이 팽팽 돌고 눈앞이 깜깜하여졌다.   - 김성칠, 『역사 앞에서』 -

① 남북 협상이 개최된 시기를 알아본다.
② 유엔 한국 임시 위원단의 활동을 알아본다.
③ 이승만의 정읍 발언에 담긴 내용을 확인한다.
④ 애치슨 선언이 한반도에 미친 영향을 파악한다.
⑤ 여수·순천 10·19 사건이 일어난 배경을 조사한다.

295

⭐핵심 주제 발췌 개헌

(가)에서 (나)로 헌법이 개정되는 과정에서 있었던 사실로 옳은 것은?

> ㈎ 제53조 ①항
> 대통령과 부통령은 국회에서 무기명 투표로써 각각 선거한다.
> ㈏ 제53조 ①항
> 대통령과 부통령은 국민의 보통, 평등, 직접, 비밀 투표에 의하여 각각 선거한다.

① 제주 4·3 사건이 일어났다.
② 부산 일대에 계엄령이 선포되었다.
③ 제3대 국회 의원 선거가 실시되었다.
④ 이승만이 제2대 대통령에 당선되었다.
⑤ 정부에 비판적인 『경향신문』이 폐간되었다.

296

⭐핵심 주제 제3대 대통령 선거

다음 선거 결과에 따라 나타난 사실로 옳은 것은?

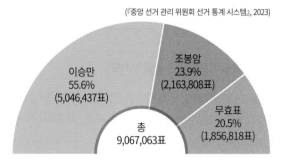

(『중앙 선거 관리 위원회 선거 통계 시스템』, 2023)

① 정전 협정이 체결되었다.
② 국가 보안법이 제정되었다.
③ 귀속 재산 처리법이 제정되었다.
④ 진보당 사건으로 조봉암이 사형에 처해졌다.
⑤ 신익희가 민주당 후보로 국민의 지지를 얻었다.

297

⭐핵심 주제 미국의 경제 원조

(가) 시기에 있었던 경제 상황으로 옳은 것은?

▲ 1950~1960년 미국의 경제 원조 현황

① 수출 100억 달러를 달성하였다.
② 일본 상품에 대한 관세가 철폐되었다.
③ 유가 폭등으로 무역 적자가 심화되었다.
④ 삼백 산업을 중심으로 소비재 산업이 발달하였다.
⑤ 유상 매수·유상 분배의 농지 개혁법이 제정되었다.

실력 기출 문제

학교 시험에서 출제율이 높은 문제를 엄선하여 수록하였습니다.

1 대한민국 정부 수립

298

밑줄 친 '국회'에 대한 설명으로 옳은 것만을 <보기>에서 고른 것은?

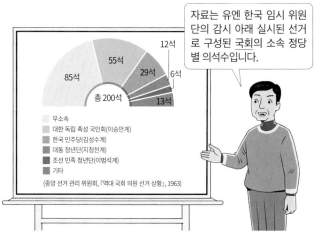

자료는 유엔 한국 임시 위원단의 감시 아래 실시된 선거로 구성된 국회의 소속 정당별 의석수입니다.

85석 55석 29석 12석 6석 13석
총 200석

무소속
대한 독립 촉성 국민회(이승만계)
한국 민주당(김성수계)
대동 청년단(지청천계)
조선 민족 청년단(이범석계)
기타

(중앙 선거 관리 위원회, 『역대 국회 의원 선거 상황』, 1963)

| 보기 |
ㄱ. 제헌 헌법을 제정하였다.
ㄴ. 발췌 개헌안을 통과시켰다.
ㄷ. 반민족 행위 처벌법을 제정하였다.
ㄹ. 통일 정부 수립을 위해 남북 협상을 추진하였다.

① ㄱ, ㄴ ② ㄱ, ㄷ ③ ㄴ, ㄷ
④ ㄴ, ㄹ ⑤ ㄷ, ㄹ

299

(가)에 들어갈 내용으로 가장 적절한 것은?

정부 수립 이후 친일파 처벌에 실패한 이유에 대해 말해 줄래?

이승만 대통령은 반공을 내세우며 친일 반민족 행위자 처벌을 방해하였어. 뿐만 아니라 _____(가)_____

① 여운형이 암살당하였어.
② 미군이 한반도에서 철수하였어.
③ 경찰들이 반민 특위를 습격하였어.
④ 김구가 반발하여 총선거에 참여하지 않았어.
⑤ 제주도 3·1절 기념행사에서 경찰 발포로 사상자가 생겼어.

300 빈출

다음 법령을 토대로 추진된 정책에 대한 설명으로 옳은 것은?

- 농민이 아닌 사람의 농지, 농가 1가구당 3정보(약 3만m²) 초과 농지는 정부가 사들인다.
- 분배받은 농지 상환액은 평년작 주생산물의 1.5배로 하고, 5년 동안 균등 상환한다.

① 미군정의 주도로 추진되었다.
② 북한의 토지 개혁에 영향을 주었다.
③ 6·25 전쟁이 발발한 이후에 시작되었다.
④ 자작농이 크게 늘어나는 결과를 가져왔다.
⑤ 좌우 합작 7원칙의 토지 개혁 방식을 따랐다.

2 북한 정권 수립

301

밑줄 친 ㉠~㉤ 중 옳지 않은 것은?

북조선 임시 인민 위원회는 각종 개혁을 통해 ㉠사회주의 경제 체제의 토대를 마련해 나갔다. 먼저 ㉡유상 매입·무상 분배의 토지 개혁을 실시하고 ㉢분배된 토지의 매매·소작·저당은 금지하였다. 북조선 임시 인민 위원회의 개편으로 성립된 북조선 인민 위원회는 헌법 초안을 마련하고, 총선거를 통해 구성된 최고 인민 회의가 헌법을 채택하였다. 이후 ㉣김일성을 초대 수상으로 하여 ㉤조선 민주주의 인민 공화국이라는 이름으로 정권을 세웠다.

① ㉠ ② ㉡ ③ ㉢ ④ ㉣ ⑤ ㉤

3 6·25 전쟁

302

(가)에 들어갈 내용으로 옳지 <u>않은</u> 것은?

> **한국사 주제 탐구**
>
> 1. 주제: 북한의 남침으로 시작된 ○○○ 전쟁
> 2. 모둠별 발표 주제
> - 1모둠: 애치슨 선언의 내용
> - 2모둠: 유엔군 참전 과정
> - 3모둠: ___(가)___

① 1·4 후퇴의 원인
② 인천 상륙 작전의 영향
③ 국민 보도 연맹 사건의 내용
④ 정전 협정의 주요 쟁점 사항
⑤ 여수·순천 10·19 사건의 배경

303

(가) 전쟁의 영향으로 적절한 것만을 〈보기〉에서 고른 것은?

> 대중 가요로 보는 한국 현대사
>
> ### 휴전선 나그네
>
> [가사]
> 삼백 리 임진강에 울고 가는 저 물새야 / 송악산의 보초병은 오늘도 서 있더냐
> 서울도 고향이요 평양도 고양인데 / 철조망이 웬 말이냐 휴전선아 가거라
>
> 달 밝은 임진강에 노를 젓는 뱃사공아 / 가로막힌 저 산맥은 누구를 원망하나
> 다 같은 핏줄이요 다 같은 자손인데 / 국경선이 웬 말이냐 휴전산아 가거라
>
> [해설]
> 이 곡에는 휴전선(군사 분계선)을 경계로 남북한이 대치하는 상황에서 자유롭게 왕래할 수 없는 분단의 아픔이 담겨 있다. 휴전선은 북한의 남침으로 인해 발발한 ___(가)___ 의 정전 협정에 따라 설정된 것이다.

| 보기 |
ㄱ. 북한에서 김일성의 위상이 낮아졌다.
ㄴ. 미군이 한국에 계속 주둔하게 되었다.
ㄷ. 북한에 대한 중국의 영향력이 줄어들었다.
ㄹ. 일본이 전쟁 특수로 경제 재건의 기회를 얻었다.

① ㄱ, ㄴ   ② ㄱ, ㄷ   ③ ㄴ, ㄷ
④ ㄴ, ㄹ   ⑤ ㄷ, ㄹ

304

(가), (나) 시기 사이에 있었던 사실로 옳은 것은?

> (가) 국군과 유엔군이 인천 상륙 작전에 성공하여 서울을 수복하였다.
> (나) 국군과 유엔군은 되찾았던 서울을 다시 빼앗겼다.

① 중국군 참전
② 정전 협정 시작
③ 애치슨 선언 발표
④ 한미 상호 방위 조약 체결
⑤ 유엔 안전 보장 이사회 유엔군 파병 결의

4 남북의 정치·경제 변화와 분단의 고착화

305

(가)에 들어갈 내용으로 적절한 것만을 〈보기〉에서 고른 것은?

> ___(가)___ 이에 이승만은 자유당을 창당하고, 대통령 직선제 개헌을 추진하였다.

| 보기 |
ㄱ. 『경향신문』이 폐간되었다.
ㄴ. 국민 방위군 사건이 폭로되었다.
ㄷ. 조봉암이 대통령 선거에 출마하였다.
ㄹ. 정부에 비판적인 후보가 대거 제2대 국회 의원이 되었다.

① ㄱ, ㄴ   ② ㄱ, ㄷ   ③ ㄴ, ㄷ
④ ㄴ, ㄹ   ⑤ ㄷ, ㄹ

306

(가) 시기에 있었던 사실로 옳은 것은?

	(가)	
부산 일대에 계엄령 선포		이승만, 제2대 대통령 당선

① 6·25 전쟁이 발발하였다.
② 제주 4·3 사건이 일어났다.
③ 조봉암이 진보당을 창당하였다.
④ 민주당 장면이 부통령에 당선되었다.
⑤ 기립 투표로 발췌 개헌이 이루어졌다.

307

밑줄 친 '개헌'에 대한 설명으로 옳은 것은?

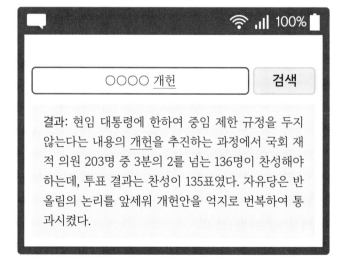

① 최초의 개헌이었다.
② 6·25 전쟁 중에 가결되었다.
③ 국회에서 대통령을 선출하였다.
④ 장면 내각이 수립되는 계기가 되었다.
⑤ 이승만의 장기 집권을 위한 기반이 되었다.

| 308~309 |

다음 자료를 읽고 물음에 답하시오.

왼쪽의 사진은 제3대 대통령과 부통령 선거 벽보이다. 당시 민주당은 신익희와 장면이, 자유당은 이승만과 이기붕이 각각 대통령과 부통령 후보로 경쟁을 펼쳤다. 한편, 진보 성향의 무소속 후보인 ⃞ (가) ⃞ 이/가 유효 표의 30%가량을 얻으며 돌풍을 일으켰다.

308

자료에 나타난 선거에 대한 설명으로 옳은 것은?

① 발췌 개헌 직후 실시되었다.
② 자유당 후보가 부통령에 당선되었다.
③ 이승만이 제2대 대통령에 선출되었다.
④ 민주당 대통령 후보가 선거 기간 중 사망하였다.
⑤ 3인조 공개 투표 등 대대적인 부정이 이루어졌다.

309

(가) 인물에 대한 설명으로 옳은 것만을 〈보기〉에서 고른 것은?

┌ 보기 ┐
ㄱ. 진보당을 창당하였다.
ㄴ. 이승만 정부의 탄압을 받았다.
ㄷ. 김구와 함께 남북 협상에 참가하였다.
ㄹ. 내각 책임제 정부에서 국무총리로 선출되었다.

① ㄱ, ㄴ   ② ㄱ, ㄷ   ③ ㄴ, ㄷ
④ ㄴ, ㄹ   ⑤ ㄷ, ㄹ

● 바른답·알찬풀이 29쪽

310 빈출

밑줄 친 '정부'에 대한 설명으로 옳지 <u>않은</u> 것은?

사진은 1955년 현직 대통령의 생일을 기념하여 남산에 세워진 동상으로 약 25m에 달하였습니다. 당시 정부는 동상 건립을 통해 대통령 우상화를 추진하였습니다.

① 『경향신문』을 폐간하였다.
② 국가 보안법을 개정하였다.
③ 진보당의 정당 등록을 취소시켰다.
④ 남북 학생 회담 개최를 제안하였다.
⑤ 반공을 내세워 정부 비판 세력을 탄압하였다.

311

다음 자료에서 설명하는 운동에 대한 설명으로 옳은 것은?

이 포스터는 하루에 천리를 달린다는 천리마의 속도로 사회주의 경제를 건설하자는 운동을 홍보하는 포스터이다. 운동의 전개 과정에서 대중적인 열정을 끌어내기 위해 모범 사례를 만들어 선전에 활용하였다.

① 서북 청년회 등이 동원되었다.
② 기술 혁신을 최우선으로 하였다.
③ 조선 총독부의 경찰 조직을 활용하였다.
④ 김일성 유일 지배 체제 마련에 이용되었다.
⑤ 무상 몰수, 무상 분배 방식으로 실시되었다.

📝 **1등급을 향한 서답형 문제**

| 312~313 |

다음 자료를 읽고 물음에 답하시오.

자료는 (가) 중에 살포된 삐라(전단지)로 ⑦국군과 유엔군이 서울을 탈환하였다는 내용을 담고 있다. 삐라는 적군의 사기를 떨어뜨리거나 항복을 유도하기 위해 사용된 대표적인 도구였다.

312

(가) 전쟁의 이름을 쓰시오.

313

밑줄 친 ⑦의 결정적인 계기를 서술하시오.

| 314~315 |

다음 자료를 읽고 물음에 답하시오.

전후 복구와 경제 재건 과정에서 미국의 경제 원조가 큰 역할을 하였다. 미국은 주로 소비재와 잉여 농산물 등을 원조하였다. 이러한 상황에서 밀가루, 설탕 등 미국의 잉여 농산물을 가공하는 (가) 을/를 중심으로 공업화가 진행되었다. 이승만 정부는 원조 물자를 기업에 배정함으로써 민간 자본에 의한 경제 발전도 추구하였다. 하지만 미국의 경제 원조로 인한 부작용도 나타났다.

314

(가)에 들어갈 용어를 쓰시오.

315

밑줄 친 '부작용'에 해당하는 내용 <u>두 가지</u>를 서술하시오.

내신 1등급을 결정하는 고난도 문제를 수록하였습니다.

316

(가) 선거를 통해 선출된 국회 의원에 대한 설명으로 옳은 것은?

이 자료는 유엔 한국 임시 위원단이 참관한 가운데 시행된 [(가)]을/를 홍보한 포스터로, 투표하는 모습과 함께 국민들에게 투표를 독려하는 구호가 실려 있다. [(가)]은/는 우리나라 역사상 최초의 보통 선거이다.

① 200명이 선출되었다.
② 발췌 개헌에 표결하였다.
③ 국호를 대한민국으로 정하였다.
④ 정부에 비판적인 의원이 대거 당선되었다.
⑤ 유상 매입, 무상 분배 원칙의 토지 개혁안을 발표하였다.

317

(가)에 들어갈 내용으로 옳은 것은?

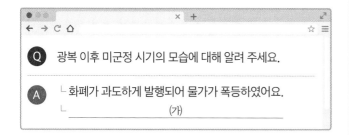

Q 광복 이후 미군정 시기의 모습에 대해 알려 주세요.

A ┗ 화폐가 과도하게 발행되어 물가가 폭등하였어요.
  ┗ _____ (가) _____

① 국가 보안법이 제정되었어요.
② 박헌영 계열이 제거되었어요.
③ 공장 수가 줄어들고 실업자가 대거 늘어났어요.
④ 귀속 재산 처리법에 의해 귀속 재산이 불하되었어요.
⑤ 농토와 생산 수단은 협동조합이 소유하도록 하였어요.

318

(가)~(라)를 일어난 순서대로 옳게 나열한 것은?

(가)	(나)
인천 상륙 작전	북한군, 서울 점령
(다)	(라)
1·4 후퇴	중국군 개입

① (가) - (나) - (다) - (라)
② (가) - (나) - (라) - (다)
③ (나) - (가) - (라) - (다)
④ (나) - (다) - (가) - (라)
⑤ (다) - (라) - (나) - (가)

319

(가)에 들어갈 내용으로 옳은 것은?

시간 순으로 보는 ○○○ 정부 시기

당시 대통령에 한해 중임 제한 규정을 적용하지 않는다는 개헌안이 정족수 1명 부족으로 부결되었으나, 이틀 후 사사오입의 논리로 통과되었다.

↓

(가)

↓

간첩죄와 국가 보안법 위반 등의 혐의로 재판을 받던 조봉암의 형이 확정되어 사형이 집행되었다.

① 반민족 행위 처벌법이 제정되었다.
② 한미 상호 방위 조약이 체결되었다.
③ 민주당 장면이 부통령에 당선되었다.
④ 대통령 직선제 개헌안이 통과되었다.
⑤ 임시 수도 부산에 계엄령이 선포되었다.

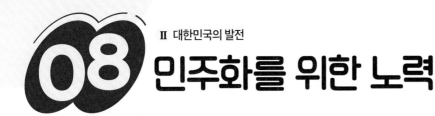

08 민주화를 위한 노력

1 4·19 혁명

배경	이승만 정부의 독재와 부패, 3·15 부정 선거
전개	3·15 부정 선거 규탄 시위 → 마산 시위에 참여한 김주열 시신 발견 → 시위 전국 확대 → 경찰이 시위대에게 발포, 사상자 발생 → 정부, 비상계엄 선포 → 대학교수단 시국 선언 → 이승만의 사임 설명 발표
결과	허정 과도 정부 출범, 제3차 개헌(내각 책임제, 양원제 국회)

고령인 이승만 대통령 사망 시 부통령이 대통령직을 승계하기 때문에 자유당은 이기붕을 부통령으로 당선시키고자 하였다.

꼭 나오는 자료
🔗 67쪽 331번 문제로 확인

대학교수단 시국 선언문

1. 마산, 서울, 기타 각지의 학생 데모는 주권을 빼앗긴 국민의 울분을 대신하여 궐기한 학생들의 순진한 정의감의 발로이며 부정과 불의에 항거하는 민족정기의 표현이다.
2. 이 데모를 공산당의 조종이나 야당의 사주로 보는 것은 고의의 왜곡이며 학생들 정의감의 모독이다.
3. 3·15 선거는 부정 선거이다. 공명선거에 의하여 정·부통령 선거를 다시 하라.

자료 분석 3·15 부정 선거를 계기로 일어난 시위가 전국으로 확산되자, 대학교수단은 시국 선언문을 발표하고 이승만의 퇴진을 요구하였다.

2 5·16 군사 정변과 박정희 정부의 성립

1 장면 내각

성립	총선거에서 민주당 압승 → 대통령 윤보선, 국무총리 장면 선출
정책	경제 개발 5개년 계획 수립, 지방 자치제, 공무원 공개 채용 제도 실시
한계	부정 선거 책임자와 부정 축재자 처벌에 소극적, 민주화 요구와 통일 논의에 소극적, 민주당 내 파벌 → 5·16 군사 정변으로 붕괴

2 5·16 군사 정변

전개	박정희 등 군부 세력이 군사 정변으로 권력 장악
군정 실시	• 국가 재건 최고 회의 설치, 정치 활동 통제, 언론 탄압, 중앙정보부 설치, 대통령 중심제 개헌(1962), 민주 공화당 창당 • 경제 개발 5개년 계획 실시(1962)

입법·사법·행정권을 장악하였다.

3 박정희 정부

학생과 시민들이 '굴욕적 대일 외교 반대', '불법적 친일 정권퇴진'을 주장하였다.

성립	박정희가 민주 공화당 후보로 대통령에 당선(1963)
활동	• 한일 협정: 경제 개발 자금 확보 등을 위해 국교 정상화 추진 → 한일 회담 반대 시위(6·3 시위) 전개 → 비상계엄령 선포, 시위 진압 → 한일 협정 체결(1965) • 베트남 파병: 미국의 요청에 따라 베트남에 파병, 미국과 브라운 각서 체결(1966) → 베트남 특수로 경제 성장, 고엽제 피해 등 발생 • 3선 개헌(1969): 대통령 3회 연임을 허용하는 개헌 추진 → 야당 의원들과 학생들의 3선 개헌 반대 운동 → 여당이 편법으로 3선 개헌안 통과 → 박정희 대통령 당선(1971)

3 유신 체제의 성립과 민주화 운동

미국의 닉슨 대통령이 아시아에서 직접적·군사적 개입을 하지 않겠다고 선언하였다(닉슨 독트린).

유신 체제 성립	• 배경: 냉전 완화, 경기 침체, 7·4 남북 공동 성명 발표 • 10월 유신: 안보 위기를 구실로 비상계엄 선포 → 국회 해산, 유신 헌법을 국민 투표로 확정(1972)
유신 헌법	대통령 임기 6년(중임 제한 없음, 통일 주체 국민 회의에서 대통령 선출), 대통령이 국회 의원 3분의 1 추천권, 국회 해산권, 법관 임명권, 긴급 조치권(국민의 기본권 제한) 행사
유신 반대 운동	• 장준하 등이 개헌 청원 100만 인 서명 운동 전개(1973), 천주교 정의 구현 전국 사제단 조직, 3·1 민주 구국 선언(1976) • 정부가 민청학련 사건, 제2차 인혁당 사건 등으로 탄압
유신 체제 붕괴	• 배경: 제2차 석유 파동으로 경제 악화, YH 무역 사건 → 신민당 총재 김영삼 국회 의원 제명 → 부마 민주 항쟁(1979) • 붕괴: 10·26 사태로 박정희 대통령 사망

경찰이 신민당사에서 농성 중인 YH 무역(가발 업체)의 여성 노동자를 강제 진압하였다.

4 5·18 민주화 운동

배경	• 전두환 등 신군부 세력이 반란을 일으켜 권력 장악(12·12 사태, 1979) → 정부 기관과 언론 장악, 정치 개입 • 서울의 봄(1980): 학생들이 비상계엄 해제와 신군부 퇴진을 요구하며 시위 전개 → 신군부의 비상계엄 전국 확대
전개	광주 학생과 시민들이 신군부 퇴진과 계엄 해제 요구 시위 전개 → 계엄군이 폭력으로 시위 진압 → 광주 시민들이 시민군 조직 → 계엄군의 무력 진압
의의	1980년대 민주화 운동의 토대, 아시아 국가의 민주화 운동에 영향, 관련 기록물이 유네스코 세계 기록 유산 등재

5 6월 민주 항쟁

1 전두환 정부

성립	• 신군부 세력이 국가 보위 비상 대책 위원회 설치(입법부·행정부·사법부 장악), 삼청 교육대 운영, 통일 주체 국민 회의를 통해 전두환 대통령 취임(1980) → 7년 단임의 대통령 간선제 개헌 후 새 헌법에 따라 전두환 대통령 당선(1981)
정책	• 강압적 통치: 학생 운동과 노동 운동 탄압, 보도 지침 • 유화 정책: 야간 통행금지 폐지, 과외 금지, 중고생의 두발 및 교복 자율화, 프로 야구 출범 등

2 6월 민주 항쟁

전두환은 직선제 개헌 논의를 금지하고, 기존 간선제 헌법을 고수하겠다고 발표하였다.

배경	대통령 직선제 요구 확산, 민주화에 대한 열망 고조
전개	박종철 고문치사 사건, 4·13 호헌 조치 → 민주 헌법 쟁취 국민운동 본부 결성, 직선제 개헌과 정권 퇴진 운동 전개 → 시위 도중 대학생 이한열이 최루탄에 맞아 뇌사 → 전국에서 시위 전개
결과	6·29 선언(대통령 직선제 개헌 수용)
의의	평화 시위로 군사 독재를 끝내고 평화적 정권 교체 길 마련

기본 기출 문제

핵심 주제를 파악할 수 있는 기출 문제를 수록하였습니다.

핵심 개념 문제

● 빈칸에 들어갈 알맞은 말을 쓰시오.

320 (　　　　　)에 항의하는 시위가 전개되는 가운데 마산에서는 김주열 학생이 경찰이 시위대에 쏜 최루탄에 맞아 사망하였다.

321 냉전 체제가 완화되는 상황에서 경기 침체로 국민의 불만이 커지자 박정희 정부는 북한과의 대화에 나서 (　　　　　)을/를 발표하였다.

● 다음 내용이 옳으면 ○표, 틀리면 ✕표를 하시오.

322 1960년 정·부통령 선거에서 이승만 정부와 자유당이 자행한 부정 선거로 대통령에 이승만, 부통령에 장면이 당선되었다. 　　　(　　　)

323 장면 정부는 부정 선거 책임자와 부정 축재자 처벌에 소극적이었다. 　　　(　　　)

● 인물과 관련 정책을 바르게 연결하시오.

324 장면　　•　　　　　•　ㄱ 한일 협정 체결
325 박정희　•　　　　　•　ㄴ 지방 자치제 실시

● 괄호 안에 들어갈 알맞은 말을 고르시오.

326 북한의 도발로 남북 간의 긴장이 고조된 상황에서 박정희 정부는 (ㄱ 3선 개헌, ㄴ 사사오입 개헌)을 추진하였다.

327 1976년 정치인과 종교 인사들이 명동 성당에 모여 (ㄱ 3·1 민주 구국 선언, ㄴ 개헌 청원 100만 인 서명 운동)을 발표하였다.

328 각계각층의 시민이 '독재 타도', '호헌 철폐'를 외친 결과, 전두환 정부는 결국 (ㄱ 직선제 개헌, ㄴ 내각 책임제 개헌)을 수용하였다.

● 다음에서 설명하는 사건을 <보기>에서 고르시오.

┤ 보기 ├
ㄱ. 부마 민주 항쟁　　　ㄴ. 5·18 민주화 운동

329 여당이 신민당 총재 김영삼을 국회 의원에서 제명한 것을 계기로 부산과 마산(창원) 일대에서 격렬한 시위가 벌어졌다. 　　　(　　　)

330 신군부의 불법적 정권 탈취와 국가 폭력에 맞선 민주화 운동이었다. 　　　(　　　)

---

331 빈출　　　　　★핵심 주제 4·19 혁명

다음 선언문이 발표된 민주화 운동의 결과로 옳은 것은?

> 1. 마산, 서울, 기타 각지의 학생 데모는 주권을 빼앗긴 국민의 울분을 대신하여 궐기한 학생들의 순진한 정의감의 발로이며 부정과 불의에 항거하는 민족정기의 표현이다.
> 2. 이 데모를 공산당의 조종이나 야당의 사주로 보는 것은 고의의 왜곡이며 학생들 정의감의 모독이다.
> 5. 3·15 선거는 부정 선거이다. 공명선거에 의하여 정·부통령 선거를 다시 하라.

① 대통령이 하야하였다.
② 발췌 개헌이 통과되었다.
③ 좌우 합작 위원회가 결성되었다.
④ 모스크바 3국 외상 회의가 열렸다.
⑤ 민주당의 장면이 부통령에 당선되었다.

332　　　　　★핵심 주제 장면 내각

밑줄 친 '정부'에 대한 설명으로 옳은 것만을 <보기>에서 고른 것은?

> 허정 과도 정부가 출범하여 3·15 부정 선거를 무효로 하고 개헌을 추진하였다. 그 결과 내각 책임제와 양원제 국회를 주요 내용으로 하는 개헌이 단행되었다. 이어진 총선거에서 야당인 민주당이 압승을 거두고 국무총리를 수반으로 하는 정부가 수립되었다.

┤ 보기 ├
ㄱ. 남북 학생 회담을 추진하였다.
ㄴ. 경제 개발 5개년 계획을 수립하였다.
ㄷ. 기본권을 제한하는 긴급 조치권을 발동하였다.
ㄹ. 부정 선거 책임자와 부정 축재자 처벌에 소극적이었다.

① ㄱ, ㄴ　　　② ㄱ, ㄷ　　　③ ㄴ, ㄷ
④ ㄴ, ㄹ　　　⑤ ㄷ, ㄹ

● 바른답·알찬풀이 32쪽

333

 핵심 주제 5·16 군사 정변

밑줄 친 '세력'에 대한 설명으로 옳은 것만을 <보기>에서 고른 것은?

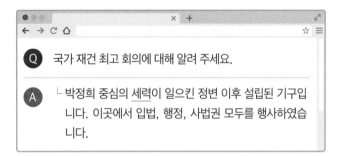

Q 국가 재건 최고 회의에 대해 알려 주세요.

A └ 박정희 중심의 세력이 일으킨 정변 이후 설립된 기구입니다. 이곳에서 입법, 행정, 사법권 모두를 행사하였습니다.

┤ 보기 ├
ㄱ. 지방 자치제를 도입하였다.
ㄴ. 대통령 중심제로 헌법을 개정하였다.
ㄷ. 정부에 비판적인 『경향신문』을 폐간하였다.
ㄹ. 국가 안보를 명분으로 중앙정보부를 두었다.

① ㄱ, ㄴ ② ㄱ, ㄷ ③ ㄴ, ㄷ
④ ㄴ, ㄹ ⑤ ㄷ, ㄹ

334

핵심 주제 유신 체제

밑줄 친 '이 헌법'이 적용된 시기에 있었던 사실로 옳은 것은?

투표는 통일 주체 국민 회의에서 대통령을 선출한다는 이 헌법의 규정에 따라 진행되었다. 구체적으로는 토론 없이 무기명으로 투표용지에 후보자 성명을 기입하는 방식이었다. 투표 결과 찬성표가 전체 표의 99.2%를 차지하면서 박정희 후보가 대통령으로 선출되었다.

① 제주 4·3 사건이 발생하였다.
② 한일 회담 반대 시위가 일어났다.
③ 3·1 민주 구국 선언이 발표되었다.
④ 진보당 사건으로 조봉암의 사형이 집행되었다.
⑤ 부정 선거에 반발하는 시위가 마산에서 시작되었다.

335

핵심 주제 5·18 민주화 운동

다음 궐기문이 발표된 배경으로 가장 적절한 것은?

우리는 왜 총을 들 수밖에 없었는가. …… 계엄 당국은 18일 오후부터 공수 부대를 대량 투입하여 시내 곳곳에서 학생, 젊은이들에게 무차별 살상을 자행하였으니! …… 협상이 올바른 방향으로 진행되면 즉각 총을 놓겠습니다.

① 사사오입 개헌이 통과되었다.
② 3·15 부정 선거가 자행되었다.
③ 굴욕적인 한일 협정이 체결되었다.
④ 최대 5년간의 신탁 통치 실시가 결정되었다.
⑤ 신군부 세력이 비상계엄을 전국으로 확대하였다.

336

핵심 주제 6월 민주 항쟁

(가) 민주화 운동 당시 제기된 구호로 가장 적절한 것은?

(가)

명동 성당에 모여 박종철을 추모하는 사람들

당시 시위대의 시위 모습

① 호헌을 철폐하라!
② 3선 개헌을 철회하라!
③ 유신 헌법을 폐지하라!
④ 가자 북으로, 오라 남으로!
⑤ 정·부통령 선거를 다시 하라!

학교 시험에서 출제율이 높은 문제를 엄선하여 수록하였습니다.

실력 기출 문제

1 4·19 혁명

337

밑줄 친 '시위'에 대한 설명으로 옳은 것은?

절망적인 위기에 봉착했던 우리나라의 민주주의를 구하고자 4월 19일 청소년 학도들은 총궐기하였습니다. 이날 민권 수호 운동의 주동이 되어 시위한 서울의 대학생들은 3·15 부정 선거를 비롯해서 12년에 걸친 독재 정부의 반민주적인 행위를 규탄했습니다.

① 3·1 민주 구국 선언을 발표하였다.
② 4·13 호헌 조치의 철폐를 주장하였다.
③ 신군부 세력의 권력 장악에 저항하였다.
④ 정부는 삼청 교육대를 통해 시위를 탄압하였다.
⑤ 내각 책임제를 골자로 하는 개헌의 계기가 되었다.

338

(가), (나) 시기 사이에 볼 수 있는 모습으로 가장 적절한 것은?

(가)	(나)

▲ 마산 학생들의 시위	▲ 대학교수단의 시위

① 시위대에 총격을 가하는 경찰
② 대통령직에서 물러나는 이승만
③ 남북 학생 회담을 요구하는 학생
④ 대통령 후보에 무소속으로 출마하는 조봉암
⑤ 대통령 직선제 개헌안에 기립 표결하는 국회 의원

339

(가) 정부 시기에 있었던 사실로 옳은 것만을 〈보기〉에서 고른 것은?

허정 과도 정부는 3·15 부정 선거를 무효로 하고 개헌을 추진하였다. 그 결과 개헌이 단행되었고, 이어진 총선거에서 야당이 압승을 거두면서 대통령은 윤보선, 국무총리는 ☐(가)☐ (으)로 하는 정부가 수립되었다.

┤보기├
ㄱ. 중앙정보부가 설치되었다.
ㄴ. 지방 자치제가 실시되었다.
ㄷ. 경제 개발 5개년 계획이 수립되었다.
ㄹ. 일본과의 국교 정상화를 추진하였다.

① ㄱ, ㄴ   ② ㄱ, ㄷ   ③ ㄴ, ㄷ
④ ㄴ, ㄹ   ⑤ ㄷ, ㄹ

340

(가)에 들어갈 내용으로 옳지 않은 것은?

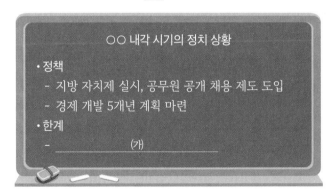

○○ 내각 시기의 정치 상황
• 정책
 - 지방 자치제 실시, 공무원 공개 채용 제도 도입
 - 경제 개발 5개년 계획 마련
• 한계
 - _____(가)_____

① 비상계엄 선포 및 군대 동원
② 제주 4·3 사건 진상 규명 미흡
③ 부정 선거 책임자 처벌에 소극적
④ 민간 차원의 통일 운동에 부정적
⑤ 민주당 내 파벌 싸움으로 정치적 갈등 발생

2 5·16 군사 정변과 박정희 정부의 성립

341

다음 공약을 발표한 정치 세력에 대한 설명으로 옳은 것은?

> 1. 반공을 국시의 제일의(義)로 삼는다.
> 4. 국가 자주 경제 재건에 총력을 기울인다.
> 6. 과업이 성취되면 양심적인 정치인들에게 정권을 이양한다.

① 3·15 부정 선거를 자행하였다.
② 국가 재건 최고 회의를 설치하였다.
③ 정부 비판적인 『경향신문』을 폐간하였다.
④ 최규하를 대통령직에서 물러나게 하였다.
⑤ 내각 책임제와 양원제 개헌을 추진하였다.

342

(가), (나) 시기 사이에 있었던 사실로 옳은 것만을 〈보기〉에서 고른 것은?

> (가) 일부 군인들은 민간 차원의 통일 운동과 정부의 군비 축소 계획에 불만을 품었다. 이러한 상황에서 박정희 등 일부 군인 세력이 정변을 일으켜 권력을 장악하였다.
> (나) 정치인에게 정권을 넘기고 군대로 복귀하겠다는 약속을 어기고 민간인 신분으로 민주 공화당의 후보로 나선 박정희는 윤보선을 누르고 대통령에 당선되었다.

| 보기 |
> ㄱ. 진보당이 해산되었다.
> ㄴ. 민주 공화당을 창당하였다.
> ㄷ. 대통령 중심제 개헌이 이루어졌다.
> ㄹ. 국가 보위 비상 대책 위원회를 설치하였다.

① ㄱ, ㄴ　　　② ㄱ, ㄷ　　　③ ㄴ, ㄷ
④ ㄴ, ㄹ　　　⑤ ㄷ, ㄹ

343

다음 시위가 전개된 시기를 연표에서 옳게 고른 것은?

> 한일 회담 반대 시위에 참여한 학생과 시민들은 '제2의 한일 합방 결사 반대', '굴욕적 대일 외교 반대', '불법적 친일 정권 퇴진'을 주장하였다.

	(가)	(나)	(다)	(라)	(마)	
8·15 광복		대한민국 정부 수립	6·25 전쟁 발발	4·19 혁명	유신 헌법 공포	10·26 사태

① (가)　　② (나)　　③ (다)　　④ (라)　　⑤ (마)

344

밑줄 친 '개헌'에 대한 설명으로 옳은 것은?

> 1968년 북한의 도발이 이어지면서 남북 간의 긴장이 고조되었다. 정부는 이러한 위기 상황을 부각시키며 반공 태세를 강화하였다. 그리고 국가 안보와 지속적인 경제 성장을 유지한다는 명분으로 개헌을 추진하였다. 야당 의원과 학생, 시민들의 개헌 반대 운동이 전국으로 확산되는 가운데 여당은 야당 의원들을 따돌리고 국회 별관에서 편법으로 개헌안을 통과시켰다.

① 사사오입 개헌이라고도 불렸다.
② 임시 수도 부산에서 이루어졌다.
③ 대통령의 3회 연임이 허용되었다.
④ 내각 책임제와 양원제를 골자로 하였다.
⑤ 대통령이 국회 의원 3분의 1을 추천하였다.

345

(가)에 들어갈 내용으로 가장 적절한 것은?

닉슨 독트린이 발표된 이후 냉전 체제가 완화되었어. 이러한 변화는 정부에 어떤 영향을 주었을까?

경기 침체로 국민의 불만이 커진 상태에서 반공을 내세우던 정부는 이러한 상황을 극복하기 위해 (가)

① 정전 협정을 체결하였어.
② 12·12 사태를 일으켰어.
③ 7·4 남북 공동 성명을 발표하였어.
④ 한미 상호 방위 조약을 체결하였어.
⑤ 제1차 남북 정상 회담을 개최하였어.

3 유신 체제의 성립과 민주화 운동

346

다음 자료를 활용한 탐구 주제로 가장 적절한 것은?

> 제40조 1. 통일 주체 국민 회의는 국회 의원 정수의 3분의 1에 해당하는 수의 국회 의원을 선거한다.
> 제53조 1. 대통령은 천재지변 또는 중대한 재정·경제상의 위기에 처하거나, 국가의 안전 보장 또는 공공의 안녕질서가 중대한 위협을 받거나 받을 우려가 있어 신속한 조치를 할 필요가 있다고 판단할 때에는 …… 국정 전반에 걸쳐 필요한 긴급 조치를 할 수 있다.

① 유신 체제의 성립
② 애치슨 선언의 내용
③ 반민족 행위 처벌법 제정 시기
④ 여수·순천 10·19 사건의 영향
⑤ 이승만 정부의 국가 보안법 개정

347

다음 선언문이 발표된 시기의 헌법 내용으로 옳지 않은 것은?

> 우리는 이를 보고만 있을 수 없어 …… 이 나라의 먼 앞길을 내다보면서 '민주 구국 선언'을 선포하는 바이다.
> 1. 이 나라는 민주주의 기반 위에 서야 한다.
> 첫째로 우리는 국민의 자유를 억압하는 긴급 조치를 곧 철폐하고 민주주의를 요구하다가 투옥된 민주 인사들과 학생들을 석방하라고 요구한다. 국민의 의사가 자유로이 표명될 수 있도록 언론, 집회, 출판의 자유를 국민에게 돌려달라고 요구한다.

① 대통령의 임기는 7년이었다.
② 대통령이 국회 해산권을 가졌다.
③ 대통령 중임 제한을 두지 않았다.
④ 대통령이 법관 인사권을 행사하였다.
⑤ 국회 의원 3분의 1을 대통령이 추천하였다.

348

다음 사건이 끼친 영향으로 가장 적절한 것은?

사진은 노동자들을 경찰이 강제로 끌고 나가는 장면이다. 회사의 일방적인 폐업 조치에 항의하여 신민당사에서 농성하던 YH 무역 노동자들을 경찰이 강경 진압하다가 여성 노동자 한 명이 사망하였다.

① 4·19 혁명이 일어났다.
② 장면 내각이 출범하였다.
③ 중앙정보부가 설치되었다.
④ 민청학련 사건이 일어났다.
⑤ 부마 민주 항쟁이 전개되었다.

4 5·18 민주화 운동

349

다음 자료와 관련된 민주화 운동에 대한 설명으로 옳은 것만을 〈보기〉에서 고른 것은?

> 우리 부대가 벌이는 폭력을 광주 시민들이 다 지켜보고 경악하였다. …… 정신 교육을 받은 대로 시민을 '적' 또는 '빨갱이'로 간주하고 폭력을 자행하는 동료들을 대놓고 막을 수도 없었다.

| 보기 |
ㄱ. 유신 체제 붕괴의 배경이 되었다.
ㄴ. 관련 기록물이 세계 기록 유산으로 등재되었다.
ㄷ. 비상계엄의 전국 확대에 대한 반발로 일어났다.
ㄹ. 박종철의 고문치사 사건이 직접적인 계기가 되었다.

① ㄱ, ㄴ   ② ㄱ, ㄷ   ③ ㄴ, ㄷ
④ ㄴ, ㄹ   ⑤ ㄷ, ㄹ

5 6월 민주 항쟁

350

다음 선언이 발표된 배경으로 가장 적절한 것은?

> 첫째, 여야 합의하에 조속히 대통령 직선제 개헌을 하고 새 헌법에 의한 대통령 선거를 통해 1988년 2월 평화적 정부 이양을 실현토록 해야 하겠습니다.
> 셋째, 자유 민주주의적 기본 질서를 부인한 반국가 사범이나 살상·방화·파괴 등으로 국기를 흔들었던 극소수를 제외한 시국 관련 사범들은 석방해야 합니다.

① 10·26 사태가 일어났다.
② 6월 민주 항쟁이 전개되었다.
③ 3·15 부정 선거가 자행되었다.
④ 긴급 조치가 발동되어 국민 기본권을 제한하였다.
⑤ 북한의 연이은 도발로 남북 간 긴장이 고조되었다.

✏️ 1등급을 향한 서답형 문제

| 351~352 |

다음 자료를 읽고 물음에 답하시오.

▲ 투표용지를 불태우는 공무원들

• 4할 사전 투표
• 선거인 명부 조작 등
• 3인조, 9인조 공개 투표
• 야당 참관인 축출 및 야당 후보의 선거 유세 방해

351

위와 같은 부정이 자행된 선거를 쓰시오.

352

정부가 위의 부정을 자행한 이유를 서술하시오.

| 353~354 |

다음 자료를 읽고 물음에 답하시오.

> 본인은 …… 임기 중 개헌이 불가능하다고 판단하고 현행 헌법에 따라 내년 2월 25일 본인의 임기 만료와 더불어 후임자에게 정부를 이양할 것을 천명하는 바입니다. …… 이와 함께 본인은 평화적인 정부 이양과 서울 올림픽이라는 양대 국가 대사를 성공적으로 치르기 위해서 국론을 분열시키고 국력을 낭비하는 소모적인 <u>개헌 논의</u>를 지양할 것을 선언합니다.

353

위 담화문을 발표한 인물을 쓰시오.

354

밑줄 친 '개헌 논의'에 대해 서술하시오.

1등급 문제

355

다음 시정 방침을 세운 정부 시기에 있었던 사실로 옳은 것만을 〈보기〉에서 고른 것은?

> 1. 일본과의 국교 정상화 및 유엔 감시하의 남북한 자유 선거에 의한 통일 달성
> 2. 관료 제도의 합리화와 공무원 재산 등록 및 경찰 중립화를 통한 민주주의 구현
> 3. 부정 선거의 원흉과 발포 책임자, 부정·불법 축재자 처벌
> 4. 외자 도입과 경제 원조 확대를 통한 경제 개발 계획 추진

┤ 보기 ├
ㄱ. 12·12 사태가 일어났다.
ㄴ. 지방 자치제가 실시되었다.
ㄷ. 윤보선이 대통령직을 수행하였다.
ㄹ. 중고생 교복 자율화가 시행되었다.

① ㄱ, ㄴ   ② ㄱ, ㄷ   ③ ㄴ, ㄷ
④ ㄴ, ㄹ   ⑤ ㄷ, ㄹ

356

밑줄 친 '헌법'이 적용된 시기에 있었던 사실로 옳은 것은?

> 긴급 조치 1호(일부)
> • 헌법을 부정, 비방 및 개정, 폐지를 요구하는 행위를 금한다.
> • 이 조치를 위반한 자와 이 조치를 비방한 자는 영장 없이 체포, 수색할 수 있으며 비상 군법 회의에서 심판, 처단한다.

① 야간 통행금지가 해제되었다.
② 금융 실명제가 전면 실시되었다.
③ 공무원 공개 채용 제도가 도입되었다.
④ 개헌 청원 100만 인 서명 운동이 일어났다.
⑤ 민주 헌법 쟁취 국민운동 본부가 결성되었다.

357

(가), (나) 시기 사이에 있었던 사실로 옳은 것은?

(가)	(나)

12·12 사태를 일으킨 신군부 요인들의 모습으로 전두환과 노태우가 있다.	10만여 명의 학생과 시민이 서울역에 모여 신군부 퇴진을 요구하는 모습으로 '서울의 봄'이라 불린다.

① 베트남 파병이 중단되었다.
② 부마 민주 항쟁이 일어났다.
③ 최규하가 대통령직을 수행하였다.
④ 3·1 민주 구국 선언이 발표되었다.
⑤ 대학생 박종철이 고문으로 사망하였다.

358

다음 대화의 주제가 된 민주화 운동의 결과로 옳은 것은?

① 대통령이 퇴진하였다.
② 허정 과도 정부가 출범하였다.
③ 통일 주체 국민 회의가 개최되었다.
④ 5년 단임의 대통령 직선제 개헌이 이루어졌다.
⑤ 대통령이 중앙정보부장 김재규에게 피살되었다.

09 산업화의 성과와 사회·문화의 변화

1 산업화와 경제 성장

1 박정희 정부 시기의 경제 개발 계획 — 미국의 원조에 의존하던 한국 경제는 1950년대 말 원조 감소로 불황에 빠졌다.

(1) 제1, 2차 경제 개발 5개년 계획(1962~1971): 노동 집약적 산업(경공업) 육성, 베트남 특수 등으로 빠른 경제 성장, 경부 고속 국도 건설(1970)

(2) 제3, 4차 경제 개발 5개년 계획(1972~1981): 중화학 공업 육성, 포항, 울산 등에 중화학 공업 단지 조성

(3) 석유 파동과 경제 위기 — 제2차 석유 파동은 석유 수출국 기구(OPEC)의 가격 인상과 이란의 석유 생산 감축, 수출 중단에서 비롯되었다.

제1차 석유 파동(1973)	중동 전쟁으로 유가 급등 → 중동 건설 사업에 우리 기업과 노동자들이 대거 진출, 외화 벌어들여 극복
제2차 석유 파동(1978)	중화학 공업에 대한 과잉·중복 투자 → 국가 재정 악화, 기업 부담 증가, 물가 폭등, 경제 성장률 하락

2 전두환 정부(1980년대) 시기의 경제

(1) 정부 정책: 경제 안정화 추구, 중화학 공업 중복 투자 조정

(2) 3저 호황: 1980년대 중반 이후 저달러·저유가·저금리의 경제 환경 조성, 자동차, 반도체 등 기술 집약적 산업 중심 연평균 10% 이상 경제 성장

(3) 경제 성장 과정의 문제점: 성장 위주의 경제 정책으로 빈부 격차 증가, 산업화로 도시와 농촌 간의 소득 격차 증가, 8·3 조치 등으로 재벌 중심 산업 구조 형성(정경 유착, 경제 독점 폐단), 수출 중심 경제 정책(대외 의존도 심화)
— 박정희 정부 시기인 1972년부터 시행된 조치로, 기업에서 보유한 사채의 반환을 동결하고 이자율을 낮추어 기업들의 부채 부담을 덜어 주었다.

2 산업화에 따른 문제점과 해결 노력

1 도시화의 부작용: 도시로 인구 집중 → 주거난, 도시 빈민 문제(판자촌 등 빈민촌 형성) → 정부가 주택난 해결을 위해 대규모 아파트 단지 등 조성(광주 대단지 사건 발생)
— 서울시가 판자촌 정리 사업을 추진하면서 경기도 광주에 철거민을 집단 이주 시킨 후 방치하자, 1971년 광주 대단지 주민이 대규모 시위를 벌였다.

2 농촌과 농민 운동

(1) 농촌 상황: 산업 발달로 성장에서 소외, 정부가 저임금 유지를 위해 저곡가 정책 추진 → 농민의 경제적 어려움 가중

(2) 새마을 운동(1970): 농촌 생활 환경 개선과 소득 증대 사업, '근면, 자조, 협동' 구호, 유신 체제 유지에 이용되었다는 비판을 받음

(3) 농민 운동: 함평 고구마 사건(1976~1978), 농가 부채 탕감 운동, 외국 농산물 수입 개방 반대(1980년대)
— 함평 농협이 고구마 전량을 사들이겠다는 약속을 어기자, 농민들이 3년간 투쟁하여 피해를 보상받았다.

3 노동 운동의 전개

(1) 배경: 저임금과 장시간 노동, 열악한 노동 환경

(2) 전태일 분신 사건(1970): 평화 시장 노동자 전태일이 근로 기준법 준수를 외치며 분신 → 지식인, 대학생이 노동 문제에 관심을 갖게 되어 노동 운동 본격화

꼭 나오는 자료 ⚓ 77쪽 379번 문제로 확인

전태일의 편지

저희들은 근로 기준법의 혜택을 조금도 못 받으며 더구나 2만 명이 넘는 종업원의 90% 이상이 평균 연령 18세의 여성입니다. 15세의 어린 시다공들은 1주 98시간의 고된 작업에 시달립니다. 1일 15시간의 작업 시간을 1일 10~12시간으로 단축해 주십시오. 1개월 휴일 2일을 늘려서 일요일마다 쉬기를 원합니다. …… 절대로 무리한 요구가 아님을 맹세합니다. 인간으로서 최소한의 요구입니다.

자료 분석 평화 시장 노동자였던 전태일은 노동자들의 열악한 노동 상황을 개선하기 위해 근로 기준법을 연구하고 개선 노력을 하였다. 성과가 없자 결국 그는 1970년 "근로 기준법을 준수하라"라고 외치며 분신하였다.

(3) 1980년대: 최저 임금 인상과 근로 조건 개선 요구 파업 전개

4 환경 문제

1960년대	산업화와 도시화 → 생태·환경 문제 발생
1970년대	환경 보전법 제정(1977)
1980년대	환경 문제 본격화, 환경청 설치(1980), 한국 공해 문제 연구소 설립(1982), 온산병 사태(1985)

— 울산광역시 울주군 온산의 종합 공업 단지에서 방출된 폐기물로 주민 1,000여 명의 건강에 이상이 나타났다.

3 산업화에 따른 문화 변동과 일상생활의 변화

1 생활 양식의 변화

(1) 주거 생활: 아파트와 같은 공동 주택 증가, 서양식 부엌과 거실 중심의 문화

(2) 의생활과 식생활: 서양식 의복과 스포츠 의류 일상화, 혼분식 장려 정책 실시, 가공식품과 외식 문화 확산

2 교육의 변화

교육의 양적 성장	학교 수 및 학생 수 증가, 높은 교육열 → 경제 발전의 원동력, 사교육 열풍
교육 정책	• 박정희 정부: 국가주의 교육(국민 교육 헌장 암기), 중학교 무시험 추첨제 도입(1969), 대도시에 고교 평준화 제도 시행(1973) • 전두환 정부: 과외 전면 금지와 본고사 폐지, 대학 졸업 정원제 시행(1981)

3 대중문화의 성장

(1) 대중 매체 보급: 라디오(1960년대), 텔레비전(1970년대), 컬러텔레비전 방송 시작(1980년대)

(2) 대중문화: 통기타와 청바지의 청년 문화, 한국적 정서의 영화와 대중가요 유행 → 유신 체제의 통제(영화 사전 검열, 금지곡 지정)

핵심 주제를 파악할 수 있는 기출 문제를 수록하였습니다.

기본 기출 문제

핵심 개념 문제

● 빈칸에 들어갈 알맞은 말을 쓰시오.

359 박정희 등 군부 세력은 장면 내각의 경제 개발 계획을 보완하여 (   )을/를 수립하였다.

360 1980년대 후반부터 저달러, 저금리, (   )라는 유리한 경제 환경이 조성되며 호황을 맞았다.

361 도시와 농촌 간의 격차가 커지자 정부는 '근면, 자조, 협동'을 구호로 내걸고 (   )을/를 추진하였다.

● 다음 내용이 옳으면 ○표, 틀리면 ✕표를 하시오.

362 새마을 운동은 주택 개량, 도로 확충 등 농촌의 생활 환경 개선에 일정한 성과를 거두었다. (   )

363 1970년대에는 컬러텔레비전 방송이 시작되었다. (   )

● 운동과 관련 사건을 바르게 연결하시오.

364 노동 운동 •   • ㉠ YH 무역 사건

365 농민 운동 •   • ㉡ 함평 고구마 사건

● 괄호 안에 들어갈 알맞은 말을 고르시오.

366 1970년대 제3, 4차 경제 개발 5개년 계획 시기에 정부는 (㉠ 경공업, ㉡ 중화학 공업)을 적극 육성하였다.

367 (㉠ 제1차 석유 파동, ㉡ 제2차 석유 파동)으로 유가가 크게 올라 어려움을 겪었으나, 기업들이 중동 건설에 참여하여 '오일 머니'를 벌어들여 위기를 극복하였다.

● 다음에서 설명하는 사건을 <보기>에서 고르시오.

┤ 보기 ├
ㄱ. 온산병 사태   ㄴ. 광주 대단지 사건
ㄷ. 전태일 분신 사건

368 평화 시장 노동자가 근로 기준법 준수를 외치며 분신하였다. (   )

369 정부가 대규모 아파트 단지 등을 건설하는 과정에서 생활 터전을 잃고 쫓겨난 도시 빈민들이 생존권을 지키기 위해 저항하였다. (   )

370

(가) 시기의 경제 상황으로 옳은 것은?

(한국 무역 협회, 2023)

① 경부 고속 국도가 완공되었다.
② 제2차 석유 파동으로 물가가 폭등하였다.
③ 수출 100억 달러를 처음으로 달성하였다.
④ 저달러·저유가·저금리의 호황을 맞았다.
⑤ 신발, 의류 등 노동 집약적 산업이 육성되었다.

371

밑줄 친 ㉠이 일어난 시기를 연표에서 옳게 고른 것은?

○○○은 16세부터 평화 시장의 노동자로 일하였고 19세에 재단사가 되었다. 열악한 노동 조건 앞에서 노동자의 권리를 찾기 위해 노력하였다. 평화 시장 노동자들의 실태를 언론에 호소하고 '바보회'를 조직하여 근로 기준법 준수 투쟁을 벌였다. 하지만 그것마저 제대로 실현되지 않자 ㉠그는 죽음으로 항거하였다.

	(가)	(나)	(다)	(라)	(마)	
광복	6·25 전쟁	브라운 각서 체결	제1차 석유 파동	제2차 석유 파동	YH 무역 사건	

① (가)   ② (나)   ③ (다)   ④ (라)   ⑤ (마)

학교 시험에서 출제율이 높은 문제를 엄선하여 수록하였습니다.

실력 기출 문제

1 산업화와 경제 성장

372

(가) 산업의 발달이 가져온 사실로 옳은 것만을 〈보기〉에서 고른 것은?

> 6·25 전쟁의 복구 과정에서 미국의 원조 물자가 중요한 역할을 하였다. 미국은 잉여 농산물을 바탕으로 소비재 물자를 주로 지원하였다. 이에 밀, 사탕수수, 면화가 대량으로 들어오면서 관련 산업인 이른바 (가) 산업이 발달하였다.

┤ 보기 ├
ㄱ. 국내 농산물 가격이 폭락하였다.
ㄴ. 생산재 공업이 크게 성장하였다.
ㄷ. 국내 식량 문제가 일부 해소되었다.
ㄹ. 노동 집약적인 경공업이 발달하였다.

① ㄱ, ㄴ 　② ㄱ, ㄷ 　③ ㄴ, ㄷ
④ ㄴ, ㄹ 　⑤ ㄷ, ㄹ

373

(가)에 들어갈 내용으로 가장 적절한 것은?

> 미국의 원조에 의존하던 한국 경제는 1950년대 말부터 미국의 원조가 감소하면서 불황에 빠졌다. 이에 장면 내각은
>   (가)

① 경제 개발 계획을 수립하였다.
② 귀속 재산 처리법을 제정하였다.
③ 제1차 석유 파동으로 유가가 크게 올랐다.
④ 화폐를 과도하게 발행하여 물가 폭등을 가져왔다.
⑤ 유상 매수, 유상 분배 원칙의 농지 개혁을 시작하였다.

374

다음 도로를 건설한 정부 시기의 경제 상황으로 옳지 않은 것은?

▲ 경부 고속 국도

① 수출 주도형 산업화를 추진하였다.
② 시멘트, 정유 산업 등을 육성하였다.
③ 중화학 공업 중복 투자를 조정하였다.
④ 베트남 파병 특수 등으로 경제가 성장하였다.
⑤ 외국 자본을 토대로 신발, 의류 등의 산업을 육성하였다.

375

밑줄 친 '이 시기'에 있었던 사실로 옳은 것만을 〈보기〉에서 고른 것은?

> 정부는 이 시기에 철강, 화학, 조선 등 중화학 공업에 대한 지원을 집중하였어.

> 이 시기에 추진된 경제 개발 5개년 계획에 따라 포항, 울산 등에 대규모 중화학 공업 단지를 조성하여 중화학 공업을 적극 육성하였어.

┤ 보기 ├
ㄱ. 5·16 군사 정변이 일어났다.
ㄴ. 수출 100억 달러를 달성하였다.
ㄷ. 중화학 공업이 경공업의 비중을 앞질렀다.
ㄹ. 간호사와 광부가 독일에 파견되기 시작하였다.

① ㄱ, ㄴ 　② ㄱ, ㄷ 　③ ㄴ, ㄷ
④ ㄴ, ㄹ 　⑤ ㄷ, ㄹ

376

(가)에 들어갈 내용으로 가장 적절한 것은?

1980년대 중반 이후 3저 호황이라는 경제 환경이 조성되었는데요. 이에 대해 설명해 주세요.

저달러로 한국 상품을 저렴한 가격에 수출할 수 있게 되었습니다. 또한 저유가는 상품 제조 원가의 절감을, 저금리는 민간의 투자 촉진을 가져왔습니다. 이로 인해 (가)

① 브라운 각서가 체결되었습니다.

② 제1차 석유 파동을 극복하였습니다.

③ 제3차 경제 개발 계획이 추진되었습니다.

④ 도시 인구가 농촌 인구를 넘어서게 되었습니다.

⑤ 연평균 10%가 넘는 경제 성장률을 기록하였습니다.

2 산업화에 따른 문제점과 해결 노력

377

(가)에 들어갈 내용으로 가장 적절한 것은?

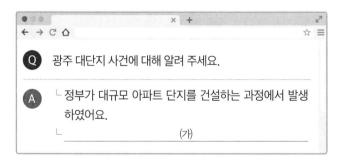

Q 광주 대단지 사건에 대해 알려 주세요.

A └ 정부가 대규모 아파트 단지를 건설하는 과정에서 발생하였어요.

└ (가)

① 농가 소득 향상을 위해 추진되었어요.

② 급격한 도시화로 인한 부작용이었어요.

③ 정부가 환경 보전법을 제정하는 계기가 되었어요.

④ 최저 임금 인상과 근로 조건 개선을 요구하였어요.

⑤ 내수보다 무역의 비중이 커지는 결과를 가져왔어요.

378

다음 자료에 나타난 정책에 대한 설명으로 옳은 것은?

• 1972년도에는 우수 마을 우선 지원의 원칙에 따라 …… 새마을 가꾸기 사업에 박차를 가함과 아울러 농민들의 정신 계발 촉진에 역점을 기울이기 시작하였다.

- ○○○ 운동 10년사 -

• "아주 무지 고생했지. 직원(공무원)들이 아주 여기 와서 먹고살고 그랬으니까. 이장은 밥 해 주고, 새벽이 되면 직원이 나가서 종치고 독려하고 그러는 거야."

- ○○○ 운동 당시 농촌 주민의 구술 -

① 이승만 정부의 체제 유지에 이용되었다.

② 정경 유착과 경제 독점의 폐단을 야기하였다.

③ 도시와 농촌 간 소득 격차 등을 줄이고자 하였다.

④ 6·25 전쟁 직후 전후 복구 사업으로 시행되었다.

⑤ 미국의 원조에 따른 농산물 가격 폭락이 원인이 되었다.

379 빈출

다음 자료를 활용한 탐구 활동으로 가장 적절한 것은?

저희들은 근로 기준법의 혜택을 조금도 못 받으며 더구나 2만 명이 넘는 종업원의 90% 이상이 평균 연령 18세의 여성입니다. 15세의 어린 시다공들은 1주 98시간의 고된 작업에 시달립니다. 1일 15시간의 작업 시간을 1일 10~12시간으로 단축해 주십시오. 1개월 휴일 2일을 늘려서 일요일마다 쉬기를 원합니다. 건강 진단을 정확하게 하여 주십시오. …… 절대로 무리한 요구가 아님을 맹세합니다. 인간으로서 최소한의 요구입니다.

- 대통령에게 드리는 글 -

① YH 무역 사건의 영향

② 3저 호황 시기의 경제 상황

③ 제1차 석유 파동의 극복 노력

④ 함평 고구마 사건의 전개 과정

⑤ 전태일 분신 사건이 발생한 이유

3 산업화에 따른 문화 변동과 일상생활의 변화

380

(가)에 들어갈 내용으로 옳은 것만을 〈보기〉에서 고른 것은?

> 인구가 증가하고 경제가 성장하면서 학교 수가 빠르게 증가하였고, 중학생과 고등학생의 수는 1960년에서 1979년까지 각각 2배, 6배로 많아졌다. 이러한 학교 교육의 확대는 높은 교육열과 함께 한국 경제 발전의 원동력이 되었다. 그러나 과도한 입시 경쟁이 사회 문제로 떠올랐다. 이른바 일류 대학, 일류 고등학교, 일류 중학교에 들어가기 위한 사교육 열풍이 일었다. 이를 완화하기 위해 박정희 정부는 _____(가)_____

| 보기 |
ㄱ. 대학 졸업 정원제를 시행하였다.
ㄴ. 과외 전면 금지 조치를 실시하였다.
ㄷ. 중학교 무시험 추첨제를 도입하였다.
ㄹ. 대도시에 고교 평준화를 실시하였다.

① ㄱ, ㄴ   ② ㄱ, ㄷ   ③ ㄴ, ㄷ
④ ㄴ, ㄹ   ⑤ ㄷ, ㄹ

381

다음 질문에 대한 학생의 답변으로 적절하지 <u>않은</u> 것은?

> 이 음반은 라디오가 대중문화를 주도하던 1960년대 발행된 한명숙의 '노오란샤쓰의 사나이'입니다. 이후 1970년대에는 청년 세대를 중심으로 문화가 발전하였습니다. 당시의 문화에 대해 말해볼까요?

① 텔레비전 보급이 증가하였어요.
② 정부가 영화를 사전 검열하였어요.
③ 프로 야구 등 프로 스포츠가 출범하였어요.
④ 많은 대중가요가 금지곡으로 지정되었어요.
⑤ 청바지와 통기타로 상징되는 청년 문화가 발달하였어요.

| 382~383 |
다음 자료를 읽고 물음에 답하시오.

> 자료는 이란에서 조선소를 세우는 한국 노동자들의 모습이다. 제1차 [(가)](으)로 인한 국제 원유 가격 상승으로 이란 등 중동 산유국은 큰 이익을 얻었다. 그들이 일으킨 건설 사업에 국내 기업이 활발하게 진출하여 경제 위기를 극복하였다. 하지만 제2차 [(가)]와/과 정부의 잘못된 경제 정책으로 국가 재정이 어려워지고 기업 부담이 커지면서 경제 위기가 발생하였다.

382

(가)에 들어갈 사건을 쓰시오.

383

밑줄 친 '경제 정책'에 해당하는 사실을 서술하시오.

| 384~385 |
다음 자료를 보고 물음에 답하시오.

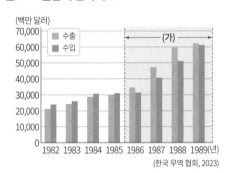

(한국 무역 협회, 2023)

384

(가) 시기의 경제 상황을 나타내는 용어를 쓰시오.

385

(가) 시기의 경제 상황이 나타난 배경을 서술하시오.

적중 1등급 문제

386

(가), (나) 시기 사이의 경제 상황으로 옳은 것은?

(가) 광주 대단지 사건	(나) YH 무역 사건
서울시가 판자촌 정리 사업을 추진하면서 경기도 광주에 철거민들을 집단 이주만 시킨 채 방치하였다. 이에 광주 대단지 주민 5만여 명이 대규모 시위를 벌였다. 이 사건으로 주민과 경찰 100여 명이 다치고 주민 23명이 구속되었다.	노동자들이 회사 측의 일방적인 폐업 조치에 항의하며 신민당사에서 농성하였다. 이에 경찰이 강경 진압하는 과정에서 여성 노동자 한 명이 사망하였다.

① 경부 고속 국도가 완공되었다.
② 수출 100억 달러를 달성하였다.
③ 제2차 경제 개발 5개년 계획이 시작되었다.
④ 미국의 무상 원조로 삼백 산업이 발달하였다.
⑤ 저달러 · 저유가 · 저금리의 경제 환경이 조성되었다.

387

밑줄 친 '이 사람'에 대한 탐구 활동으로 가장 적절한 것은?

저희 모둠은 이 사람에 대한 우리 학교 학생들의 인식을 조사하여 워드 클라우드로 표현하였습니다. 결과는 다음과 같습니다.

평화 시장
피복 공장 노동자
노동 운동
근로 기준법
피복 공장 노동자
분신

① 노동 운동이 본격화된 계기를 조사한다.
② 노사정 위원회를 설치한 목적을 파악한다.
③ 제1차 석유 파동을 극복한 과정을 알아본다.
④ 정경 유착과 경제 독점으로 나타난 문제점을 찾아본다.
⑤ 도시와 농촌 간 격차를 해결하기 위한 정책을 찾아본다.

388

밑줄 친 '정부' 시기의 사실로 옳은 것만을 〈보기〉에서 고른 것은?

자료는 8 · 3 조치를 보도한 신문 기사입니다. 많은 수출 기업의 재무 상태가 부실해지자, 정부는 대통령 긴급 명령으로 기업의 사채 이자를 줄여주고 상환도 미뤄주었습니다.

| 보기 |

ㄱ. 베트남 전쟁 특수를 누렸다.
ㄴ. 함평 고구마 사건이 일어났다.
ㄷ. 미국으로부터 무상 원조를 받았다.
ㄹ. 국제 통화 기금(IMF)에서 긴급 자금을 지원받았다.

① ㄱ, ㄴ   ② ㄱ, ㄷ   ③ ㄴ, ㄷ
④ ㄴ, ㄹ   ⑤ ㄷ, ㄹ

389

(가)에 들어갈 내용으로 옳지 <u>않은</u> 것은?

울산 광역시 울주군 온산면은 비철 금속 공업 기지로 지정되면서 종합 공업 단지로 탈바꿈하였다. 그런데 1980년대 초반부터 주민들의 건강에 이상이 생겼다. 허리와 팔다리 등 전신이 쑤시고 아픈 증상이 주민들에게 나타난 것이다. 정부는 1970년대 후반부터 환경 문제에 보다 적극적으로 대응하기 시작하였다. 그 사례로 _____

① 환경 보전법을 제정하였다.
② 공해 방지법을 제정하였다.
③ 개정된 헌법에 환경권을 명시하였다.
④ 자연 보호 범국민 운동을 추진하였다.
⑤ 환경 전담 기구로 환경청을 설치하였다.

중간·기말고사를 대비할 수 있는 실전 문제로 구성하였습니다.

마무리 문제

 냉전 체제와 통일 정부 수립 운동

390

(가) 체제에 대한 학생들의 대화 내용으로 적절하지 <u>않은</u> 것은?

 그림은 미국과 소련이 주도하는 (가) 풍자화이다. (가) 은/는 직접적인 무력 충돌은 없지만 군사적·경제적·외교적인 대립이 지속되는 상태를 의미한다. 제2차 세계 대전 이후 미국 중심의 자본주의 진영과 소련 중심의 공산주의 진영의 대결 구도 속에서 (가) 체제는 본격화되었다.

① 소련이 코민포름과 코메콘을 설립하였어.
② 미국이 서유럽에 경제 원조를 제공하였어.
③ 트루먼 독트린이 발표되면서 본격화되었어.
④ 미국 대통령이 중국을 방문하면서 완화되었어.
⑤ 아시아·아프리카 회의 등을 통해 구체화되었어.

391

밑줄 친 '합의 내용'이 끼친 영향으로 가장 적절한 것은?

모스크바 3국 외상 회의의 합의 내용이 '소련은 신탁 통치 주장, 미국은 즉시 독립 주장'이라고 국내에 잘못 보도되면서 큰 파장을 일으키기도 하였습니다.

① 미군정이 수립되었다.
② 여수·순천 10·19 사건이 일어났다.
③ 좌익과 우익 간의 갈등이 심화되었다.
④ 조선 건국 준비 위원회가 조직되었다.
⑤ 김구 등 대한민국 임시 정부 요인들이 귀국하였다.

392

(가)에 들어갈 내용으로 옳은 것은?

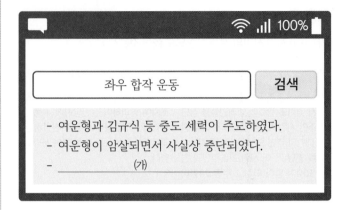

좌우 합작 운동 [검색]

- 여운형과 김규식 등 중도 세력이 주도하였다.
- 여운형이 암살되면서 사실상 중단되었다.
- _____(가)_____

① 전국에 지부를 두었다.
② 농지 개혁법을 제정하였다.
③ 치안대를 설치하여 질서를 유지하였다.
④ 미소 공동 위원회의 재개를 요구하였다.
⑤ 신탁 통치 찬반에 따른 갈등으로 휴회하였다.

393

(가)~(라) 사건을 일어난 순서대로 옳게 나열한 것은?

(가) 이승만의 정읍 발언
(나) 조선 인민 공화국 수립
(다) 제1차 미소 공동 위원회 개최
(라) 유엔 총회의 인구 비례에 따른 남북한 총선거 결정

① (가) - (나) - (다) - (라)
② (가) - (나) - (라) - (다)
③ (나) - (가) - (라) - (다)
④ (나) - (다) - (가) - (라)
⑤ (다) - (라) - (나) - (가)

394 [단답형]

(가)에 들어갈 내용을 쓰시오.

이것은 (가) 을/를 위해 38도 선을 넘는 김구 일행의 모습이다. 남한만의 단독 선거가 결정되자 김구와 김규식 등은 통일 정부 수립을 위해 (가) 을/를 추진하였다. 평양을 방문한 김구와 김규식 등은 북한 지도자들과 회담을 갖고, 남한 단독 선거 반대 등을 포함한 공동 성명을 발표하였다.

395

(가) 사건에 대한 설명으로 옳은 것은?

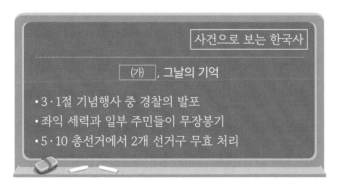

사건으로 보는 한국사

(가) , 그날의 기억

• 3·1절 기념행사 중 경찰의 발포
• 좌익 세력과 일부 주민들이 무장봉기
• 5·10 총선거에서 2개 선거구 무효 처리

① 긴급 조치 등으로 탄압을 받았다.
② 남한만의 단독 정부 수립을 주장하였다.
③ 군대 내 좌익 세력들이 여수·순천 지역을 장악하였다.
④ 일부 국회 의원이 공산당과 내통한다는 혐의로 구속되었다.
⑤ 사건의 진압 과정에서 다수의 민간인 희생자가 발생하였다.

07 대한민국 정부 수립과 6·25 전쟁

396

밑줄 친 '선거'에 대한 설명으로 옳은 것은?

우리나라 최초의 선거에 참여하고 있는 사람들의 모습입니다. 당시에는 글을 모르는 사람이 많아 사진에 나타난 것처럼 국회 의원 후보자 기호를 작대기로 표시했다고 합니다.

① 발췌 개헌에 따라 실시되었다.
② 임기 2년의 국회 의원을 뽑았다.
③ 이시영을 부통령으로 선출하였다.
④ 이승만 정부에 비판적인 후보가 대거 당선되었다.
⑤ 부산 일대에 계엄령이 내려진 상태에서 추진되었다.

397

다음 변화를 가져온 정책에 대한 설명으로 옳은 것은?

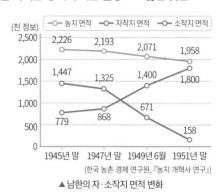

(천 정보) ○ 농지 면적 ○ 자작지 면적 ○ 소작지 면적

2,226 → 2,193 → 2,071 → 1,958
1,447 → 1,325 → 1,400 → 1,800
779 → 868 → 671 → 158

1945년 말 1947년 말 1949년 6월 1951년 말
(한국 농촌 경제 연구원, 『농지 개혁사 연구』)
▲ 남한의 자·소작지 면적 변화

① 지주의 토지를 무상으로 몰수하였다.
② 사회주의 경제 체제의 토대를 마련하였다.
③ 가구당 토지 소유의 상한을 5정보로 하였다.
④ 농민 대다수가 자기 소유의 토지를 갖게 되었다.
⑤ 불하 과정에서 특정 기업에 대한 특혜 등이 나타났다.

398

(가), (나) 시기 사이에 있었던 사실로 옳은 것은?

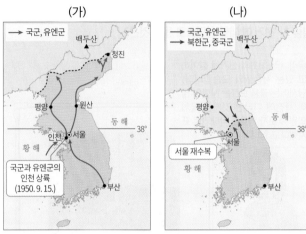

▲ ○·○○ 전쟁의 전개 과정

① 애치슨 선언이 발표되었다.
② 북한군이 서울을 점령하였다.
③ 한미 상호 방위 조약이 체결되었다.
④ 소련의 제안으로 정전 회담이 시작되었다.
⑤ 국군과 유엔군이 흥남 철수 작전을 벌였다.

| 399~400 |

다음 글을 읽고 물음에 답하시오.

자료는 ⃞(가)⃞ 이/가 원조한 밀가루이다. 정부가 경제 재건을 목표로 전후 복구 사업을 추진하고, ⃞(가)⃞ 의 대규모 원조와 정부의 재정 투입으로 비교적 빨리 경제가 회복되었다.

399 [단답형]

(가)에 들어갈 국가를 쓰시오.

400 [서술형]

밑줄 친 '대규모 원조'가 국내 농산물 가격에 끼친 영향을 서술하시오.

401

(가)에 들어갈 개헌에 대한 설명으로 옳은 것은?

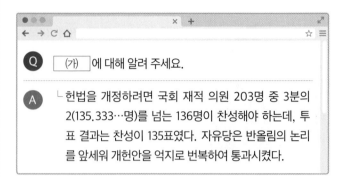

Q ⃞(가)⃞ 에 대해 알려 주세요.

A ┗ 헌법을 개정하려면 국회 재적 의원 203명 중 3분의 2(135.333…명)를 넘는 136명이 찬성해야 하는데, 투표 결과는 찬성이 135표였다. 자유당은 반올림의 논리를 앞세워 개헌안을 억지로 번복하여 통과시켰다.

① 임시 수도 부산에서 통과되었다.
② 국회 의원이 대통령을 선출하였다.
③ 대통령에게 긴급 조치권을 부여하였다.
④ 이승만 대통령의 퇴진 이후 추진되었다.
⑤ 개헌 당시 대통령의 연임 제한을 없앴다.

402

밑줄 친 '피고인'에 대한 설명으로 옳은 것은?

피고인은 …… 진보당 창당과 관련한 이 사건 재심 대상 판결로 사형이 집행되기에 이르렀는바, 이사건 재심에서 피고인에 대한 공소 사실 대부분이 무죄로 밝혀졌으므로 이제 뒤늦게나마 재심 판결로써 그 잘못을 바로잡고 …….

- 대법원 판결문, 2011. 1. 20. -

① 국회 프락치 사건으로 체포되었다.
② 이기붕을 누르고 부통령에 당선되었다.
③ 반민족 행위 처벌법에 따라 처벌받았다.
④ 대통령 선거에서 무소속으로 출마하여 선전하였다.
⑤ 남북 협상에서 김일성 등과 공동 성명을 발표하였다.

08 민주화를 위한 노력

403 서술형

다음 자료에 나타난 부정 선거가 시행된 배경을 서술하시오.

▲ 4할 사전 투표   ▲ 3인조, 9인조 공개 투표   ▲ 투표함 바꿔치기

405

밑줄 친 ㉠ 시기에 있었던 사실로 옳은 것만을 〈보기〉에서 고른 것은?

내각 책임제 개헌 이후 실시된 총선거에서 민주당이 압승을 거두었어.

현대사 사진전

▲ 윤보선과 장면

맞아. 그래서 사진 속 오른쪽 인물인 ㉠ 장면이 국무총리로 국정을 이끌었고, 왼쪽의 윤보선이 대통령으로 선출되었어.

| 보기 |

ㄱ. 지방 자치제가 실시되었다.
ㄴ. 한일 협정 반대 시위가 일어났다.
ㄷ. 학생들이 남북 학생 회담을 제안하였다.
ㄹ. 브라운 각서가 체결되어 미국의 지원을 약속받았다.

① ㄱ, ㄴ   ② ㄱ, ㄷ   ③ ㄴ, ㄷ
④ ㄴ, ㄹ   ⑤ ㄷ, ㄹ

404

(가) 민주화 운동의 영향으로 가장 적절한 것은?

이것은 (가) 을/를 기념하여 세워진 탑입니다. (가) 당시 시위를 벌이던 많은 시민들은 경찰의 무차별 총격으로 희생되었습니다. 이에 대학교수단은 시국 선언문을 발표하고 '학생의 피에 보답하라' 등을 주장하며 시위에 참여하였습니다.

① 10월 유신이 단행되었다.
② 6·29 선언이 발표되었다.
③ 이승만 대통령이 물러났다.
④ 신군부 세력이 정권을 장악하였다.
⑤ 일부 시민이 무장하여 시민군을 조직하였다.

406 서술형

다음 각서가 체결된 이후 한국에 끼친 영향 두 가지를 서술하시오.

○○○ 각서 (일부)

• 미국은 파병 비용을 부담하고 한국군의 장비를 현대화한다.
• 베트남 주둔 한국군 지원 사업과 현지의 각종 사업에 한국을 참여시킨다.
• 미국은 한국에 군사 원조와 차관을 제공한다.

407

밑줄 친 '반대 시위'가 전개된 시기에 볼 수 있는 모습으로 가장 적절한 것은?

3선 개헌에 반대하며 농성을 벌이는 야당 의원들의 모습이다. 야당 의원과 학생, 시민들은 대통령의 3회 연임을 허용하는 개헌안에 반대하였다. 학생과 시민들의 <u>반대 시위</u>는 전국적으로 확대되었다.

① 신군부 퇴진을 외치는 시민
② 베트남으로 파병되는 군인들
③ 미니스커트 단속을 당하는 학생
④ 대통령 긴급 조치에 반발하는 시민
⑤ 컬러텔레비전으로 드라마를 보는 가족

408 단답형

(가)에 들어갈 내용을 쓰시오.

한국사 수행평가

• 탐구 과제: _____ (가) _____
• 모둠별 발표 주제
 - 1모둠: 3·1 민주 구국 선언의 내용
 - 2모둠: 제2차 인혁당 사건의 배경
 - 3모둠: 장준하의 개헌 청원 100만인 서명 운동 전개

409

(가) 민주화 운동의 배경으로 가장 적절한 것은?

사진으로 보는 (가)

| 금남로에 모인 시민 | 트럭을 타고 시위하는 시민군 |

① 한일 협정이 추진되었다.
② 3·15 부정 선거가 자행되었다.
③ 김영삼이 의원직에서 제명되었다.
④ 박종철 고문치사 사건이 발생하였다.
⑤ 신군부 세력이 비상계엄을 전국으로 확대하였다.

410

(가), (나) 발표 시기 사이에 있었던 사실로 옳은 것은?

(가) 본인은 …… 임기 중 개헌이 불가능하다고 판단하고 현행 헌법에 따라 내년 2월 25일 본인의 임기 만료와 더불어 후임자에게 정부를 이양할 것을 천명하는 바입니다. …… 국론을 분열시키고 국력을 낭비하는 소모적인 개헌 논의를 지양할 것을 선언합니다.

(나) 첫째, 여야 합의하에 조속히 대통령 직선제 개헌을 하고 새 헌법에 의한 대통령 선거를 통해 ○○○○년 2월 평화적 정부 이양을 실현토록 해야 하겠습니다. …… 셋째, 자유 민주주의적 기본 질서를 부인한 반국가 사범이나 살상·방화·파괴 등으로 국기를 흔들었던 극소수를 제외한 시국 관련 사범들은 석방해야 합니다.

① 부마 민주 항쟁이 일어났다.
② 국가 재건 최고 회의가 설치되었다.
③ 7·4 남북 공동 성명이 발표되었다.
④ 시위 중 대학생 이한열이 최루탄에 맞았다.
⑤ 7년 단임의 대통령 간선제 개헌이 이루어졌다.

09 산업화의 성과와 사회·문화의 변화

411

(가)에 들어갈 사실로 옳은 것은?

삼백 산업 발달

↓

(가)

↓

제1차 석유 파동

▲ 경제 발전의 과정

① 3저 호황
② YH 무역 사건 발생
③ 경부 고속 국도 완공
④ 수출 100억 달러 달성
⑤ 기업들이 중동 건설 사업 참여

412

다음 자료를 분석한 학생들이 답변한 내용으로 가장 적절한 것은?

▲ 한국의 무역 의존도 변화

① 국제 경제 상황에 큰 영향을 받고 있어요.
② 도시와 농촌 간 소득 격차가 줄어들었어요.
③ 미국의 무상 원조가 차관으로 전환되었어요.
④ 경공업을 중심으로 하는 산업 구조가 형성되었어요.
⑤ 1970년대에 분배를 중시하는 경제 정책이 자리 잡았어요.

413 단답형

다음 자료에서 설명하는 인물을 쓰시오.

탐구 조사 보고서

• 주제: ○○○
• 조사 결과: 평화 시장 재단사였던 ○○○은/는 열악한 노동 조건 앞에서 노동자의 권리를 찾기 위해 노력하였다. ○○○은/는 근로 기준법을 연구하고, 각계에 노동 현실을 알렸지만 근로 조건 개선은 이루어지지 않았다. 1970년 11월 13일에 몸에 불을 붙이고 "근로 기준법을 준수하라."를 외치며 쓰러졌다. ○○○의 죽음은 노동 문제에 대한 사회적 관심을 불러 일으켜, 노동 문제 개선의 밑거름이 되었다.

414

다음 사건이 있었던 시기를 연표에서 옳게 고른 것은?

이것은 광주 지역의 주민들이 대규모 시위를 벌이는 장면입니다. 서울시가 빈민가를 철거하면서 철거민들을 경기도 광주시에 집단 이주시켰으나 편의 시설 마련 등 약속을 지키지 않자 이주민들이 집단 반발하여 시위를 벌였습니다.

| 5·16 군사 정변 | (가) | 제1차 경제 개발 5개년 계획 시작 | (나) | 새마을 운동 시작 | (다) | 제2차 석유 파동 | (라) | 3저 호황 | (마) | 외환 위기 |

① (가) ② (나) ③ (다) ④ (라) ⑤ (마)

415

밑줄 친 '정부' 시기에 있었던 사실로 옳은 것은?

자료는 프로 야구 개막식 장면이다. 당시 <u>정부</u>는 유화 정책의 일환으로 프로 야구를 출범시켰다. 동대문 운동장에서 열린 개막식을 시작으로 출범한 프로 야구는 큰 인기를 끌었다.

① 과외 전면 금지가 시행되었다.
② 금 모으기 운동이 전개되었다.
③ 제2차 석유 파동이 발생하였다.
④ 귀속 재산 처리법이 제정되었다.
⑤ 중학교 무시험 추첨제가 도입되었다.

10 6월 민주 항쟁 이후 민주화 과정 ~ 외환 위기 극복과 사회·문화 변동

1 6월 민주 항쟁 이후 민주화 과정

1 평화적 정권 교체

(1) 노태우 정부 _{대통령이 속한 여당보다 야당 국회 의원의 수가 더 많은 상황이다.}

① 성립: 대통령 직선제 개헌 이후 노태우가 대통령에 당선

② 3당 합당: 1988년 여소 야대 정국 형성 → 야당 주도로 전두환 정부의 비리와 5·18 민주화 운동의 진상 규명을 위한 청문회 개최 → 3당 합당, 민주 자유당 창당(1990)

③ 성과: 서울 올림픽 대회 개최(1988), 북방 외교 추진(북한과의 관계 개선, 소련, 중국 등 공산권 국가와 수교)

(2) 김영삼 정부

① 민주화의 진전: 고위 공직자 재산 공개 의무화, 금융 실명제 실시, 지방 자치제 전면 시행

② 역사 바로 세우기: 하나회 척결, 전두환·노태우 구속, 조선 총독부 건물 철거, 국민학교의 명칭을 초등학교로 변경

(3) 김대중 정부: 정부 수립 이후 최초의 평화적 정권 교체, 외환 위기 극복, 여성부·국가 인권 위원회 설치, 대북 화해 협력 정책 추진, 최초의 남북 정상 회담 개최 등

꼭 나오는 자료

📎 88쪽 434번 문제로 확인

정부 수립 이후 최초의 선거를 통한 평화적 정권 교체

정부 수립 50년 만에 처음 이루어진 정권 교체를 여러분과 함께 기뻐하면서 …… 진정한 '국민의 정부'를 탄생시킨 국민 여러분께 찬양과 감사의 말씀을 드리는 바입니다. …… 오늘은 이 땅에서 처음으로 민주적 정권 교체가 실현되는 자랑스러운 날입니다.

<u>자료 분석</u> 제15대 대통령 선거에서 야당 후보인 김대중이 당선되면서 대한민국 정부 수립 이후 최초로 선거를 통한 평화적 정권 교체가 이루어졌다.

(4) 노무현 정부: 친일 반민족 행위 진상 규명 특별법 제정, 행정 수도 이전 계획, 제2차 남북 정상 회담 개최, 이라크 파병, 미국과 자유 무역 협정(FTA) 체결

(5) 이명박 정부: 실용주의 강조, 자유 무역 협정 체결 확대, 서울 G20 정상 회의 개최, 4대강 정비 사업 추진 _{한강, 낙동강, 금강, 영산강을 말한다.}

(6) 박근혜 정부: 세월호 사건 부실 대응과 역사 교과서 국정화 추진 등으로 국민 반발, 고고도 미사일 방어 체계 도입으로 중국과 갈등, 국정 농단 문제로 대통령 파면(2017)

(7) 문재인 정부: 복지 정책 강화, 검찰 및 언론 개혁, 탈원전 등 에너지 전환 정책 추진, 코로나바이러스감염증 팬데믹 상황 대처('K 방역')

(8) 윤석열 정부: 제20대 대통령 선거에서 야당 후보로 당선

2 시민 사회의 성장

(1) 시민운동의 성장

① 배경: 6월 민주 항쟁 이후 민주화 진전 → 시민 사회의 활동 공간 확대

② 1990년대: 경제 정의 실천 시민 연합, 환경 운동 연합, 참여 연대 등 활동 _{국회 의원 선거에 출마한 후보자를 검증하여 국회 의원에 부적합하다고 판단되는 특정 후보를 떨어뜨리기 위한 활동이다.}

③ 2000년대: 총선 시민 연대 출범 → 낙선 운동 전개, 신자유주의에 입각한 세계화를 비판하는 활동 전개

(2) 시민운동의 다양화

① 활동 분야의 확대: 정치, 여성, 환경, 복지, 경제 등 여러 분야에서 여론 형성, 전문적 정책 대안 제시

② 정치 참여 확대: 촛불 집회 참여, 사회 관계망 서비스(SNS) 등의 대중화로 정치 참여 촉진

2 외환 위기 극복과 사회·문화 변동

1 세계 경제 변동과 외환 위기 극복

(1) 신자유주의 경제 정책의 확산

① 배경: 선진국들의 우루과이 라운드 타결, 세계 무역 기구(WTO) 창설(1995) → 시장 개방 강요

② 김영삼 정부의 신자유주의 정책 추진: 공기업 민영화, 금융 규제 완화, 농산물 수입 개방 확대, 경제 협력 개발 기구(OECD) 가입(1996) _{경제 성장과 개발 도상국 원조, 통상 확대 등을 목적으로 1961년에 창설된 국제기구로, 우리나라는 1996년에 29번째 회원국으로 가입하였다.}

(2) 외환 위기의 발생과 극복

① 발생: 기업들의 무리한 사업 확장, 세계 경기 불황 → 대기업 연쇄 부도, 외국 자본의 투자금 회수 → 김영삼 정부가 국제 통화 기금(IMF)에 구제 금융 요청(1997)

② 극복: 김대중 정부의 개혁 정책, 국민의 금 모으기 운동 → 국제 통화 기금의 관리 체제 조기 극복(2001)

③ 영향: 일부 은행과 대기업의 해외 매각, 대기업 경제력 집중 심화, 대량 해고와 비정규직 증가, 빈부 격차 심화

(3) 외환 위기 이후의 경제 변화

① 여러 나라와 자유 무역 협정(FTA) 체결, 수출 시장 확대

② 대외 의존도 심화 → 세계 경기 변동에 따라 위기 발생

2 외환 위기 이후 사회·문화의 변동

사회 변동	사회 양극화, 저출산·고령 사회, 다문화 사회로의 변화
문화 변동	정보 기술의 발전, 한류의 확산, 국제 대회 개최
그 밖의 과제	• 젠더 갈등 심화, 세대 갈등과 이념 갈등 격화 • 대기 오염, 지구 온난화로 인한 환경 문제, 안전 문제 등

기본 기출 문제

● 바른답·알찬풀이 44쪽

핵심 개념 문제

● 빈칸에 들어갈 알맞은 말을 쓰시오.

416 노태우 정부는 여소 야대 정국을 극복하기 위해 (   )을/를 단행하여 민주 자유당을 창당하였다.

417 김영삼 정부는 (   )을/를 추진하여 전두환·노태우 두 전직 대통령을 구속하였다.

418 (   ) 정부는 정부 수립 이후 최초로 선거를 통해 평화적인 여야 정권 교체를 이루었다.

419 우루과이 라운드가 타결되고, 1995년 (   )이/가 창설되면서 시장 개방 압력이 거세졌다.

● 다음 내용이 옳으면 ○표, 틀리면 ✕표를 하시오.

420 1987년 대통령 직선제 헌법이 제정되고 노태우가 대통령에 당선되었다. ( )

421 김영삼 정부는 신자유주의 정책을 추진하여 공기업을 민영화하고 금융 규제를 완화하였다. ( )

● 제시된 정부와 추진한 정책을 바르게 연결하시오.

422 노태우 정부 •   • ㉠ OECD 가입

423 김영삼 정부 •   • ㉡ 이라크 파병

424 노무현 정부 •   • ㉢ 북방 외교 추진

425 이명박 정부 •   • ㉣ 4대강 정비 사업

● 괄호 안에 들어갈 알맞은 말을 고르시오.

426 김영삼 정부는 외환 위기 당시 (㉠ 국제 통화 기금, ㉡ 경제 협력 개발 기구)에 구제 금융을 요청하였다.

427 합계 출산율 저하와 평균 수명의 증가로 한국 사회는 2018년에 (㉠ 고령 사회, ㉡ 다문화 사회)로 진입하였다.

● 다음에서 설명하는 정부를 〈보기〉에서 고르시오.

│ 보기 │
ㄱ. 노무현 정부   ㄴ. 박근혜 정부   ㄷ. 이명박 정부

428 역사 교과서 국정화를 추진하였다. ( )

429 서울 G20 정상 회담이 개최되었다. ( )

430 공공 기관 및 행정 수도 이전을 계획하였다. ( )

431

★ 핵심 주제 노태우 정부

(가) 대통령 재임 시기에 있었던 사실로 옳은 것은?

> 6월 민주 항쟁의 결과 5년 단임의 대통령 직선제 헌법이 제정되고 그해 12월 대통령 선거가 실시되었다. 당시 야당 지도자들은 서로 경쟁하며 각각 다른 당을 만들어 출마하였다. 야당의 분열로 대통령에 여당 후보인 (가) 이/가 30% 중반의 낮은 득표율로 당선되었다.

① 3당 합당이 이루어졌다.

② 유신 헌법이 제정되었다.

③ 삼청 교육대가 운영되었다.

④ 남북 정상 회담이 개최되었다.

⑤ 3·15 부정 선거가 자행되었다.

432

★ 핵심 주제 김영삼 정부

(가)에 들어갈 내용으로 가장 적절한 것은?

① 발췌 개헌을 단행하였어요.

② 야간 통행금지를 폐지하였어요.

③ 지방 자치제를 전면 시행하였어요.

④ 7·4 남북 공동 성명을 발표하였어요.

⑤ 서울 올림픽 대회를 성공적으로 개최하였어요.

III

433

⭐핵심 주제 김영삼 정부

(가)에 들어갈 내용으로 가장 적절한 것은?

> 정부는 '역사 바로 세우기'라는 이름으로 잘못된 과거사를 청산하기 위해 나섰다. 군부 내 불법 사조직인 하나회 출신 군 인사들을 몰아내고 12·12 사태와 5·18 민주화 운동 진압, 비자금 조성과 뇌물 수수 등의 혐의로 전두환과 노태우 두 전직 대통령을 구속하였다. 또한 ___(가)___

① 역사 교과서 국정화를 추진하였다.
② 국민학교의 명칭을 초등학교로 바꾸었다.
③ 국가 보위 비상 대책 위원회를 조직하였다.
④ 중고생의 두발 및 교복 자율화 조치를 시행하였다.
⑤ 5·18 민주화 운동 진상 규명 청문회를 개최하였다.

434 빈출

⭐핵심 주제 김대중 정부

다음 연설문이 발표된 시기를 연표에서 옳게 고른 것은?

> 정부 수립 50년 만에 처음 이루어진 여야 간 정권 교체를 여러분과 함께 기뻐하면서 …… 진정한 '국민의 정부'를 탄생시킨 국민 여러분께 찬양과 감사의 말씀을 드리는 바입니다. …… 오늘은 이 땅에서 처음으로 민주적 정권 교체가 실현되는 자랑스러운 날입니다.

	(가)	(나)	(다)	(라)	(마)	
5·18 민주화 운동		6월 민주 항쟁	서울 올림픽 개최	경제 협력 개발 기구 가입	제1차 남북 정상 회담 개최	한미 자유 무역 협정 체결

① (가) ② (나) ③ (다) ④ (라) ⑤ (마)

435

⭐핵심 주제 노무현 정부

(가) 정부에 대한 설명으로 옳은 것은?

> ___(가)___ 정부는 권위주의 청산, 지방 분권을 강조하였고 행정 수도 이전을 계획하였다. 하지만 미국의 요청으로 이라크 파병을 실행하고 미국과 자유 무역 협정(FTA)을 체결하는 과정에서 국민의 반발을 사기도 하였다.

① 3당 합당을 단행하였다.
② 4대강 정비 사업을 추진하였다.
③ 국가 인권 위원회를 설치하였다.
④ 헌법적 절차에 따라 대통령이 파면되었다.
⑤ 평양에서 제2차 남북 정상 회담을 개최하였다.

436

⭐핵심 주제 시민 사회의 성장

다음 자료를 활용한 탐구 활동으로 가장 적절한 것은?

> 우리가 추구하는 민주주의는 인간성의 존엄이 실현되고 인권 보장을 으뜸의 가치로 삼는 정치 이념입니다. …… 오랜 산고 끝에 우리는 새로운 사회의 지향점을 '참여'와 '인권'의 두 개 축으로 하는 희망의 공동체 건설로 설정하였습니다. 우리는 '참여 민주 사회와 인권을 위한 시민 연대(약칭 참여 연대)'가 여러 시민들이 함께 모여 다 같이 만들어 가는 공동체의 조그만 밑거름이 되기를 바랍니다.

① 새마을 운동의 내용을 이해한다.
② 금융 실명제가 시행된 배경을 파악한다.
③ 프로 스포츠가 출범하게 된 계기를 살펴본다.
④ 삼백 산업의 발달이 가져온 영향을 조사한다.
⑤ 6월 민주 항쟁 이후 시민 사회의 성장 과정을 알아본다.

437

⭐핵심 주제 외환 위기

다음 뉴스에 등장하는 운동이 전개된 배경으로 가장 적절한 것은?

금 모으기 운동에 동참하기 위해 국민들이 줄지어 서 있습니다. 국민들은 자발적으로 장롱 속의 금붙이를 내놓고 있습니다.

LIVE
국민들, 자발적으로 금 모으기 운동에 참여

① 외환 위기가 발생하였다.
② 6·25 전쟁이 발발하였다.
③ 3·15 부정 선거가 일어났다.
④ 제1차 석유 파동이 일어났다.
⑤ 비상계엄이 전국으로 확대되었다.

학교 시험에서 출제율이 높은 문제를 엄선하여 수록하였습니다.

1 6월 민주 항쟁 이후 민주화 과정

438 빈출

(가) 인물에 대한 설명으로 옳은 것은?

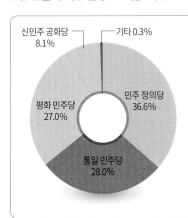

그래프는 제13대 대통령 선거에서 각 당 후보의 득표율이다. 야당 지도자들이 경쟁하며 분열된 가운데 진행된 선거에서는 민주 정의당 후보인 ___(가)___ 이/가 36.6%의 낮은 득표율로 대통령에 당선되었다.

① 반탁 운동을 주도하였다.
② 5·16 군사 정변을 일으켰다.
③ 좌우 합작 위원회를 조직하였다.
④ 6·29 선언을 통해 직선제 개헌을 약속하였다.
⑤ 3선 개헌을 추진하여 장기 집권을 도모하였다.

439

밑줄 친 '정부'에 대한 설명으로 옳은 것은?

> 오후 3:40
>
> 1월 22일   역사 속 오늘
>
> **3당 합당**
>
> 19○○년 1월 22일은 '3당 합당'이 발표된 날이다. 제13대 국회 의원 선거 결과 여소 야대의 국면이 형성되자, 국정 주도권을 잡으려던 정부와 여당인 민주 정의당은 통일 민주당, 신민주 공화당 두 야당을 통합하여 거대 정당인 민주 자유당을 창당하였다.

① 북방 외교를 추진하였다.
② 반공 포로를 석방하였다.
③ 중앙정보부를 설치하였다.
④ 삼청 교육대를 운영하였다.
⑤ 경부 고속 국도를 완공하였다.

440

밑줄 친 '이 법'이 제정된 시기를 연표에서 옳게 고른 것은?

> 제1조 이 법은 1979년 12월 12일과 1980년 5월 18일을 전후하여 발생한 헌정 질서 파괴 범죄 행위에 대한 공소 시효 정지 등에 관한 사항 등을 규정함으로써 국가 기강을 바로잡고 민주화를 정착시키며 민족 정기를 함양함을 목적으로 한다.
>
> 제4조 5·18 민주화 운동과 관련된 행위 또는 제2조의 범행을 저지하거나 반대한 행위로 유죄의 확정판결을 선고받은 자는 …… 재심을 청구할 수 있다.

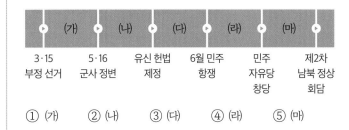

(가)	(나)	(다)	(라)	(마)
3·15 부정 선거	5·16 군사 정변	유신 헌법 제정	6월 민주 항쟁	민주 자유당 창당	제2차 남북 정상 회담

① (가)   ② (나)   ③ (다)   ④ (라)   ⑤ (마)

441

다음 연설문을 발표한 정부에 대한 설명으로 옳은 것은?

> 저는 …… 정경 유착을 제도적으로 막을 수 있도록 금융 실명제를 단행했습니다. …… 모든 국민이 갈망해 온 지방 자치제의 완전한 실시로 참여와 자율이 존중되는 본격적인 지방 시대를 열었습니다.

① 여성부를 신설하였다.
② 『경향신문』을 폐간하였다.
③ 새마을 운동을 추진하였다.
④ 조선 총독부 건물을 철거하였다.
⑤ 5·16 군사 정변으로 붕괴되었다.

442 빈출

(가)에 들어갈 내용으로 가장 적절한 것은?

이 제도에 대한 힌트입니다.

한국사 퀴즈 대회

• 조세 부담의 형평성을 높였습니다.
• 경제 정의 실현을 위해 실시하였습니다.
• 은행에서 실명으로만 거래하도록 하였습니다.
•   (가)

① 삼백 산업의 발달을 가져왔습니다.
② 상공업의 집단화를 위해 추진하였습니다.
③ 김영삼 정부가 전면적으로 실시하였습니다.
④ 소수자의 권익을 보호하기 위해 설치하였습니다.
⑤ 유상 매입, 유상 분배를 원칙으로 시행하였습니다.

443 빈출

(가)에 들어갈 내용으로 가장 적절한 것은?

한국사 인물 카드

• 이름: ○○○
• 생몰: 1924년~2009년
• 주요 활동
 - 제15대 대통령에 취임
 - 제1차 남북 정상 회담 개최
 - 노벨 평화상 수상
 -          (가)

① 한일 협정 체결
② 귀속 재산 처리법 제정
③ 야간 통행금지 전면 해제
④ 경제 개발 5개년 계획 수립
⑤ 국제 통화 기금 관리 체제(IMF) 극복

444

(가), (나) 시기 사이에 있었던 사실로 옳은 것은?

(가) ○○○ 정부는 냉전 체제 붕괴라는 국제 정세를 배경으로 북한과의 관계 개선에 나섰으며, 소련·중국 등 공산권 국가와도 외교 관계를 맺었다.
(나) △△△ 정부는 대북 화해 협력 정책을 펼쳐 평양에서 남북 정상 회담을 가지고, 6·15 남북 공동 선언을 발표하였다.

① 좌우 합작 위원회가 조직되었다.
② 민족 유일당 운동이 전개되었다.
③ 7·4 남북 공동 성명이 발표되었다.
④ 통일 주체 국민 회의가 설치되었다.
⑤ 고위 공직자의 재산 공개가 의무화되었다.

445

밑줄 친 '정부'에 대한 설명으로 옳은 것은?

정부는 과거사 청산을 국정 개혁의 과제로 설정하여 친일 반민족 행위 진상 규명 특별법을 제정하였다. 또한 지방 분권을 강조하며 행정 수도 이전을 계획하였으나 좌절되었고, 그 대신 행정 중심 복합 도시인 세종시를 건설하였다.

① 신군부가 실권을 장악하였다.
② 이라크에 국군을 파병하였다.
③ YH 무역 사건을 강제 진압하였다.
④ 고등학생의 두발과 교복을 자율화하였다.
⑤ 제2차 인혁당 사건을 통해 민주화 운동을 탄압하였다.

446

(가)에 들어갈 내용으로 가장 적절한 것은?

한국사 퀴즈 대회 대본

문제: 다음 힌트에 해당하는 대통령은 누구일까요?
힌트 1. 실용주의를 내세우며 '작은 정부'를 표방하였습니다.
힌트 2. 한미 쇠고기 수입 협상 과정에서 시민들의 반발을 샀습니다.
힌트 3. _____ (가)

① 자유당을 창당하였습니다.
② 4대강 정비 사업을 추진하였습니다.
③ 중앙정보부장에게 피살당하였습니다.
④ 통일 주체 국민 회의를 설립하였습니다.
⑤ 4·19 혁명으로 대통령직에서 사임하였습니다.

447

밑줄 친 '피청구인'에 대한 학생의 발표 내용으로 가장 적절한 것은?

피청구인은 공익 실현 의무를 위반하였으며, 기업의 자유와 재산권을 침해하였고, 비밀 엄수 의무를 위배하였다. …… 피청구인의 헌법과 법률 위배 행위는 국민의 신임을 배반한 행위로서 헌법 수호의 관점에서 용납될 수 없는 중대한 법 위배 행위라고 보아야 한다. 피청구인을 대통령직에서 파면한다.

① 반탁 운동을 주도하였어요.
② 민주 공화당을 창당하였어요.
③ 12·12 사태로 권력을 장악하였어요.
④ 역사 교과서 국정화를 추진하였어요.
⑤ 대한민국 임시 정부 초대 대통령에 취임하였어요.

2 외환 위기 극복과 사회·문화 변동

448

밑줄 친 ㉠의 사례로 적절한 것만을 〈보기〉에서 옳게 고른 것은?

21세기를 눈앞에 두고 세계는 지금 새로운 질서가 펼쳐지고 있습니다. 새해와 더불어 WTO 체제가 출범하며 나라와 나라 사이에, 지역과 지역 사이에 치열한 무한 경쟁이 벌어지는 시대가 온 것입니다. 올해, 정부는 물론 모든 국민이 ㉠세계화를 본격 추진하는 해가 되어야 할 것입니다.

┤ 보기 ├
ㄱ. 경부 고속 국도 완공
ㄴ. 금융업에 대한 규제 완화
ㄷ. 경제 정의 실천 시민 연합 결성
ㄹ. 쌀을 제외한 농산물 수입의 개방

① ㄱ, ㄴ   ② ㄱ, ㄷ   ③ ㄴ, ㄷ
④ ㄴ, ㄹ   ⑤ ㄷ, ㄹ

449

다음 자료를 활용한 탐구 활동으로 가장 적절한 것은?

○○ 회사라는 이름은 누가 봐도 '어' 이런 소리가 날 정도니까 자부심도 있었어요. …… 국제 통화 기금에서 구제 금융을 받고, 그러면서 긴축을 하는 과정에서 …… 보직 없이 거기서 두 달 정도 그렇게, 하루 일과는 그랬어요. 통로 소파에 앉아서 신문이나 보고, 점심시간 되면 구내식당에 가서 밥 먹고 …… 그다음 해 초쯤에 그만뒀어요. …… 그러다 보니까 이제 집사람이 직업 전선에 뛰어들기 시작하더라고요.

― 어느 노동자의 증언 ―

① 외환 위기의 영향을 알아본다.
② 브라운 각서의 내용을 분석한다.
③ 회사령이 제정된 이유를 살펴본다.
④ 토지 조사 사업의 결과를 조사한다.
⑤ 귀속 재산 처리법의 목적을 파악한다.

● 바른답·알찬풀이 **45쪽**

450

(가) 시기에 볼 수 있는 모습으로 가장 적절한 것은?

그래프는 우리나라의 국가 신용 등급 변화를 나타낸 것입니다.

(연합뉴스, 2011. 11. 8.)

① 호헌 철폐를 주장하는 학생
② 금 모으기 운동에 참여하는 시민
③ 국가 재건 최고 회의에 참석하는 군인
④ 서울 G20 정상 회의에 참석하는 대통령
⑤ 서울 올림픽 대회 개회식을 취재하는 기자

451

(가)에 들어갈 내용으로 적절한 것만을 〈보기〉에서 옳게 고른 것은?

외환 위기 극복을 위해 정부가 추진한 정책을 발표해 볼까?

강도 높은 구조 조정을 실시하여 부실기업과 은행을 통폐합하였어.

(가)

| 보기 |
ㄱ. 정리 해고제를 시행하였어.
ㄴ. 물산 장려 운동을 전개하였어.
ㄷ. 공기업의 민영화를 추진하였어.
ㄹ. 쌀과 금속류 공출을 실시하였어.

① ㄱ, ㄴ   ② ㄱ, ㄷ   ③ ㄴ, ㄷ
④ ㄴ, ㄹ   ⑤ ㄷ, ㄹ

✍ 1등급을 향한 서답형 문제

| 452~453 |

다음 자료를 읽고 물음에 답하시오.

> 금융 기관은 이 제도 시행 전에 금융 거래 계좌가 개설된 금융 자산의 명의인에 대하여는 이 제도 시행 후 최초의 금융 거래가 있는 때에 그 명의가 실명인지의 여부를 확인하여야 한다.

452

밑줄 친 '이 제도'를 시행한 대통령의 이름을 쓰시오.

453

밑줄 친 '이 제도'를 시행한 목적을 두 가지 서술하시오.

| 454~455 |

다음 자료를 읽고 물음에 답하시오.

> 존경하고 사랑하는 국민 여러분, 참으로 기쁩니다. 제2의 6·25라는 ㉠외환 위기를 극복하고 IMF에 195억 달러의 지원 자금을 3년 앞당겨서 완전히 갚았습니다. 지금 우리는 외환 위기 당시 39억 달러밖에 없던 외환 보유액이 1천억 달러에 달하면서 세계 5대 외환 보유 국가에 들어갔다는 것을 여러분께 말씀드립니다. 누가 이것을 해냈습니까. ㉡나라를 구하겠다고 어린이 돌 반지까지 들고나온 우리 국민이 해냈습니다. 기업가와 은행가와 노동자 모두가 나라를 살리겠다는 입장에서 자기희생을 감수했던, 그러한 우리 국민의 위대한 힘이 이것을 해냈다는 것을 저는 여러분께 말씀드리고 싶습니다.

454

밑줄 친 ㉡에 해당하는 운동을 쓰시오.

455

밑줄 친 ㉠ 이후 한국 사회의 변화를 두 가지 서술하시오.

적중 1등급 문제

내신 1등급을 결정하는 고난도 문제를 수록하였습니다.

456

(가)에 들어갈 내용으로 가장 적절한 것은?

모둠별로 활동 주제에 맞는 자료를 조사하여 발표해 봅시다.

학습 주제: ○○○ 정부의 출범

모둠별 활동 주제
- 1모둠: 3당 합당과 민주 자유당 창당
- 2모둠: 남북한 유엔 동시 가입
- 3모둠: ____(가)____

① 정리 해고제 시행
② 4대강 정비 사업 추진
③ 국가 인권 위원회 설치
④ 경제 협력 개발 기구 가입
⑤ 소련, 중국 등 공산권 국가와 수교

457

밑줄 친 '정부'가 추진한 정책으로 옳은 것은?

정부가 역사 바로 세우기 작업의 하나로 조선 총독부 건물을 철거한다고 합니다. 이에 대한 자신의 의견을 말해 봅시다.

조선 총독부 건물 철거는 과거를 청산하고 민족정기를 바로 세우기 위해 반드시 필요한 작업입니다.

조선 총독부 건물을 철거하기 보다는 보존해서 아픈 역사를 기억하는 교육 자료로 활용해야 합니다.

① 지방 자치제를 전면 실시하였다.
② 여수·순천 10·19 사건을 진압하였다.
③ 의문사 진상 규명 위원회를 설치하였다.
④ 반민족 행위 특별 조사 위원회를 운영하였다.
⑤ 친일 반민족 행위 진상 규명 특별법을 제정하였다.

458

(가), (나) 정부에 대한 설명으로 옳은 것은?

- ____(가)____ 정부는 제주 4·3 사건 및 의문사 진상 규명, 민주화 운동 관련자 명예 회복 등 과거사 정리를 추진하였고, 여성부를 신설하여 성차별 극복을 위해 노력하였다. 그리고 인사 청문회법을 제정하여 고위 공직자의 도덕성 등을 공개적으로 검증하였다.
- ____(나)____ 정부는 실용주의를 내세우며 '작은 정부'를 표방하고 시장 원리를 강조하였다. 그리고 자유 무역 협정(FTA) 체결의 확대, 기업 활동의 규제 완화 등 성장 위주의 경제 정책을 시행하였다.

① (가) - 외환 위기를 극복하였다.
② (가) - 금융 실명제를 전면 도입하였다.
③ (나) - 역사 교과서 국정화를 추진하였다.
④ (나) - 행정 중심 복합 도시인 세종시를 건설하였다.
⑤ (가), (나) - 평양에서 남북 정상 회담을 개최하였다.

459

(가) 기구가 설치된 해에 볼 수 있는 모습으로 가장 적절한 것은?

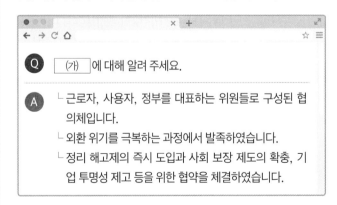

Q ____(가)____ 에 대해 알려 주세요.

A
- 근로자, 사용자, 정부를 대표하는 위원들로 구성된 협의체입니다.
- 외환 위기를 극복하는 과정에서 발족하였습니다.
- 정리 해고제의 즉시 도입과 사회 보장 제도의 확충, 기업 투명성 제고 등을 위한 협약을 체결하였습니다.

① 이라크 파병에 반대하는 청년
② 금 모으기 운동에 참여하는 여성
③ 낙천·낙선 운동을 전개하는 시민
④ 국회 의원 선거에 출마하는 민주 정의당 후보
⑤ 경부 고속 국도의 완공 기념식을 보도하는 기자

11 한반도 분단 극복과 동아시아의 평화를 위한 노력

1 북한의 변화와 오늘날의 실상

1 북한의 정치 변화

(1) 김일성 유일 지배 체제
① 주체사상 정립: 김일성의 유일 지배 체제 뒷받침
② 사회주의 헌법 제정(1972): 주체사상을 통치 이념으로 공식화, 주석제 신설 → 김일성의 권력 절대화

(2) 3대에 걸친 독재 권력 세습
① 김정일: 국방 위원장 자격으로 통치, '선군 정치' 표방
② 김정은: '경제 – 핵 병진 노선' 표방
<small>군대가 중심이 되어 사회를 이끈다는 의미이다.</small>

2 북한의 경제와 사회

(1) 경제
① 1960년 이후 경제 침체: 지나친 자립 경제 노선 속에 과중한 국방비 부담, 에너지 부족 등
② 1990년대 경제 위기 심화: 소련의 해체, 미국의 경제적 제재 → 국제적 고립, 심각한 식량난
③ 경제 침체 극복 노력: 합영법 제정(1984), 나진·선봉 지역에 자유 경제 무역 지대 설치(1991), 2000년대 이후 7·1 경제 관리 개선 조치 시행(시장 경제의 부분적 도입)

(2) 사회: 의식주를 배급받는 사회주의적 생활 양식 → 1990년대 '장마당'의 등장으로 개인 간 상업 거래 활성화
<small>경제 침체 이후 시장 경제를 부분적으로 받아들이면서 북한 전역에 자생적으로 생긴 시장이다.</small>

2 한반도 평화와 통일을 위한 노력

1 남북 간의 대립과 갈등

이승만 정부	6·25 전쟁 이후 북진 통일 주장, 반공 정책 실시
4·19 혁명 이후	• 대학생과 진보 세력 중심의 평화 통일 운동 분출 • 박정희 군부 세력이 민간 차원의 통일 운동 탄압
박정희 정부	• '선 건설, 후 통일'을 내세우며 대북 강경 정책 실시 • 북한의 군사 도발 지속(1·21 사태 등)

2 남북 관계의 변화와 진전

(1) 박정희 정부
① 배경: 냉전 체제 완화 → 남북 적십자 회담 개최
② 7·4 남북 공동 성명 발표(1972): 남북한이 자주·평화·민족적 대단결의 통일 3대 원칙에 최초로 합의
③ 한계: 후속 성과 없이 남북한이 각각 유신 헌법과 사회주의 헌법 제정 → 독재 강화

(2) 전두환 정부: 남북 이산가족 고향 방문 및 예술 공연단 교환 방문(1985)

(3) 노태우 정부: 냉전 해체 → 남북 고위급 회담 개최 → 남북한 유엔 동시 가입, 남북 기본 합의서 채택(1991)

(4) 김대중 정부 <small>현대 그룹의 정주영 회장이 1,001마리의 소 떼를 이끌고 판문점을 통해 북한을 방문하였다.</small>
① 대북 화해 협력 정책(햇볕 정책) 추진: 기업가의 소 떼 방북, 금강산 관광 사업 시작 등 남북 교류 활발
② 제1차 남북 정상 회담 개최(2000): 6·15 남북 공동 선언 발표 → 이산가족 상봉, 남북 교역 확대

꼭 나오는 자료 🔗 98쪽 483번 문제로 확인

6·15 남북 공동 선언

1. 나라의 통일 문제를 우리 민족끼리 서로 힘을 합쳐 자주적으로 해결해 나가기로 하였다.
2. 나라의 통일을 위한 남측의 연합제 안과 북측의 낮은 단계의 연방제 안이 서로 공통성이 있다고 인정하고, 이 방향에서 통일을 지향시켜 나가기로 하였다.
3. 이산가족 방문단을 교환하며, 비전향 장기수 문제를 해결하는 등 인도적 문제를 조속히 풀어 나가기로 하였다.

자료 분석 김대중 대통령은 평양을 방문하여 김정일 국방 위원장과 제1차 남북 정상 회담을 개최하고 6·15 남북 공동 선언을 발표하였다.

---

(5) 노무현 정부: 대북 화해 협력 정책 계승(개성 공단 조성, 경의선과 동해선 철도 연결), 제2차 남북 정상 회담에서 남북 관계 발전과 평화 번영을 위한 선언 채택(2007)

3 남북 간 긴장과 화해의 교차

(1) 이명박 정부: 대북 강경 정책 → 금강산 관광 사업 중단, 천안함 침몰 사건, 연평도 포격 사건 등 → 남북 관계 악화

(2) 박근혜 정부: 남북 관계 경색 → 개성 공단 사업 중단

(3) 문재인 정부: 한반도 평화와 번영, 통일을 위한 판문점 선언(2018) → 북한의 군사적 도발 지속으로 대화 단절

3 동아시아 평화를 위한 노력

1 역사 왜곡과 영토 갈등

(1) 역사 왜곡 <small>2002년부터 중국의 사회 과학원 산하 조직에서 추진한 동북 3성 지역의 역사, 지리 등에 관한 연구이다.</small>

중국	동북공정 → 고조선, 고구려, 발해를 중국의 역사로 편입 시도
일본	왜곡된 역사 교과서 발간, 일본군 '위안부' 강제 동원 부정, 강제 징병·징용 피해자에 대한 공식 사과와 배상 외면

(2) 영토 갈등: 북방 4도(러 - 일), 센카쿠 열도(중 - 일), 남중국해 도서 지역(중국 - 동남아 국가들) 등

2 갈등 해결을 위한 노력

(1) 정부 차원: 동아시아 정상 회의 등 다자간 협력체 구성, 무라야마 담화(1995, 식민 지배에 대한 사죄의 뜻 표현)

(2) 민간 차원: 전쟁 피해자를 위한 공동 활동, 한·중·일 공동 역사 교과서 발행, 청소년 캠프 개최 등

기본 기출 문제

핵심 주제를 파악할 수 있는 기출 문제를 수록하였습니다.

핵심 개념 문제

● 빈칸에 들어갈 알맞은 말을 쓰시오.

460 김정일은 군대가 중심이 되어 사회를 이끈다는 ( )을/를 내세웠다.

461 김대중 정부는 제1차 남북 정상 회담을 개최하여 ( )을/를 발표하였다.

462 ( )은/는 중국과 일본이 영유권을 두고 분쟁을 벌이고 있는 곳이다.

● 제시된 정부와 추진한 정책을 바르게 연결하시오.

463 박정희 정부 •　　　• ㉠ 소 떼 방북

464 김대중 정부 •　　　• ㉡ 개성 공단 조성

465 노무현 정부 •　　　• ㉢ 7·4 남북 공동 성명

● 다음 내용이 옳으면 ○표, 틀리면 ×표를 하시오.

466 이승만 정부 시기에 남북 이산가족 고향 방문 및 예술 공연단 교환 방문이 이루어졌다. ( )

467 전두환 정부 시기에 남북한이 유엔에 동시 가입하였다. ( )

468 이명박 정부 시기에는 연평도 포격 사건 등으로 남북 관계가 악화하였다. ( )

469 일본은 일본군 '위안부' 강제 동원을 부정하고 피해자에 대한 공식 사과와 배상을 외면하고 있다. ( )

470

핵심 주제 북한의 정치 변화

(가), (나) 시기 사이에 있었던 사실로 옳은 것은?

⑺ 김일성은 6·25 전쟁을 거치면서 경쟁자를 숙청하고 권력을 강화하였다.

⑻ 김일성이 사망하자, 김정일은 국방 위원장 자격으로 북한을 통치하였다.

① 북미 정상 회담이 개최되었다.

② 신의주에 경제 특구가 설치되었다.

③ 북조선 임시 인민 위원회가 조직되었다.

④ 주체사상이 공식적인 통치 이념이 되었다.

⑤ 무상 몰수, 무상 분배의 토지 개혁이 실시되었다.

471

핵심 주제 7·4 남북 공동 성명

다음 합의문이 발표된 시기를 연표에서 옳게 고른 것은?

첫째, 통일은 외세에 의존하거나 외세의 간섭을 받지 않고 자주적으로 해결하여야 한다.

둘째, 통일은 서로 상대방을 반대하는 무력 행사에 의거하지 않고 평화적 방법으로 실현하여야 한다.

셋째, 사상과 이념, 제도의 차이를 초월하여 하나의 민족으로서 민족적 대단결을 도모하여야 한다.

(가)	(나)	(다)	(라)	(마)
1·21 사태	닉슨 독트린 발표	유신 헌법 제정	남북 이산가족 고향 방문	남북 유엔 동시 가입	제1차 남북 정상 회담

① (가)　② (나)　③ (다)　④ (라)　⑤ (마)

472

핵심 주제 남북 기본 합의서

다음 합의문에 대한 설명으로 옳은 것은?

제1조　남과 북은 서로 상대방의 체제를 인정하고 존중한다.

제9조　남과 북은 상대방에 대하여 무력을 사용하지 않으며 상대방을 무력으로 침략하지 아니한다.

제15조　남과 북은 민족 경제의 통일적이며 균형적인 발전과 민족 전체의 복리 향상을 도모하기 위하여 ……

① 노태우 정부 시기에 채택되었다.

② 제1차 국공 합작의 영향을 받았다.

③ 남북 정상 회담을 통해 합의되었다.

④ 김규식과 여운형의 주도로 발표되었다.

⑤ 독재 강화에 이용되었다는 비판을 받았다.

 학교 시험에서 출제율이 높은 문제를 엄선하여 수록하였습니다.

실력 기출 문제

1 북한의 변화와 오늘날의 실상

473

다음 헌법을 활용한 탐구 활동으로 가장 적절한 것은?

> 제4조 조선 민주주의 인민 공화국은 마르크스·레닌주의를 우리나라의 현실에 창조적으로 적용한 조선 노동당의 주체사상을 자기 활동의 지침으로 삼는다.
> 제89조 조선 민주주의 인민 공화국 주석은 국가의 수반이며 국가 주권을 대표한다.
> 제93조 조선 민주주의 인민 공화국 주석은 조선 민주주의 인민 공화국 전반적 무력의 최고 사령관, 국방 위원회 위원장으로 되며 국가의 일체 무력을 지휘 통솔한다.

① '선군 정치'의 의미를 알아본다.
② '경제 - 핵 병진 노선'을 조사한다.
③ 북한 정권의 출범 과정을 살펴본다.
④ 김일성 독재 체제의 강화 과정을 조사한다.
⑤ 북조선 임시 인민 위원회의 역할을 파악한다.

474 빈출

(가)에 들어갈 내용으로 가장 적절한 것은?

1980년대 북한의 경제 상황에 대해 말씀해 주세요.

북한은 지나친 자립 경제 노선 속에 과중한 국방비 부담과 에너지 부족으로 경제 침체에 빠졌습니다. 이를 극복하기 위해 ＿＿＿(가)＿＿＿

① 합영법을 제정하였습니다.
② 토지 개혁을 실시하였습니다.
③ 귀속 재산 처리법을 제정하였습니다.
④ 7·1 경제 관리 개선 조치를 시행하였습니다.
⑤ 제1차 경제 개발 5개년 계획을 추진하였습니다.

2 한반도 평화와 통일을 위한 노력

475

다음 상황이 나타난 시기에 볼 수 있는 모습으로 가장 적절한 것은?

> 북진 통일을 내세웠던 이승만 정부가 4·19 혁명으로 물러나자 통일 운동이 활발하게 전개되었다. 하지만 장면 내각은 '선 민주, 후 통일'을 내세우며 민간 차원의 통일 운동에 소극적으로 대응하였다.

① 정전 협정이 체결되었다.
② 남북 정상 회담이 개최되었다.
③ 좌우 합작 위원회가 조직되었다.
④ 학생들이 남북 학생 회담을 요구하였다.
⑤ 남북한이 통일 원칙에 최초로 합의하였다.

476

밑줄 친 '이 성명'을 발표한 정부에 대한 설명으로 옳은 것은?

오늘 남북한이 합의한 이 성명이 서울과 평양에서 동시에 발표되었습니다. 그동안 북한 측과 비밀 접촉을 가져온 이후락 중앙정보부장이 직접 발표한 이 성명에서 남북한은 자주·평화·민족 대단결의 3대 통일 원칙에 합의하였다고 합니다.

① 유신 헌법을 제정하였다.
② 북방 외교를 추진하였다.
③ 『경향신문』을 폐간하였다.
④ 삼청 교육대를 운영하였다.
⑤ 조선 총독부 건물을 철거하였다.

477

(가), (나) 시기 사이에 있었던 사실로 옳은 것은?

> (가) ○○○ 정부 시기 남한에 수해가 발생하자 북한이 원조 물자를 제공하였다. 이를 계기로 남북 이산가족 고향 방문 및 예술 공연단 교환 방문 등이 이루어졌다.
>
> (나) □□□ 정부 시기 북한의 핵 개발 의혹이 이어지면서 한반도를 둘러싼 긴장이 고조되었다. 정부는 관계 개선을 위해 남북 정상 회담을 추진하였으나, 김일성의 갑작스러운 사망으로 무산되었다.

① 4·19 혁명이 일어났다.
② 1·21 사태가 발생하였다.
③ 남북 기본 합의서가 채택되었다.
④ 남북 조절 위원회가 개최되었다.
⑤ 10·4 남북 공동 선언이 채택되었다.

478

밑줄 친 '합의서'에 담겨 있는 내용으로 옳은 것은?

> 세계 각국 언론들은 남북 정상의 첫 회담을 일제히 긴급 뉴스로 내보내고 있습니다. 중국의 ○○ 통신은 김 대통령과 김 국방위원장이 역사적인 합의서에 서명했다고 보도했습니다.

첫 남북 정상 회담 개최

① 반공 포로를 석방한다.
② 이산가족 방문단을 교환한다.
③ 남북 조절 위원회를 설치한다.
④ 남북이 유엔에 동시 가입한다.
⑤ 금강산 관광 사업을 시작한다.

479

(가) 정부 시기에 있었던 사실로 옳은 것은?

> (가) 정부가 제시한 남북 화해 협력 방안에 북한이 호응하면서 평창 동계 올림픽에 북한 선수단이 참가하였고, 예술 공연단 교류도 성사되었다. 이후 남북 정상은 판문점과 평양에서 여러 차례 정상 회담을 열었고, 이 과정에서 한반도의 평화와 번영, 통일을 위한 판문점 선언에 합의하였다.

① 연평도 포격 사건이 일어났다.
② 북미 정상 회담이 개최되었다.
③ 한반도 비핵화 공동 선언이 채택되었다.
④ 정주영이 소 떼를 이끌고 북한을 방문하였다.
⑤ 북한 특수 부대원이 청와대 습격을 시도하였다.

3 동아시아 평화를 위한 노력

480 빈출

다음 자료를 활용한 탐구 활동으로 가장 적절한 것은?

> 최근에 보급된 『중외 역사 강요(상)』에서는 중국 고대사 지도에 고구려를 중국의 역사 영토로 표시하고 있다. 또한 "동북의 말갈족 속말부가 강대해졌다. 당 현종이 그 수령 대조영을 발해 군왕으로 책봉하였다. 당 주변의 소수 민족이 건립한 정권은 조국(중국)의 변강 지구 개발에 적극적인 공헌을 하였다."라고 서술하여 발해를 중국의 지방 정권으로 인식하고 있다.

① 주체사상의 허구성을 분석한다.
② 동북공정의 문제점을 알아본다.
③ 백두산정계비의 내용을 살펴본다.
④ 닉슨 독트린이 끼친 영향을 파악한다.
⑤ 대한 제국 「칙령 제41호」의 의미를 이해한다.

● 바른답·알찬풀이 **49**쪽

481

(가)에 들어갈 내용으로 가장 적절한 것은?

우리와 역사 갈등을 빚고 있는 ○○의 역사 왜곡 사례에 대해 발표해 볼까요?

침략 전쟁을 미화하는 역사 교과서를 발간하였어요.

강제 징병과 징용에 대한 공식적인 사과와 배상을 외면하고 있어요.

(가)

① 동북공정을 시행하였어요.
② 무라야마 담화를 발표하였어요.
③ '통일적 다민족 국가론'을 내세웠어요.
④ 쿠릴 열도 남부의 4개 섬을 점유하고 있어요.
⑤ 일본군 '위안부' 강제 동원을 부정하고 있어요.

482

밑줄 친 '갈등'에 대한 탐구 활동으로 가장 적절한 것은?

> 동아시아 청소년 역사 캠프는 매해 한·일·중 3국이 돌아가며 개최하고 있다. 이 캠프는 동아시아 청소년들이 교류하면서 역사 문제의 발생 및 <u>갈등</u>에 관한 사실을 정확히 인식하고, 이웃 나라의 문화와 역사에 대해 이해하는 화합의 장으로 발돋움하고 있다.

① 주체사상의 허구성을 분석한다.
② 외환 위기 극복 사례를 조사한다.
③ 시민운동의 성장 과정을 알아본다.
④ 남북의 평화 통일 노력의 사례를 찾아본다.
⑤ 일본 역사 교과서에 담긴 왜곡된 내용을 비판한다.

| 483~484 |

다음 자료를 읽고 물음에 답하시오.

> 1. 나라의 통일 문제를 우리 민족끼리 서로 힘을 합쳐 자주적으로 해결해 나가기로 하였다.
> 2. 나라의 통일을 위한 남측의 연합제 안과 북측의 낮은 단계의 연방제 안이 서로 공통성이 있다고 인정하고, 이 방향에서 통일을 지향시켜 나가기로 하였다.
> 3. 이산가족 방문단을 교환하며, 비전향 장기수 문제를 해결하는 등 인도적 문제를 조속히 풀어 나가기로 하였다.
> 4. 경제 협력을 통해 …… 사회, 문화, 체육 등의 협력과 교류를 활성화하여 서로의 신뢰를 다져 나가기로 하였다.

483

위 선언의 명칭을 쓰시오.

484

위 선언이 발표된 정부 시기의 남북 교류와 협력 사례를 <u>두 가지</u> 서술하시오.

| 485~486 |

다음 자료를 읽고 물음에 답하시오.

> '이 섬'은 일본의 한반도 침탈 과정에서 가장 먼저 병탄되었던 우리 땅입니다. 일본이 (가) 중에 전쟁 수행을 목적으로 편입하고 점령했던 땅입니다. (가) 은/는 제국주의 일본이 한국에 대한 지배권을 확보하기 위해 일으킨 한반도 침략 전쟁입니다. …… 지금 일본이 '이 섬'에 대한 권리를 주장하는 것은 제국주의 침략 전쟁에 의한 점령지 권리, 나아가서는 과거 식민지 영토권을 주장하는 것입니다.
> — 한일 관계에 대한 대통령 특별 담화문(일부) —

485

(가)에 들어갈 내용을 쓰시오.

486

동아시아 평화를 위한 노력의 사례를 <u>두 가지</u> 서술하시오.

적중 1등급 문제

내신 1등급을 결정하는 고난도 문제를 수록하였습니다.

487

(가)에 들어갈 내용으로 적절한 것만을 〈보기〉에서 고른 것은?

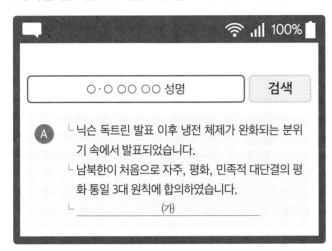

○ · ○ ○○ ○○ 성명 | 검색

A
└ 닉슨 독트린 발표 이후 냉전 체제가 완화되는 분위기 속에서 발표되었습니다.
└ 남북한이 처음으로 자주, 평화, 민족적 대단결의 평화 통일 3대 원칙에 합의하였습니다.
└ _____(가)_____

┤ 보기 ├
ㄱ. 남북 정상 회담에서 합의되었습니다.
ㄴ. 서울과 평양에서 동시에 발표되었습니다.
ㄷ. 반민족 행위 특별 조사 위원회 설치로 이어졌습니다.
ㄹ. 남북 독재 강화에 이용되었다는 비판을 받았습니다.

① ㄱ, ㄴ ② ㄱ, ㄷ ③ ㄴ, ㄷ
④ ㄴ, ㄹ ⑤ ㄷ, ㄹ

488

(가)에 들어갈 내용으로 가장 적절한 것은?

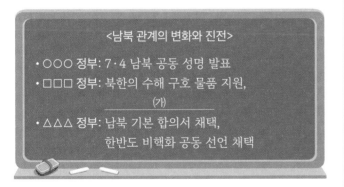

〈남북 관계의 변화와 진전〉
• ○○○ 정부: 7·4 남북 공동 성명 발표
• □□□ 정부: 북한의 수해 구호 물품 지원,
_____(가)_____
• △△△ 정부: 남북 기본 합의서 채택,
한반도 비핵화 공동 선언 채택

① 연평도 포격 사건
② 개성 공단 조성 시작
③ 북한 특수 부대의 청와대 습격 시도
④ 평창 동계 올림픽에 북한 선수단 파견
⑤ 남북 이산가족 고향 방문 및 예술 공연단 교환 방문

489

(가), (나) 시기 사이에 있었던 사실로 옳은 것은?

(가) 냉전 체제가 해체되는 상황 속에서 남한은 적극적인 북방 외교에 나섰다. 그 결과 사회주의 국가인 소련, 중국과 차례로 국교를 맺었다.
(나) 분단 이후 처음으로 개최된 남북 정상 회담의 결과, 남과 북은 전 세계가 지켜보는 가운데 6·15 남북 공동 선언을 공식 발표하였다.

① 개성 공단이 착공되었다.
② 북한이 합영법을 제정하였다.
③ 한일 국교 정상화가 이루어졌다.
④ 통일 주체 국민 회의가 설치되었다.
⑤ 북한이 핵 확산 금지 조약을 탈퇴하였다.

490

다음 상황이 나타난 시기에 있었던 사실로 옳은 것은?

사진으로 보는 한국사

기업가 정주영은 1,001마리의 소 떼를 이끌고 판문점을 통해 북한을 방문하였다. 이를 계기로 남북 교류와 협력이 본격화되었다.

① 남북 기본 합의서가 채택되었다.
② 남북 조절 위원회가 개최되었다.
③ 남북한이 유엔에 동시 가입하였다.
④ 통일 주체 국민 회의가 설치되었다.
⑤ 제1차 남북 정상 회담이 개최되었다.

III

10 6월 민주 항쟁 이후 민주화 과정
~ 외환 위기 극복과 사회·문화 변동

491

다음 자료를 발표한 정부에 대한 설명으로 옳은 것은?

> 3당 통합으로 그동안 가중되어 온 국민의 불안과 나라 장래에 대한 불확실성이 해소되고 …… 우리 민주 자유당(가칭)은 다음 4대 정책을 적극 추진한다.
> • 성숙한 민주주의의 정착: 국민 각자와 사회 각계의 자유와 자율, 권리를 보장하고 창의와 균등한 기회를 진작하여 민주적 활력이 넘치는 사회를 이룩한다.

① 북방 외교를 추진하였다.
② 사사오입 개헌을 단행하였다.
③ 통일 주체 국민 회의를 설치하였다.
④ 제1차 남북 정상 회담을 개최하였다.
⑤ 코로나바이러스감염증 팬데믹 상황에 대응하였다.

492

밑줄 친 '이 명령'을 내린 정부가 추진한 정책으로 옳은 것은?

> 제1조 (목적) 이 명령은 실지명의에 의한 금융 거래를 실시하고 그 비밀을 보장하여 금융 거래의 정상화를 기함으로써 경제 정의를 실현하고 국민 경제의 건전한 발전을 도모함을 목적으로 한다.
> 제3조 (금융 실명 거래) ① 금융 기관은 거래자의 실지명의(이하 "실명"이라 한다)에 의하여 금융 거래를 하여야 한다.
> ② 금융 기관은 이 명령 시행 전에 금융 거래 계좌가 개설된 금융 자산(이하 "기존 금융 자산"이라 한다)의 명의인에 대하여는 이 명령 시행 후 최초의 금융 거래가 있는 때에 그 명의가 실명인지의 여부를 확인하여야 한다.

① 삼청 교육대 운영
② 베트남에 국군 파병
③ 일본과의 국교 정상화
④ 지방 자치제 전면 실시
⑤ 국가 인권 위원회 설치

493

(가)에 들어갈 내용으로 가장 적절한 것은?

한국사 퀴즈 대회

이 인물은 신민당 대표로 유신 체제를 비판하였어. 6월 민주 항쟁 이후 통일 민주당을 창당하였지. 또한 _____ (가)

① 반탁 운동을 주도하였어.
② 역사 바로 세우기를 추진하였어.
③ 12·12 사태를 주도한 인물이야.
④ 국가 재건 최고 회의를 설치하였어.
⑤ 대한민국 임시 정부 초대 대통령에 취임하였어.

| 494~495 |

다음 자료를 읽고 물음에 답하시오.

> 일제는 경복궁을 헐고 그 자리에 총독부를 지어 민족사의 맥을 끊음으로써 우리 민족의 자존 의식을 차단하려는 음흉하고도 잔인한 음모를 꾸몄다. …… 이 건물은 우리 민족의 자랑스러운 유적·유물이 아니다. 민족사의 숨결을 짓밟고 우리 민족의 훌륭한 문화유산인 경복궁을 훼손한 대표적인 건물인 것이다. …… 경복궁 복원이 시작되었다. 정부는 이번 기회에 총독부 청사를 철거하고, 총독의 관저였던 청와대도 말끔히 청산하는 과감한 민족사 복원 사업이 펼쳐지길 바란다.

494 〔단답형〕

밑줄 친 '정부'를 쓰시오.

495 〔서술형〕

밑줄 친 '정부'가 추진한 정책을 세 가지 서술하시오.

496

밑줄 친 '이 정부'에 대한 설명으로 옳은 것은?

외환 위기 속에 출범한 이 정부에 대해 말해 보자.

정부 수립 이후 최초로 선거를 통한 평화적인 여야 정권 교체를 이루었어.

국가 인권 위원회를 설치하여 인권과 소수자의 권리를 보호하였어.

① 고교 평준화를 실시하였다.
② 4·19 혁명으로 붕괴되었다.
③ 포항에 제철소를 건설하였다.
④ 의문사 진상 규명 위원회를 설치하였다.
⑤ 3당 합당으로 민주 자유당을 창당하였다.

497

(가), (나) 정부의 공통점으로 가장 적절한 것은?

- '국민의 정부'를 표방한 [가] 정부는 외환 위기 극복을 위해 강도 높은 구조 조정을 단행하여 국제 통화 기금(IMF)의 관리 체제에서 벗어날 수 있었다.
- '참여 정부'를 표방한 [나] 정부는 과거사 청산을 국정 개혁의 과제로 설정하여 친일 반민족 행위 진상 규명 특별법을 제정하였다.

① 남북 정상 회담을 개최하였다.
② 금융 실명제를 처음 도입하였다.
③ 반민족 행위 처벌법을 제정하였다.
④ 경부 고속 국도 건설 사업을 추진하였다.
⑤ 부산에서 APEC 경제 지도자 회의를 개최하였다.

498

(가)에 들어갈 내용으로 적절한 것만을 〈보기〉에서 고른 것은?

○○○ 정부의 주요 정책

- 지방 분권을 강조하며 행정 수도 이전 계획
- 행정 중심 복합 도시인 세종시 건설
- _____ (가) _____

┤ 보기 ├
ㄱ. 4대강 정비 사업 추진
ㄴ. 국민학교 명칭을 초등학교로 변경
ㄷ. 미국과 자유 무역 협정(FTA) 체결
ㄹ. 미국의 요청으로 국군을 이라크 전쟁에 파병

① ㄱ, ㄴ   ② ㄱ, ㄷ   ③ ㄴ, ㄷ
④ ㄴ, ㄹ   ⑤ ㄷ, ㄹ

| 499~500 |

다음 자료를 읽고 물음에 답하시오.

[가] 대통령님은 진정한 의회주의자의 길을 걸었습니다. 야당의 지도자 시절, 국익과 미래를 위해서는 정부 여당과 초당적인 협력을 다했습니다. 대통령 재임 시에는 국회와 야당을 존중했습니다. 여소 야대 국면에서도 협치를 통해 IMF 국가 위기를 빠르게 극복했으며, 다음 세대를 위한 미래 비전을 제시하고 실행할 수 있었습니다. 대통령님은 용서와 화해, 국민 통합의 리더십으로 늘 과거가 아닌 미래로 향하는 길을 바라보셨습니다.

499 〔···〕 단답형

(가) 대통령의 이름을 쓰시오.

500 〔✎〕 서술형

(가) 대통령이 민주주의의 발전을 위해 실시한 정책을 두 가지 서술하시오.

501

(가), (나) 시기 사이에 있었던 사실로 옳은 것은?

> (가) 실용주의를 앞세운 ○○○ 정부는 시장 원리를 강조하며 각종 기업 규제 철폐, 공기업 민영화 등을 추진하였다. 하지만 미국발 세계 금융 위기로 경제적 어려움을 겪었고, 한미 쇠고기 수입 협상 과정에서 시민들의 거센 반발을 사기도 하였다.
>
> (나) 여야 정권 교체를 통해 출범한 □□□ 정부는 복지 정책 강화를 기반으로 한 소득 주도 성장과 검찰 및 언론 개혁, 탈원전과 신재생 에너지 중심의 에너지 전환 정책 등을 내세웠다. 또한 코로나바이러스감염증 팬데믹 상황에 'K-방역'으로 대응하여 주목을 받았다.

① 여성부가 신설되었다.
② 역사 교과서 국정화가 추진되었다.
③ 군대 내 사조직인 하나회가 해체되었다.
④ 반민족 행위 진상 규명 특별법이 제정되었다.
⑤ 전두환 정부의 비리 조사를 위한 청문회가 개최되었다.

502

밑줄 친 '정부'에 대한 설명으로 옳은 것은?

> • 정부는 투명한 경제 활동을 통해 부정한 자금을 주고받고 숨기는 행위와 탈세를 막아 부정부패를 차단하고 경제 정의를 실현하고자 모든 금융 거래를 본인의 실제 이름으로 하도록 하는 제도를 시행하였다.
> • 정부는 외환 보유고 감소로 보유 외환만으로 외채를 갚을 수 없게 되어 국가 부도 상태에 직면하게 되자, 국제 통화 기금(IMF)에 구제 금융 지원을 요청하였다.

① 삼백 산업을 육성하였다.
② 국가 총동원법을 제정하였다.
③ 귀속 재산을 민간에 불하하였다.
④ 제1차 경제 개발 5개년 계획을 추진하였다.
⑤ 경제 협력 개발 기구(OECD)에 가입하였다.

503

다음 연설문을 발표한 정부 시기에 볼 수 있는 모습으로 가장 적절한 것은?

> 한국 경제는 1년 반이라는 짧은 기간 동안에 외환 위기 이전 수준으로 회복하였습니다. …… 금융 부문은 구조 개혁과 재무 건전성을 높이는 방향으로 추진되었습니다. …… 노동 시장의 유연성을 높이고 근로자의 권익을 향상하기 위한 제도를 정비하여 이를 실천하고 있습니다. …… 공공 부문에서는 12개의 공기업 민영화와 개별 기업의 경영 혁신을 추진하였습니다.

① 베트남에 파병되는 국군
② 금 모으기 운동에 참여하는 시민
③ 4대강 정비 사업을 취재하는 기자
④ 서울 올림픽 대회에 참가하는 선수
⑤ 조선 총독부 건물을 철거하는 노동자

| 504~505 |

다음 자료를 보고 물음에 답하시오.

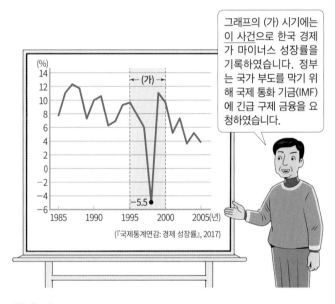

그래프의 (가) 시기에는 이 사건으로 한국 경제가 마이너스 성장률을 기록하였습니다. 정부는 국가 부도를 막기 위해 국제 통화 기금(IMF)에 긴급 구제 금융을 요청하였습니다.

(『국제통계연감: 경제 성장률』, 2017)

504 단답형

밑줄 친 '이 사건'을 쓰시오.

505 서술형

밑줄 친 '이 사건'을 극복하기 위해 정부가 추진한 노력을 세 가지 서술하시오.

11 한반도 분단 극복과 동아시아의 평화를 위한 노력

506

밑줄 친 '이 법'이 제정된 시기를 연표에서 옳게 고른 것은?

이 법은 경제 침체에 빠진 북한이 외국 자본과의 합작 투자를 위해 처음 제정한 것입니다.

제1조 조선 민주주의 인민 공화국 ○○○은 우리나라와 세계 여러 나라들 사이의 경제·기술 협력과 교류를 확대 발전시키는 데 이바지한다.
제5조 합영 기업은 당사자들이 출자한 재산에 대한 소유권을 가지며 독자적으로 경영 활동을 한다.

(가)	(나)	(다)	(라)	(마)
사회주의 헌법 제정	남북 기본 합의서 채택	김정일 집권	제1차 남북 정상 회담	북한의 제1차 핵 실험	김정은 집권

① (가) ② (나) ③ (다) ④ (라) ⑤ (마)

507

다음 합의문을 채택한 정부 시기에 있었던 사실로 옳은 것은?

남과 북은 …… 쌍방의 관계가 나라와 나라 사이의 관계가 아닌 통일을 지향하는 과정에서 잠정적으로 형성되는 특수 관계라는 것을 인정하고, 평화 통일을 성취하기 위한 공동의 노력을 경주할 것을 다짐하면서, 다음과 같이 합의하였다.
제1조 남과 북은 상대방의 체제를 인정하고 존중한다.
제4조 남과 북은 상대방을 파괴·전복하려는 일체 행위를 하지 아니한다.

① 제1차 남북 정상 회담
② 남북한 유엔 동시 가입
③ 10·4 남북 공동 선언 채택
④ 북한의 수해 원조 물자 지원
⑤ 울진·삼척 무장간첩 침투 사건

508

다음 연설을 발표한 정부에 대한 설명으로 옳은 것은?

존경하고 사랑하는 국민 여러분! 저는 오늘부터 2박 3일 동안 평양을 방문합니다. …… 평양에서 저는 김정일 국방 위원장과 역사적인 남북 정상 회담을 가지게 될 것입니다. 지난 55년 동안 영원히 막힐 것 같아 보였던 정상 회담의 길이 이제 우리 앞에 열리게 된 것입니다. 이 길이 열리기까지는 무엇보다 남북의 화해와 협력, 그리고 평화 통일을 바라는 국민 여러분의 한결같은 염원과 성원의 힘이 컸습니다.

① 개성 공단을 착공하였다.
② 남북 조절 위원회를 설치하였다.
③ 금강산 관광 사업을 시작하였다.
④ 좌우 합작 위원회를 조직하였다.
⑤ 7·4 남북 공동 성명을 발표하였다.

| 509~510 |

다음 자료를 읽고 물음에 답하시오.

(가)

1. 6·15 공동 선언을 고수하고 적극 구현해 나간다.
4. 현 정전 체제를 종식시키고 항구적인 평화 체제를 구축하기 위한 종전 선언을 협력해 추진하기로 하였다.
5. 경제 협력 사업을 적극 활성화하기로 하였다.
  • 서해 평화 협력 특별 지대를 설치하여 …… 민간 선박의 해주 직항로 통과, 한강 하구 공동 이용 등을 추진해 나가기로 하였다.

509 단답형

(가) 선언의 명칭을 쓰시오.

510 서술형

(가) 선언을 채택한 정부의 통일을 위한 노력을 두 가지 서술하시오.

MEMO

기출 분석 문제집

1등급 만들기

빠른답 체크

Speed Check

한국사2 510제

◀ 이곳을 열면 정답을 바로 확인할 수 있습니다.

기출 분석 문제집

1등급 만들기

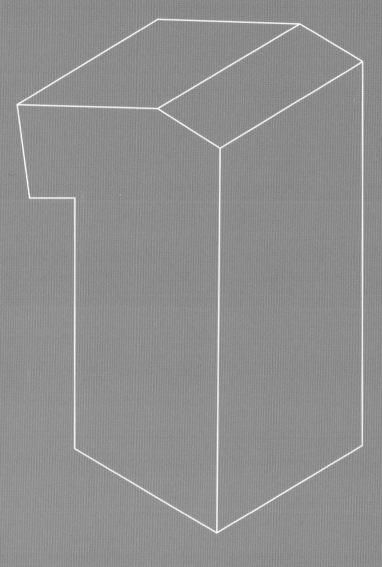

고등 도서 안내

문학 입문서

손쉬운

작품 이해에서 문제 해결까지
손쉬운 비법을 담은 문학 입문서

현대 문학, 고전 문학

비주얼 개념서

룩 LOOK

이미지 연상으로 필수 개념을 쉽게 익히는
비주얼 개념서

국어   문법
영어   분석독해

수학 개념 기본서

수학중심

개념과 유형을 한 번에 잡는 강력한
개념 기본서

수학 Ⅰ, 수학 Ⅱ, 확률과 통계, 미적분, 기하

수학 문제 기본서

유형중심

체계적인 유형별 학습으로 실전에서 강력한
문제 기본서

수학 Ⅰ, 수학 Ⅱ, 확률과 통계, 미적분

사회·과학 필수 기본서

개념 학습과 유형 학습으로 내신과 수능을 잡는
필수 기본서

[2022 개정]
사회   통합사회1, 통합사회2, 한국사1, 한국사2
과학   통합과학1, 통합과학2, 물리학, 화학, 생명과학,
        지구과학

[2015 개정]
사회   한국지리, 사회·문화, 생활과 윤리, 윤리와 사상
과학   물리학 Ⅰ, 화학 Ⅰ, 생명과학 Ⅰ, 지구과학 Ⅰ

기출 분석 문제집

완벽한 기출 문제 분석으로 시험에 대비하는 1등급 문제집

1등급 만들기

[2022 개정]
수학   공통수학1, 공통수학2, 대수, 확률과 통계, 미적분 Ⅰ
사회   통합사회1, 통합사회2, 한국사1, 한국사2,
        세계시민과 지리, 사회와 문화, 세계사, 현대사회와 윤리
과학   통합과학1, 통합과학2

[2015 개정]
국어   문학, 독서
수학   수학 Ⅰ, 수학 Ⅱ, 확률과 통계, 미적분, 기하
사회   한국지리, 세계지리, 생활과 윤리, 윤리와 사상,
        사회·문화, 정치와 법, 경제, 세계사, 동아시아사
과학   물리학 Ⅰ, 화학 Ⅰ, 생명과학 Ⅰ, 지구과학 Ⅰ,
        물리학 Ⅱ, 화학 Ⅱ, 생명과학 Ⅱ, 지구과학 Ⅱ

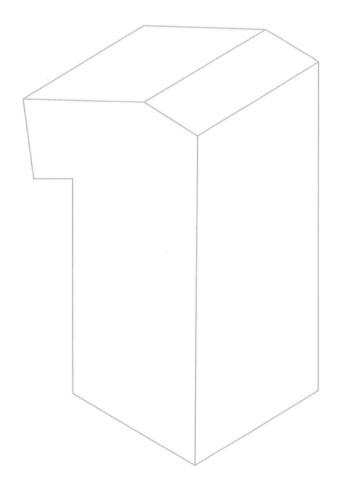

기 출 분 석 문 제 집

1등급 만들기

한국사 2
510제

바른답·
알찬풀이

Mirae N 에듀

바른답·
알찬풀이

Study Point

1. 1등급 자료 분석
까다롭고 어려운 자료에 대한 분석과 첨삭 설명을 제시하였습니다.

2. 1등급 정리 노트
고빈출 핵심 개념을 다시 한 번 정리하였습니다.

3. 선택지 더 보기
시험에 출제될 수 있는 유사 선택지를 추가로 제시하였습니다.

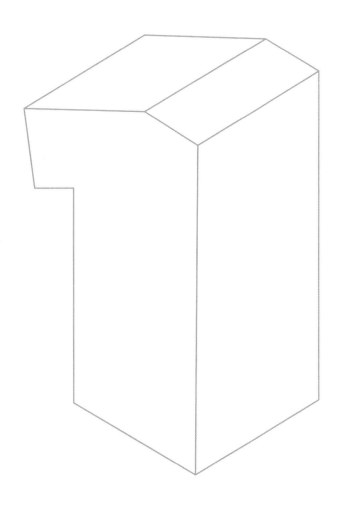

기출 분석 문제집

1등급
만들기

한국사 2
510제

바른답•
알찬풀이

Mirae N 에듀

I 일제의 식민 통치와 민족 운동

01 제국주의 질서와 일제의 식민 통치 정책

기본 기출 문제 ──────── • 7쪽 ~ 8쪽

핵심 개념 문제

001 헌병 **002** 총독 **003** 남면북양 **004** ○ **005** ○
006 ○ **007** ㉡ **008** ㉠ **009** ㉢ **010** ㉠ **011** ㉡
012 ㄷ **013** ㄱ **014** ㄴ

---

015 ① **016** ⑤ **017** ⑤ **018** ② **019** ③ **020** ②

015

식민 통치의 최고 기구는 총독부이고, 이를 관할했다는 점에서 자료가 조선 총독에 대한 것임을 알 수 있다. 조선 총독은 일왕에게 직속되어 일본 의회나 내각의 통제를 거의 받지 않았다.

바로잡기 ② 한국 병합 조약은 데라우치 '통감'이 체결하였다. 이후 그는 총독이 되었다. ③ 화폐 정리 사업은 1904년 부임한 재정 고문 메가타가 실시하였다. ④, ⑤ 을사늑약에 따라 대한 제국의 외교권이 박탈되었고, 통감부가 설치되었다. 초대 통감으로 이토 히로부미가 부임하였다.

016

제시된 자료는 1912년 일제가 제정한 조선 태형령이다. 조선 태형령은 1919년 3·1 운동 이후 폐지되었다. 1910년대 일제는 관리와 교사에게 제복을 입고 칼을 차게 하는 등 무단 통치를 자행하였다. 그리고 헌병이 경찰 업무를 담당하면서 한국인의 일상 생활을 감시하였다.

바로잡기 ㄱ. 1907년의 사실이다. ㄴ. 러일 전쟁은 1905년 일본의 승리로 종결되었다.

017

3·1 운동 이후 일제는 헌병 경찰제를 폐지하고 보통 경찰제를 실시하였으며, 『동아일보』와 『조선일보』 등의 창간을 허용하는 등 '문화 정치'를 표방하였다. 하지만 이는 우리 민족을 기만하는 것에 불과하였다. 실제로는 경찰 인원과 경찰 관서의 수가 대폭 늘어났으며, 신문을 사전 검열하여 일부 기사를 삭제하고 심한 경우에는 신문을 압수하거나 정간 혹은 폐간하였다.

바로잡기 ㄱ. 중추원은 1910년대부터 존재하고 있었으나 3·1 운동 전까지

한 번도 소집되지 않았다. ㄴ. 1898년 독립 협회가 만민 공동회를 개최하였다.

018

일제는 제1차 세계 대전 이후 공업화가 진전되면서 발생한 쌀 부족 문제를 해결하기 위해 1920년부터 한국의 쌀을 증산하여 일본으로 가져가려는 산미 증식 계획을 실시하였다.

바로잡기 ① 1910년에 제정되었다. ③ 일본인의 토지 소유 확대와 지세 수입 증가를 목적으로 실시하였다. ④ 1908년에 설립되었다. ⑤ 일본 상품의 한국 진출을 위해 실시하였다.

019

일제는 1931년 만주 사변 이후 침략 전쟁을 확대하면서 내선 일체, 일선동조론 등을 내세우며 민족 말살 통치를 실시하였다. 이는 한국인의 민족의식을 말살하여 전쟁에 효과적으로 동원하기 위한 것이었다.

바로잡기 ① 제1차 세계 대전은 1910년대에 일어났다. ②, ④ 토지 조사 사업, ⑤ 일본 상품에 대한 관세 폐지에 해당한다.

020

자료에서 군대로 징집하였고 중국으로 끌려갔다는 내용을 통해 1940년대 징병제 실시 이후의 상황임을 알 수 있다. 일제가 1930년대 후반부터 시행한 민족 말살 통치 시기에는 궁성 요배, 황국 신민 서사 암송 등을 통해 한국인의 민족의식을 말살하려 하는 한편, 전국적인 조직망을 갖추고 말단 지역에 애국반을 설치하여 한국인을 통제하였다.

바로잡기 ㄴ. 회사령은 1920년에 폐지되었다. ㄹ. 치안 유지법은 1925년에 제정되었다.

실력 기출 문제 ──────── • 9쪽 ~ 12쪽

021 ⑤ **022** ① **023** ⑤ **024** ⑤ **025** ① **026** ④
027 ④ **028** ② **029** ② **030** ① **031** ② **032** ⑤
033 ④ **034** ④ **035** ② **036** ①

1등급을 향한 서답형 문제

037 회사령 **038** 예시 답안 (가)는 조선 총독이다. 조선 총독은 일본 육해군 대장 중에서 임명되었고, 입법·사법·행정권 및 군사권을 장악하였으나 일왕에게 직속되어 일본 의회나 내각의 통제를 거의 받지 않았다.

039 중일 전쟁 **040** 예시 답안 자료는 병참 기지화 정책에 대한 것이다. 병참 기지화 정책이 추진되면서 한국의 산업 구조는 군수 산업 중심으로 개편되고 소비재 산업은 위축되었다. 또한 중화학 공업 시설이 북부 지방에 편중되면서 지역 간 산업 불균형이 심화되었다.

021

자료는 1910년에 제정된 범죄 즉결례로 헌병과 경찰은 이를 바탕으로 재판 없이 즉결 심판권을 행사할 수 있었다. 일제는 1910년대에 헌병 사령관을 경무 총감에 임명하여 헌병이 경찰 업무를 수행하도록 하였다. 이를 헌병 경찰제라고 한다.

바로잡기 ① 중추원은 3·1 운동 이전에는 소집되지 않았다. ② 명성 황후는 1895년에 시해되었다. ③ 대한 제국의 군대는 1907년에 해산되었다. ④ 1907년 고종이 강제 퇴위하고 순종이 황제의 자리에 올랐다.

022

자료는 태형 도구와 제복을 입고 칼을 짚고 있는 교사의 모습이다. 이는 일제가 시행한 무단 통치와 관련 있다.

1등급 정리 노트	무단 통치
조선 총독부	• 총독: 육해군 대장 중에서 임명, 입법·사법·행정·군사권 장악 • 중추원: 총독의 자문 기구, 친일파로 구성
헌병 경찰제	• 내용: 헌병이 경찰 업무 관할, 독립운동 탄압, 일상생활 감시·억압 • 권한: 즉결 심판권을 통해 재판 없이 구류나 벌금, 태형 집행
사회 정책	• 위압적 통치: 관리와 교사가 제복과 칼 착용, 언론·출판·집회·결사 자유 제한 • 우민화 교육: 보통 교육과 실업 교육 위주로 편성

023

자료를 통해 1910년대 동양 척식 주식회사의 소유지가 증가하고 있음을 알 수 있다. 1910년대에 일제가 실시한 토지 조사 사업의 결과 총독부의 지세 수입이 늘고 동양 척식 주식회사의 소유지가 크게 증가하였다.

바로잡기 ① 2차 갑오개혁 때 홍범 14조가 발표되었다. ② 흥선 대원군이 경복궁 중건에 필요한 비용을 마련하기 위하여 당백전을 발행하였다. ③ 1904년 제1차 한일 협약에 따라 메가타가 재정 고문으로 부임하였다. ④ 교정청은 동학 농민 운동 등의 영향으로 조선 정부가 설치하였다.

024

자료는 일제가 1912년에 제정한 토지 조사령이다. 일제는 근대적 토지 소유권의 확립, 지세의 공정한 부과 등을 명분으로 토지 조사 사업을 실시하였다. 토지 조사 사업의 결과 조선 총독부의 지세 수입이 증가하였다.

바로잡기 ㄱ. 대한 제국은 양전 사업을 실시하여 지계를 발급하였다. ㄴ. 일제는 지대만 납부하면 경작할 수 있었던 기존의 관행을 부정하였다.

025

자료를 통해 1910년대에 한국인 자본 규모는 감소한 반면, 일본인의 자본 규모가 크게 증가하였음을 알 수 있다. 1910년 일제가 회사령을 공포하여 회사를 설립할 때 총독의 허가를 받게 하고 총독의 명령만으로도 회사를 해산할 수 있도록 하였다. 이후 한국인의 산업 활동은 위축되고 일본 자본이 크게 증가하였다.

바로잡기 ② 청일 전쟁은 1894년에 일어났다. ③ 헌정 연구회는 1905년에 결성되었다. ④ 대한 천일 은행은 1899년에 설립되었다. ⑤ 1882년에 조·청 상민 수륙 무역 장정이 체결되었다.

026

자료는 1925년 일제가 제정한 치안 유지법으로, 일제는 치안 유지법을 통해 한국인 독립운동가나 사회주의자를 탄압하였다. 1920년대 일제는 문관 출신도 조선 총독에 임명할 수 있도록 관제를 개정하였으나 군인 출신만이 조선의 총독으로 부임하였으며, 『동아일보』·『조선일보』 등이 창간되었다.

바로잡기 ㄱ. 하와이 이민은 1920년대 이전부터 이루어졌다. ㄷ. 스티븐스는 1908년에 사살되었다.

027

자료는 '문화 정치'에 대한 것으로, 일제는 무단 통치에 대한 반발을 무마하고 친일 세력을 양성하기 위해 이른바 '문화 정치'를 표방하였다. 일제는 '문화 정치'를 표방하여 보통 경찰제를 실시하였으나 실제로는 경찰 인원과 비용이 증가하였다. 또한 『동아일보』 등 한글 신문을 허용하였으나 검열을 강화하여 기사 삭제, 정간 등의 조치를 취하였다.

바로잡기 ㄱ. 1907년의 사실이다. ㄷ. 『황성신문』은 1910년에 폐간되었다.

028

자료의 조치를 발표한 사이토 마코토는 3·1 운동 이후 '문화 정치'를 표방한 조선 총독부의 총독이다. 일제는 '문화 정치'를 표방하여 우리 민족의 저항을 무마하고, 식민 통치에 협력하는 친일 세력을 키워 식민 지배 체제를 공고히 하려는 민족 분열 통치의 수단으로 삼았다.

바로잡기 ① 1904년 보안회는 일제의 황무지 개간권 요구를 저지하였다. ③ 고종은 1907년 강제 퇴위당하였다. ④ 1907년 13도 창의군이 조직되었다. ⑤ 한국 병합 조약은 1910년에 체결되었다.

029

자료에서 쌀 수확량 증가, 수리 조합비 부담 등의 농민 부담 내용을 통해 밑줄 친 '이 계획'이 산미 증식 계획임을 알 수 있다. 산미 증식 계획의 결과 쌀 생산량은 늘어났지만 비료 대금, 수리 조합비 등 증산에 드는 비용이 농민에게 전가되어 소작농이 되는 자작농이 늘어났고, 많은 쌀이 일본으로 유출되어 한국인 1인당 쌀 소비량이 감소하였다.

바로잡기 ㄴ. 1898년에 외국 상인의 내륙 침투에 맞서 황국 중앙 총상회가 결성되었다. ㄹ. 미국은 1895년 운산 금광 채굴권을 차지하였다.

030

자료에서 제1차 세계 대전 당시 수출이 늘어서 일본이 호황을 누렸다는 점, 한국에 진출하려는 일본 기업이 늘었다는 점을 통해 (가)에는 일본 자본주의의 산업 침탈과 관련 있는 내용이 들어가야 함을 알 수 있다. 일제는 제1차 세계 대전 이후 일본 기업의 한국 진출을 돕기 위해 회사령을 폐지하여 회사 설립을 신고제로 전환하였다(1920).

바로잡기 ② 1890년대에 실시된 황해도와 함경도 방곡령이 대표적이다. ③ 조일 통상 장정은 1883년에 체결되었다. ④, ⑤ 대한 제국에 재정 고문으로 파견된 메가타는 1904년 백동화 등 구화폐를 일본 제일 은행권으로 교환하는 화폐 정리 사업을 실시하였다.

031

일본군의 만주 침략은 1931년, 일본군의 하와이 진주만 기습 공격은 1941년에 일어났다. 일제는 1937년 중일 전쟁을 일으켜 침략 전쟁을 확대하였다.

바로잡기 ①, ③ 1895년, ④ 1918년, ⑤ 1905년의 사실이다.

032

궁성 요배와 일본식 성명 강요는 모두 일제가 1930년대 후반 본격적으로 추진한 민족 말살 통치의 대표적인 사례이다. 일제는 이를 통해 한국인의 민족의식을 말살하여 한국인을 침략 전쟁에 동원하려 하였다.

바로잡기 ① 임오군란(1882) 전후 개화파가 온건파와 급진파로 분화하였다. ② 개항 이후 근대 문물 수용이 본격화되었다. ③ 1896년 창립된 독립 협회는 1898년 해산되었다. ④ 치안 유지법은 일제가 1925년에 제정하였다.

033

자료는 일제가 한국인의 민족의식을 말살하기 위해 만든 황국 신민 서사이다. 일제는 만주 사변 이후 침략 전쟁을 확대하면서 한국인을 일왕에게 충성하는 백성으로 동화시키려는 황국 신민화 정책을 강요하였다.

바로잡기 ① 경원선은 1914년에 부설되었다. ② 토지 조사령은 1912년에 제정되었다. ③ 산미 증식 계획은 1920년부터 추진되었다. ⑤ 1910년대 무단 통치 시기의 사실이다.

034

일제는 대공황 이후 서구 열강의 보호 무역으로 원료 수입에 어려움을 겪던 자국 방직업자들에게 원료를 공급하기 위해 한반도 남부 주민들에게 면화 재배를, 북부 지방 주민들에게 양 사육을 강요하는 남면북양 정책을 추진하였다.

035

자료를 통해 1940년대에 이후 북부 지방을 중심으로 공업화가 이루어졌음을 알 수 있다. 1930년대 이후 일제가 병참 기지화 정책을 추진하면서 북부 지방에 금속, 화학 등 군수 산업이 집중적으로 육성되었다. 병참 기지화 정책의 추진 결과, 한국의 산업 구조는 군수 산업 중심으로 개편되고 소비재 산업은 위축되었다. 또한 군수 물자 생산을 위한 중화학 공업 시설이 북부 지방으로 편중되면서 지역 간 산업 불균형이 심화되었다.

바로잡기 ㄴ. 경부선과 경의선은 1900년대에 개통되었다. ㄹ. 전차 등은 1890년대 후반에 수용되었다.

036

징용, 탄광 등의 용어를 통해 자료가 1938년 국가 총동원법 제정 이후의 상황임을 알 수 있다. 중일 전쟁 이후 일제는 많은 한국인을 전쟁에 동원하는 한편 금속을 강제로 공출하였고, 이 시기에 쌀의 배급제를 실시하였다.

바로잡기 ㄷ. 국채 보상 운동은 1907년에 전개되었다. ㄹ. 동양 척식 주식회사는 1908년에 설립되었다.

037

자료는 일제가 1910년에 제정한 회사령이다. 일제는 식민지 경제 체제 구축을 위해 1910년 회사령을 공포하여 회사를 설립할 때 총독의 허가를 받게 하고, 총독의 명령만으로도 회사를 해산할 수 있도록 하였다. 한편 제1차 세계 대전 당시 공업 제품의 수출이 증가하면서 호황을 누리자, 한국에 진출하려는 일본 기업이 늘었다. 이에 조선 총독부는 회사령을 폐지하여 회사 설립을 신고제로 전환하였다(1920).

038

(가)는 조선 총독이다. 조선 총독은 일본 육해군 대장 중에서 임명되었고, 입법·사법·행정권 및 군사권을 장악하였으나 일왕에게 직속되어 일본 의회나 내각의 통제를 거의 받지 않았다.

채점 기준	수준
조선 총독을 쓰고, 관직의 특징을 두 가지 서술한 경우	상
조선 총독을 쓰고, 관직의 특징의 한 가지 서술한 경우	중
조선 총독만 쓴 경우	하

039

자료에서 조선이 군수 물자를 공급하였다는 점, 일본에서 중국 대륙 작전군에게 수송하는 것이 차단당하더라도 조선의 힘으로 보충해야 한다는 점, 군수 공업의 육성에 역점을 두어야 한다는 점을 통해 밑줄 친 ㉠에 해당하는 전쟁은 중일 전쟁임을 알 수 있다.

040

병참 기지화 정책이 추진되면서 한국의 산업 구조는 군수 산업 중심으로 개편되었고 소비재 산업은 위축되었다. 또한 중화학 공업 시설이 북부 지방에 편중되면서 지역 간 산업 불균형이 심화되었다.

채점 기준	수준
병참 기지화 정책을 쓰고, 지역 간 산업 불균형과 소비재 산업 위축을 서술한 경우	상
병참 기지화 정책을 쓰고, 지역 간 산업 불균형과 소비재 산업 위축 중 하나만 서술한 경우	중
병참 기지화 정책만 쓴 경우	하

 1등급 문제 ————————————— ● 13쪽

041 ③   **042** ⑤   **043** ④   **044** ④

041 일제의 무단 통치

> **1등급 자료 분석**   염상섭의 『만세전』
> 1910년대 일제는 교사에게 칼을 차게 하여 위압적 분위기를 조성하였다.
> 소학교 선생님이 사벨(긴 칼)을 차고 교단에 오르는 나라가 있는 것을 보셨습니까? 나는 그런 나라의 백성이외다. …… 이 땅의 소학교 교원의 허리에서 그 장난감 칼을 떼어 놓을 날은 언제일지? 숨이 막힙니다.

자료에서 선생님이 칼을 차고 있다는 내용을 통해 (가)가 1910년대 무단 통치 시기임을 알 수 있다. 일제는 1910년부터 1918년까지 토지 조사 사업을 실시하였다.

바로잡기 ① 『동아일보』는 1920년 창간되었다. ② 오산 학교는 이승훈이 1907년에 설립하였다. ④ 1905년 을사늑약에 따라 대한 제국의 외교권이 박탈되었다. ⑤ 1923년 일제가 일본 상품에 대한 관세를 폐지하였다.

> **선택지 더 보기**
> ⑥ 궁성 요배가 강요되었다. (×)
> ⑦ 치안 유지법이 제정되었다. (×)

042 산미 증식 계획

> **1등급 자료 분석**   한국인 1인당 쌀 소비량의 추이
>
>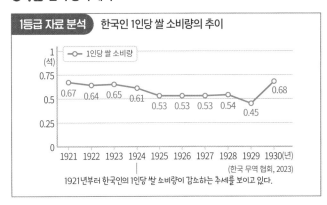
>
> 1921년부터 한국인의 1인당 쌀 소비량이 감소하는 추세를 보이고 있다.

자료를 통해 1920년대 한국인의 1인당 쌀 소비량이 감소하였음을 알 수 있다. 이 시기 일제는 자국의 쌀 부족 문제를 해결하기 위해 산미 증식 계획을 실시하였다. 산미 증식 계획의 결과 쌀 생산량은 계획에 미치지 못하였으나, 유출은 계획대로 진행되어 한국인의 쌀 소비량이 감소하였고 만주산 잡곡 수입이 증가하였다.

바로잡기 ① 경부선은 1905년에 개통되었다. ② 방곡령은 1890년대 쌀 유출을 막기 위해 실시되었다. ③ 일제가 토지 약탈을 목적으로 1908년 동양 척식 주식회사를 설립하였다. ④ 일제는 1904년 대한 제국에 황무지 개간권을 요구하였으나 보안회 등에 의해 저지되었다.

043 일제의 식민지 공업화 정책

> **1등급 자료 분석**   대공황
> ┌ 대공황이라고 한다.
> 미국의 주가가 폭락하면서 시작된 경제 침체가 단기간에 전 세계로 확대되어 광범위한 영향을 끼친 사건을 말한다. 이후 미국은 시장에 대한 정부 규제를 강화하였고, 영국 등은 블록 경제를 형성하여 보호 무역 정책을 추진하였다.
> └ 영국과 프랑스 등 식민지가 많은 나라는 식민지와 본국을 묶는 블록을 형성하여 다른 국가에는 배타적 무역 장벽을 쌓았다.
> 미국은 뉴딜 정책을 실시하였다.

자료는 1929년 발생한 대공황이다. 식민지가 부족했던 일제는 대공황 이후 만주 사변을 일으키는 등 침략 전쟁을 확대하였고, 영국과 프랑스 등의 보호 무역에 따라 원료 수입에 어려움을 겪던 일본 방직업자들을 위해 남면북양 정책을 실시하였다.

바로잡기 ㄱ. 호남선은 1914년에 개통되었다. ㄷ. 일제는 1920년 회사 설립을 신고제로 전환하여 일본 기업의 진출을 용이하게 하였다.

044 국가 총동원법

> **1등급 자료 분석**   국가 총동원법
>
> 제1조 국가 총동원이란 전시에 국방 목적의 달성을 위해 국가의 전력을 가장 유효하게 발휘할 수 있도록 인적·물적 자원을 통제 운용하는 것을 가리킨다.
> 제4조 제국 신민을 징용하여 총동원 업무에 종사하게 할 수 있다.
> 일제는 전쟁에 필요한 인적·물적 자원 수탈을 위해 본국에서 국가 총동원법을 제정하였고, 이를 한국과 타이완 등 식민지에도 적용하였다.

자료는 일제가 1938년 제정한 국가 총동원법이다. 1937년 중일 전쟁을 일으킨 일제는 국가 총동원법을 제정하여 인적·물적 자원을 약탈하고자 하였고, 1941년에는 하와이 진주만을 공격하여 아시아·태평양 전쟁을 일으켰다.

 기출 문제 —————————— ● 15쪽~16쪽

핵심 개념 문제

045 경학사	046 창조파	047 ○	048 ○
049 ㉡	050 ㉢	051 ㉠	052 ㉣	053 ㉡	054 ㉢
055 ㉡	056 ㄱ	057 ㄹ	058 ㄷ	059 ㄴ

| 060 ④ | 061 ② | 062 ② | 063 ⑤ | 064 ⑤ | 065 ④ |
| 066 ⑤ |

060

자료는 1910년대 무단 통치 시기의 상황이다. 이 시기 독립운동가들은 비밀 결사를 조직하거나 국외에 독립운동 기지를 건설하며 일제에 맞섰다.

바로잡기 ㄱ. 1898년 독립 협회가 만민 공동회를 열었다. ㄷ. 1908년 13도 창의군이 서울 진공 작전을 전개하였다.

061

자료에서 고종의 밀명, 국권 반환 요구서 등의 내용을 통해 독립 의군부에 대한 것임을 알 수 있다. 임병찬 등이 결성한 독립 의군부는 복벽주의를 내세워 고종을 복위시키려 하였다.

바로잡기 ① 이재명의 의거이다. ③ 병인양요 전후 위정척사파의 주장, ④ 동학 농민 운동에 대한 조선 정부의 반응, ⑤ 동학 농민군에 해당한다.

062

간민회, 명동 학교, 중광단 등은 북간도에서 전개된 독립운동 사례이다. 중광단은 이후 북로 군정서로 발전하였고 1920년대 초 국외 무장 투쟁을 이끌었다.

바로잡기 ① 미주 지역에서는 대한인 국민회 등이 조직되었다. ③ 서간도 지역에서는 신흥 무관 학교가 설립되었다. ④ 상하이에서는 동제사, 신한 청년당 등이 조직되었다. ⑤ 연해주 지역에서는 권업회 등이 활동하였다.

063

자료는 미주에서 전개된 독립운동에 대한 것이다. 장인환과 전명운의 의거를 계기로 샌프란시스코에서는 대한인 국민회가 결성되었고, 하와이에서는 박용만의 주도로 대조선 국민군단이 결성되었다.

064

미국 대통령 윌슨은 제1차 세계 대전 전후 처리의 원칙 중 하나로 민족 자결주의를 제창하였다. 이러한 국제 정세의 변화 속에서 일본에 유학 중이던 학생들은 민족 자결주의에 입각하여 도쿄에서 독립 선언서를 발표하고 한국의 독립을 주장하였다(2·8 독립 선언, 1919).

바로잡기 ① 대공황은 1929년에 일어났다. ② 워싱턴 회의는 1921년에 개최되었다. ③ 일본은 1931년 만주 사변을 일으켰다. ④ 제2차 세계 대전은 1930년대 후반에 일어났다.

065

(가)는 3·1 운동과 관련된 내용이다. 첫 번째 사진은 1919년 3월 1일의 모습이고, 두 번째 사진은 3·1 운동이 국외로 확산되면서 미국에서 개최된 한인 자유 대회 당시의 모습이다.

바로잡기 ① 신민회는 1907년에 결성되었다. ② 1905년 을사늑약 전후 애국 계몽 운동이 전개되었다. ③ 동학 농민 운동의 결과 전주 화약이 맺어졌다. ⑤ 3·1 운동을 계기로 대한민국 임시 정부가 수립되었다.

066

한성 정부는 1919년 13도 대표에 의해 수립이 선포되었고, 대한민국 임시 정부는 상하이에서 수립되었다. 따라서 (가)에는 대한 국민 의회에 대한 내용이 제시되어야 한다. 연해주의 블라디보스토크에서는 전로 한족회 중앙 총회의 개편으로 대한 국민 의회가 조직되었다.

바로잡기 ①, ②, ③, ④ 대한민국 임시 정부에 대한 설명이다.

실력 기출 문제 —————————— ● 17쪽~20쪽

067 ①	068 ⑤	069 ②	070 ④	071 ⑤	072 ⑤
073 ③	074 ③	075 ②	076 ③	077 ⑤	078 ⑤
079 ⑤	080 ③	081 ②

1등급을 향한 서답형 문제

082 「대동단결 선언」 083 예시답안 대동단결 선언은 주권이 국민에게 있음을 선언하였다. 다만 국내 동포의 주권 행사가 어려운 상황이므로, 해외 독립운동가들이 주권 행사의 권한을 위임받아 임시 정부를 만들 권리와 책임이 있다고 주장하였다.

084 교통국 085 예시답안 교통국은 통신 기관으로, 정보 수집과 분석, 독립운동 자금 모집 등을 담당하였다.

067

자료에서 삼원보, 신흥 무관 학교 설립 등의 내용을 통해 자료가 서간도에서 전개된 독립운동에 대한 것임을 알 수 있다. 신민회의 이회영 등은 서간도 삼원보로 이주하여 자치 기관인 경학사 등을 결성하였다.

바로잡기 ② 블라디보스토크, ③, ④ 북간도, ⑤ 국내에 해당한다.

068

대한 광복군 정부의 부통령이었다는 내용을 통해 (가) 인물이 이동휘임을 알 수 있다. 이동휘는 대한민국 임시 정부에 참여하여 국무총리로 활동하였고, 무장 투쟁을 주장하였다.

바로잡기 ① 최익현, ② 유인석 등, ③ 서재필, ④ 전봉준 등에 해당한다.

1등급 정리 노트 1910년대 국외 독립운동 기지

서간도	• 신민회의 이회영 등 주도 • 경학사 → 부민단 → 서로 군정서 • 신흥 무관 학교 설립
북간도	• 명동 학교, 간민회 설립 • 중광단 → 북로 군정서
연해주	• 신한촌 형성, 한민 학교 설립 • 권업회 결성 → 대한 광복군 정부 수립
상하이	• 동제사 → 신한 청년당 → 대한민국 임시 정부 • 「대동단결 선언」 발표
미주	• 샌프란시스코: 대한인 국민회 결성 • 하와이: 대조선 국민군단

069

제1차 세계 대전 막바지부터 러시아 혁명, 윌슨의 민족 자결주의 제창 등 국제 정세에 변화가 나타났다. 이런 상황을 배경으로 독립운동가들은 한국의 독립 의지를 드러내 열강의 지지를 얻고자 노력하였다. 신한청년당은 김규식을 파리에 파견하였고, 대한인 국민회는 미국 정부를 대상으로 한국 독립 문제에 대한 외교 활동을 전개하였으며, 일본 유학생들은 2·8 독립 선언을 발표하였다.

바로잡기 ㄴ. 1909년, ㄹ. 1907년의 사실이다.

070

1910년대 후반 러시아 혁명에 성공한 레닌이 약소민족의 해방 운동을 지원하겠다고 선언하였고, 미국 대통령 윌슨은 민족 자결주의를 포함한 14개조의 평화 원칙을 제1차 세계 대전의 전후 처리 원칙으로 발표하였다.

바로잡기 ① 1931년, ② 1840~1842년, ③ 1895년, ⑤ 1941년의 사실이다.

071

자료에서 일제의 독살에 의해 (가)가 서거했다는 소문을 시작으로 독립 선언과 만세 시위가 계획되었다는 내용을 통해, 자료는 3·1 운동에 대한 것이고 (가)는 고종임을 알 수 있다. 임병찬 등은 고종의 밀명에 따라 독립 의군부를 결성하였다.

바로잡기 ① 고종은 덕수궁에서 서거하였다. ② 비변사는 조선 중종 때에 설치되었다. ③ 서로 군정서는 서간도에서 결성되었다. ④ 한일 신협약은 순종 때에 체결되었다.

072

민족 대표는 1919년 3월 1일에 종로의 탑골 공원에서 독립 선언을 하기로 하였으나 많은 사람이 참여하여 시위가 과격해질 것을 우려하였다. 이에 태화관에서 독립 선언식을 가졌다.

바로잡기 육영 공원은 조선 정부가 1886년에 설립한 교육 기관이고, 연무 공원은 1888년에 설치된 사관 양성 학교, 독립관은 독립 협회가 모화관을 개조하여 만든 것이다.

073

2019년에 100주년이었다는 점, 민족 대표 등의 내용을 통해 (가) 운동이 3·1 운동임을 알 수 있다. 3·1 운동은 평화적인 만세 시위로 시작하였으나, 일제의 탄압 속에 농촌으로 확산되면서 점차 무력 투쟁으로 발전하였다.

바로잡기 ① 독립 협회는 1896년에 결성되었다. ② 「대동단결 선언」은 1917년에 발표되었다. ④ 제물포 조약은 1882년에 체결되었다. ⑤ 1898년 헌의 6조를 받아들인 고종이 중추원 관제를 개편하였다.

074

1910년으로부터 9년 후에 미국에 대한 독립 만세 소식이 전해졌다는 점에서 밑줄 친 '이 운동'이 1919년에 전개된 3·1 운동임을 알 수 있다. 3·1 운동 당시 유관순 등 여성들이 대거 참여하면서 여성 의식이 높아졌다. 또한 3·1 운동은 중국의 5·4 운동 등 약소민족의 민족 운동에 영향을 주었다.

바로잡기 ㄱ. 군국기무처는 1894년 설치되어 1차 갑오개혁을 주도하였다. ㄹ. 1882년 임오군란의 결과 조·청 상민 수륙 무역 장정이 체결되었다.

075

밑줄 친 이 운동은 3·1 운동이다. 일제는 3·1 운동 당시 제암리 주민들을 학살하는 등 3·1 운동을 무자비하게 탄압하였다. 1910년대 일제는 헌병 경찰제를 바탕으로 무단 통치를 실시하였다.

바로잡기 ① 1944년 이후, ③ 1920년 이후, ④ 1930년대 후반 이후, ⑤ 1925년 이후에 볼 수 있는 모습이다.

076

3·1 운동을 계기로 민족 운동을 지도할 구심점의 필요성이 고조되어 각지에서 임시 정부가 수립되었다. 연해주에서는 대한 국민의회, 상하이에서는 대한민국 임시 정부가, 국내에서는 한성 정부가 수립되었다.

1등급 정리 노트 임시 정부의 수립과 통합

연해주	권업회 → 대한 광복군 정부 → 전로 한족회 중앙 총회 → 대한 국민 의회(1919. 3.) → 이동휘 등 일부가 대한민국 임시 정부에 참여
국내	13도 대표가 한성 정부 수립 선포(1919. 4.) → 통합 임시 정부의 정통성 부여
상하이	동제사 → 신한청년당 → 대한민국 임시 정부 → 임시 정부 통합 (1919. 9.)

077

대한민국 임시 정부는 임시 사료 편찬회를 두고 『한일 관계 사료집』을 간행하였고, 독립 공채를 발행하여 독립운동 자금을 마련

하였다. 또한 여권을 발행하기도 하였다. 따라서 자료는 대한민국 임시 정부의 활동에 대한 것이다.

078

대한민국 임시 정부는 우리 역사상 최초의 민주 공화제 정부로 수립되었으며, 삼권 분립의 원칙에 따라 입법 기관인 임시 의정원, 행정 기관인 국무원, 사법 기관인 법원으로 구성되었다. 임시 의정원은 임시 헌법을 공포하였다.

바로잡기 ③ 중추원은 일제가 한국인의 정치 참여를 선전하기 위해 친일파로 구성하였다. ④ 탁지아문은 1차 갑오개혁의 결과 설치되어 재정 업무를 관할하였다.

079

자료에서 서양 열강의 조계에 첫 번째 청사가 위치하였다는 내용을 통해 밑줄 친 '이 정부'가 대한민국 임시 정부임을 알 수 있다. 각지에서 수립된 임시 정부의 통합으로 결성된 대한민국 임시 정부는 상하이의 프랑스 조계에 위치하였고, 1930년대 이후에는 일제의 탄압을 피해 상하이를 떠나 이동하였다. 대한민국 임시 정부는 국민 주권과 삼권 분립을 내세웠다.

바로잡기 ㄱ, ㄴ. 대한 제국에 해당한다.

080

자료에서 의정원이 있다는 점, 대통령을 면직한다는 내용을 통해 대한민국 임시 정부의 이승만 탄핵에 대한 것임을 알 수 있다. 이 승만은 국제 연맹에 한국의 위임 통치를 요청하였다. 신채호 등은 이를 비판하면서 임시 정부 개편을 요구하였다. 대한민국 임시 정부의 위기 국면을 해결하기 위해 1923년 국민 대표 회의가 열렸다.

바로잡기 ① 이상설, 이준, 이위종에 해당한다. ② 박영효, 서광범, 서재필 등에 해당한다. ④ 신채호 등, ⑤ 고종에 해당한다.

081

첫 번째 주장은 임시 정부를 개조하자는 개조파, 두 번째 주장은 임시 정부를 없애고 새로운 독립운동 단체를 만들자는 창조파의 주장으로, 1923년 국민 대표 회의 때 본격 제기되었다. 따라서 밑줄 친 '회의'는 국민 대표 회의이다. 외교 활동의 성과 미흡, 교통국과 연통제 조직 발각에 따른 임시 정부의 재정난 심화, 사회주의와 민족주의 계열의 갈등 심화를 배경으로 국민 대표 회의가 열렸다.

바로잡기 ② 국민 대표 회의 결렬 이후 대한민국 임시 정부는 1925년 이승만을 탄핵하고 박은식을 새로운 대통령으로 선출하였다.

082

자료는 1917년 상하이에서 발표된 「대동단결 선언」이다. 1917년 신규식, 박은식, 신채호, 조소앙 등은 중국 상하이에서 「대동단결 선언」을 발표하였다.

083

「대동단결 선언」은 주권이 국민에게 있음을 선언하였다. 이 선언에서는 국민 주권론의 입장에서 한국의 주권이 순종으로부터 일반 국민에게 계승되었으며, 국가적 행동을 위한 통일 기관의 수립도 필요하다고 역설하였다.

채점 기준	수준
국민 주권, 임시 정부 수립을 모두 서술한 경우	상
임시 정부 수립만 서술한 경우	중
국민 주권만 서술한 경우	하

084

(가)에 들어갈 조직은 교통국이다. 대한민국 임시 정부는 국내외 항일 세력과 연락하며 활동하기 위해 연통제를 실시하고 교통국을 운영하였다.

085

임시 정부는 이륭 양행 건물에 교통국의 안동(단둥) 지부를 설치하여 정보를 수집·분석하고 독립운동 자금을 모집하였다.

채점 기준	수준
통신 기관, 정보 수집, 독립운동 자금 모집을 모두 서술한 경우	상
통신 기관, 정보 수집, 독립운동 자금 모집 중 두 가지를 서술한 경우	중
통신 기관, 정보 수집, 독립운동 자금 모집 중 한 가지만 서술한 경우	하

 **적중 1등급 문제** ────────────── ● 21쪽

086 ① **087** ④ **088** ② **089** ③

086 대한 광복회의 활동

1등급 자료 분석 박상진의 생애

일제 식민 통치의 핵심 기구였다.
박상진은 법률학을 배운 뒤 평양 법원 판사로 발령받았다. 그러나 그는 조선 총독부의 관리는 되지 않겠다고 사임하고 독립운동에 뛰어들었다.
박상진은 비밀 결사인 [(가)]의 총사령으로 활동하다가 1918년 일제에 체포되어 모진 고문과 옥고를 치렀고, 사형을 선고받아 37세의 나이로 생을 마감하였다. └ 일제의 무단 통치를 피해 1910년대 국내에서는 비밀 결사가 조직되었다.

자료의 (가) 단체는 대한 광복회이다. 박상진 등이 주축이 된 대한 광복회는 친일파 처단 활동을 전개하는 한편, 만주에 무관 학교를 설립하여 독립군을 양성하려 하였다.

바로잡기 ㄷ, ㄹ. 독립 의군부에 해당한다.

087 국외 독립운동 기지 건설

1등급 자료 분석 이상설의 활동

이준, 이상설, 이위종에 해당한다. 이준은 귀국하지 못하였다.
위 자료는 헤이그 특사로 파견되었던 독립운동가의 유언입니다. 그는 서전
이상설이 국외에 설치한 최초의 민족 교육 기관이다.
서숙을 세웠으며, 이 지역에서 결성된 대한 광복군 정부의 정통령으로 활동
이상설이 정통령, 이동휘가 부통령이었다.
하였습니다.

헤이크 특사로 파견되었던 이상설은 북간도에서는 서전서숙을 세
웠고, 연해주의 블라디보스토크에서는 대한 광복군 정부 수립에
참여하였다. 따라서 밑줄 친 '이 지역'은 연해주이다.

바로잡기 ① (가) 상하이, ② (나) 서간도, ③ (다) 북간도, ⑤ (마) 미주의
하와이에 해당한다.

088 2·8 독립 선언의 발표

1등급 자료 분석 2·8 독립 선언

조선 청년 독립단이다. 일본 도쿄 유학생들이 결성하였다.
1. 본 단체는 한일 병합이 우리 민족의 자유의사에서 나온 것이 아니며, 우리
   민족의 생존과 발전을 위협하고 동양의 평화를 어지럽히는 원인이 된다
   는 이유로 독립을 주장한다.
3. 본 단체는 만국 평화 회의의 민족 자결주의를 우리 민족에게도 적용할 것
   을 청구한다. 윌슨의 민족 자결주의에 영향을 받았음을 알 수 있다.
4. 앞의 요구가 실현되지 않을 경우, 우리 민족은 일본에 대하여 영원히 혈
   전(血戰)을 벌일 것을 선언한다.

자료는 1919년 일본 유학생들이 조선 청년 독립단의 이름으로 발
표한 2·8 독립 선언이다. 2·8 독립 선언은 민족 대표 결성 등
3·1 운동에 영향을 끼쳤다.

바로잡기 105인 사건은 1911년, 러시아 혁명은 1917년, 대한 국민 의회 조
직은 3·1 운동 이후, 워싱턴 회의 개최는 1921년, 박은식 대통령 취임은
1925년의 일이다.

089 대한민국 임시 정부의 활동

1등급 자료 분석 대한민국 임시 정부 성립 축하문

1919년에 임시 정부를 세웠음을 의미한다.
10년의 노예 생활을 벗어나 금일에 다시 독립 대한의 국민이 되었다. ……
우리 국민은 다시 이민족의 노예가 아니요, 독립한 민주국의 자유민이라.
…… 2천만 자유민아 일어나 자유의 전쟁을 벌일지어다.
아직 독립하지 않았음을 알 수 있다.

(가) 기관은 대한민국 임시 정부이다. 대한민국 임시 정부는 『독립
신문』을 발행하여 독립운동 소식을 국내외에 전하였고, 1923년에
는 독립운동 방법을 놓고 국민 대표 회의를 개최하였다.

바로잡기 ㄱ. 장인환과 전명운의 스티븐스 사살 사건은 대한인 국민회 결
성에 영향을 끼쳤다. ㄹ. 신민회의 이회영 등은 서간도 삼원보에 신흥 강습
소(이후 신흥 무관 학교)를 설립하였다.

03 민족 운동의 전개와 분화

기본 기출 문제 ——— 23쪽 ~ 24쪽

핵심 개념 문제

090 양세봉   091 김상옥   092 ○ 093 ×
094 × 095 ㉠ 096 ㉢ 097 ㉡ 098 ㉠ 099 ㉡
100 ㉠ 101 ㄷ 102 ㄱ 103 ㄴ

104 ③ 105 ① 106 ① 107 ② 108 ⑤ 109 ②
110 ③

104

자료에서 봉오동 인근에서 일본군을 물리쳤다는 내용을 통해 봉
오동 전투에 대한 것이고, (가) 인물은 홍범도임을 알 수 있다. 홍범
도가 이끄는 대한 독립군은 청산리 대첩 당시 독립군 연합 부대를
구성하였다.

바로잡기 ① 김좌진, ② 을미의병을 일으킨 유인석 등, ④ 이광수, ⑤ 이
인영 등에 해당한다.

105

일제는 1920년 간도 참변을 일으켜 간도의 한인들을 학살하였으
며, 이후 1925년 만주 군벌과 미쓰야 협정을 맺어 독립군을 탄압
하였다. 1921년 자유시로 이동한 독립군은 무장 해제 과정에서 많
은 희생을 겪었다(자유시 참변).

바로잡기 ② 1919년, ③ 1926년, ④ 1930년대, ⑤ 1910년 이전에 해당한다.

106

(가) 독립군 부대는 3부 통합 운동의 결과 조직된 한국 독립군이다.
1931년 일제가 만주 사변을 일으킨 이후 한국 독립군은 북만주에
서 지청천의 지휘 아래 항일 중국군과 연합하여 쌍성보와 대전자
령 등지에서 일본군을 물리쳤다.

바로잡기 ② 동북 항일 연군, ③, ④, ⑤ 조선 혁명군에 해당한다.

107

자료는 1923년 신채호가 김원봉의 요청으로 작성한 「조선 혁명
선언」으로, 의열단은 이를 활동 지침으로 삼았다. 의열단의 김익
상은 1921년 조선 총독부에 폭탄을 투척하였고, 1924년 김지섭은
일본 왕궁에 폭탄을 투척하였다.

바로잡기 ㄴ. 한인 애국단의 이봉창, ㄹ. 한인 애국단의 윤봉길 의거에 해
당한다.

108

일본의 경제적 침투에 맞서 조만식 주도로 전개되었다는 내용 등을 통해 자료에서 설명하는 운동이 물산 장려 운동이고, (가) 도시는 평양임을 알 수 있다. 회사령 폐지에 따른 한국인 자본가들의 회사 설립이 증가하는 상황에서 조선 총독부의 관세 폐지 움직임에 맞서 평양에서 물산 장려 운동이 시작되었다.

109

자료는 민립 대학 성립 기성회의 발기 취지서로 민립 대학 설립 운동과 관련 있다. 이상재와 이승훈 등이 조직한 조선 민립 대학 기성회는 대학 설립을 위한 모금 운동을 펼쳤으나 모금 실적 저조, 일제의 탄압 등으로 큰 성과를 거두지 못하였다.

바로잡기 ㄴ. 『대한매일신보』는 1907년 국채 보상 운동의 확산에 크게 기여하였다. ㄹ. 브나로드 운동은 1930년대 초반부터 전개되었다.

110

자료는 신간회의 강령과 신간회 회원들의 직업 분포를 담고 있다. 신간회는 강령에서 단결을 공고히 한다는 내용을 포함하고 있으며, 농민, 노동자, 상업 종사자뿐만 아니라 교원, 학업, 의사 등 다양한 직업 종사자가 회원으로 참여하였다. 비타협적 민족주의 세력과 사회주의 세력의 연대 결과 조직된 신간회는 일제 강점기 최대 규모의 항일 단체로 성장하였다.

 **기출 문제** ━━━━━━━━ ● 25쪽 ~ 28쪽

111 ④	112 ②	113 ②	114 ②	115 ④	116 ②
117 ①	118 ③	119 ⑤	120 ①	121 ①	122 ⑤
123 ④	124 ③	125 ④	126 ②		

1등급을 향한 서답형 문제

127 미쓰야 협정　**128** 예시답안 만주에서 3부의 활동이 활발해지자 일제는 만주 군벌과 미쓰야 협정을 체결하였다. 이로 인해 만주 지역의 독립운동이 위축되었고, 3부 통합 운동이 전개되었다.　**129** 이광수

130 예시답안 자료는 1920년대에 전개된 자치 운동과 관련 있다. 일제와 타협하려 정치적 권리를 얻으려는 자치 운동은 별다른 성과를 거두지 못한 채 일제의 민족 분열 정책에 이용만 당하였다.

111

자료에서 3·1 운동 소식 등의 내용을 통해 밑줄 친 '무장 투쟁'은 1920년대의 무장 투쟁임을 알 수 있다. 1920년 독립군 연합 부대는 일본군을 봉오동 골짜기로 유인하여 물리쳤다(봉오동 전투).

바로잡기 ① 단발령과 을미사변에 맞서 일어난 을미의병에 해당한다. ② 1907년에 13도 창의군이 결성되었다. ③ 신흥 무관 학교는 1910년대 서간도에서 설립되었다. ⑤ 독립 의군부는 1910년대 복벽주의를 내세우며 활동한 비밀 결사였다.

112

자료는 1920년 백두산 부근에서 전개된 청산리 전투의 일지이다. 훈춘 사건을 구실로 일제가 대규모 부대를 파견하자 독립군 연합 부대는 백두산 방향으로 이동하여 청산리 일대에서 일본군을 크게 물리쳤다.

바로잡기 (가)는 서간도, (다)는 연해주 일대, (라)는 밀산, (마)는 자유시 지역이다.

113

첫 번째 자료는 1920년의 훈춘 사건, 두 번째 자료는 1921년에 일어난 자유시 참변이다. 일제는 훈춘 사건을 구실로 대규모 부대를 파견하였으나 독립군 연합 부대가 청산리 일대에서 격퇴하였다. 이후 러시아 혁명으로 집권한 레닌의 도움을 기대하고 간도 지역의 독립군이 자유시로 이동하였으나 지휘권 분쟁과 러시아 적군의 무장 해제 과정에서 많은 독립군이 희생되었다.

1등급 정리 노트　1920~1921년 독립군 부대의 활동

봉오동 전투 (1920)	독립군 연합 부대가 봉오동에서 일본군 격퇴
훈춘 사건	일제가 만주에 군대를 투입할 구실을 만들기 위해 마적을 매수하여 훈춘의 일본 영사관과 일본인 공격
청산리 대첩	독립군 연합 부대가 일본군을 백두산 방향으로 유인하여 크게 격파
간도 참변	일제가 독립군의 근거지를 없앤다는 구실로 간도 지역의 한인 학살
독립군, 자유시 이동	간도 지역의 독립군이 일본군의 공세를 피해 자유시(스보보드니)로 이동
자유시 참변 (1921)	독립군 부대의 지휘권 분쟁과 러시아 적군의 개입으로 많은 독립군 희생

114

자유시 참변 이후 만주의 독립군은 약화된 전열을 재정비하고 부대의 통합을 시도하여 참의부, 정의부, 신민부의 3부를 수립하였다. 3부는 한인 사회를 관리하는 민정 조직과 무장 투쟁을 이끄는 군정 조직을 갖추었고, 관할 구역의 한인들로부터 세금을 거두어 정부를 운영하는 사실상 공화주의 자치 정부였다.

바로잡기 ㄴ. 1917년 신규식, 박은식, 신채호 등이 중국 상하이에서 『대동단결 선언』을 발표하였다. ㄹ. 대한민국 임시 정부가 교통국과 연통제를 운영하였다.

115

1925년 만주 군벌은 조선 총독부와 한국인 단속에 관한 협정을 맺고 독립군을 탄압하였다. 이 협정을 미쓰야 협정이라고 한다. 이로 인해 독립군은 일본 군경뿐만 아니라 만주 군벌 등의 감시와 탄압을 받게 되었다.

바로잡기 ① 청, ② 일제, ③ 청과 일본, ⑤ 조선과 청에 해당한다.

116

첫 번째 자료에서 조선 혁명군의 총사령이자 영릉가성을 점령했다는 점을 통해 (가)에 들어갈 인물은 양세봉, 두 번째 자료에서 한국 독립군의 일부를 선발로 삼고 대전자령에서 교전하였다는 점을 통해 (나)에 들어갈 인물은 지청천임을 알 수 있다. 조선 혁명군은 영릉가와 흥경성에서, 한국 독립군은 쌍성보와 대전자령 등지에서 일본군을 물리쳤다.

117

자료는 한국 독립군과 중국의 항일 세력이 연합하였음을 보여 준다. 1931년 일제가 만주 사변을 일으켜 만주를 침략하고 이듬해 만주국을 세우자 중국 내에서 일본에 대한 반감이 높아졌고, 그 결과 한중 연합 작전이 전개되었다.

바로잡기 ②, ④ 1894년, ③ 1884년, ⑤ 1907년의 사실이다.

118

(가)는 동북 항일 연군이다. 중국 공산당과 한인 사회주의자들이 결성한 동북 인민 혁명군은 이후 동북 항일 연군으로 발전하였다. 여기에 소속된 한인 유격대원들은 민족주의자와 함께 조국 광복회를 조직하였으며, 1937년 국내에 진공하여 보천보 전투를 벌였다.

바로잡기 ㄱ. 자유시 참변은 1921년에 있었던 사실이다. ㄹ. 한국 독립군의 활동에 해당한다.

119

(가)는 의열단이다. 김원봉, 김익상은 모두 의열단에서 활동한 인물로 김원봉은 의열단의 결성과 활동을 주도하였고, 김익상은 1921년 조선 총독부에 폭탄을 투척하였다. 이 외에도 의열단의 단원인 김상옥은 종로 경찰서에 폭탄을 투척하였다. 하지만 개별 투쟁의 한계를 느낀 의열단은 단원들이 황푸 군관 학교에 입학하여 군사 훈련을 받았고 1930년대에는 조선 혁명 간부 학교를 설립하였다.

바로잡기 ㄱ. 독립 협회, ㄴ. 5적 암살단(자신회)에 해당한다.

120

1932년 일왕 저격을 시도하였으나 실패하였다는 내용을 통해 밑줄 친 '범인'이 한인 애국단 소속의 이봉창임을 알 수 있다. 김구는 대한민국 임시 정부의 침체를 극복하기 위해 한인 애국단을 조직하였다. 1932년 이봉창의 의거와 같은 해에 단원이었던 윤봉길은 1932년 상하이 훙커우 공원 의거를 감행하였다. 이는 중국 국민당이 대한민국 임시 정부를 지원하는 계기가 되었다.

바로잡기 ㄷ, ㄹ. 의열단에 해당한다.

121

1920년에 열린 워싱턴 회의 이후라는 점, 조선인이 교육과 산업 등에 열중하여야 한다는 점을 통해 밑줄 친 ㉠은 실력 양성 운동의 주장임을 알 수 있다. 1920년대 이후 실력 양성 운동의 일환으로 물산 장려 운동과 민립 대학 설립 운동, 농촌 계몽 운동 등이 전개되었다.

바로잡기 ㄷ. 신민회, ㄹ. 보안회의 활동에 해당한다.

122

자료는 1920년대 평양에서 시작되어 확산된 물산 장려 운동 당시의 표어이다. 3·1 운동 이후 조선 총독부가 한국과 일본 사이의 관세를 없애려 하자, 위기의식을 느낀 한국인 자본가들이 민족 산업을 지키고자 물산 장려 운동을 전개하였다.

바로잡기 ① 1883년, ② 1938년의 사실이다. ③, ④ 한일 의정서(1904)에 따라 재정 고문으로 파견된 메가타에 의해 1904년부터 화폐 정리 사업이 시작되었다.

123

자료에서 조선인은 조선인 상점에서 물건을 사고, 조선인의 편익 도모 등의 내용을 통해 (가)에 들어갈 내용은 1920년대 전개된 물산 장려 운동과 관련된 것임을 알 수 있다.

바로잡기 ① 회사령은 1920년에 폐지되었다. ② 국채 보상 운동은 1907년에 전개되었다. ③ 농촌 진흥 운동은 1930년대에 전개되었다. ⑤ 황국 중앙 총상회는 1898년에 해산되었다.

1등급 정리 노트	물산 장려 운동
배경	• 회사령 폐지 → 민족 자본 성장(한국인 회사 증가) • 일부 일본 상품에 대한 관세 철폐 움직임
전개	• 평양에서 조선 물산 장려회 설립(1920) → 전국으로 확산 • 일본 상품 배격, 토산품 애용, 금주·금연 등 • 구호: '내 살림 내 것으로', '조선 사람 조선 것' 등
결과	• 일제의 방해와 탄압 • 토산품 가격 상승 → 사회주의자들의 비판

124

자료는 1929년부터 전개된 문자 보급 운동과 관련된 내용이다. 당시 『조선일보』는 '아는 것이 힘, 배워야 산다'라는 구호를 내세워 한글 교재를 보급하고 전국 순회강연을 개최하였다.

바로잡기 ① 물산 장려 운동, ② 브나로드 운동의 구호이다. ④ 물산 장려 운동 당시 경성 방직 주식회사에서 내세운 광고 문구, ⑤ 민립 대학 설립 운동 당시 모금 운동의 구호이다.

125

(가) 단체는 신간회이다. 신간회는 1929년 광주 학생 항일 운동이 일어나자 광주에 진상 조사단을 파견하며 운동을 지원하였다. 또한 민중 대회를 계획하였으나 일제의 탄압으로 민중 대회는 열리지 못하였고, 집행부 대부분이 구속되는 등 큰 타격을 입었다.

바로잡기 ① 독립 의군부, ② 대한민국 임시 정부, ③ 독립 의군부와 대한 광복회 등에 해당한다. ⑤ 신한청년당의 활동이다.

126

첫 번째 자료는 사회주의 계열의 신간회 해소 주장, 두 번째 자료는 비타협적 민족주의 계열의 신간회 해소 비판 주장이다.

127

자료는 1925년 만주 군벌과 조선 총독부가 체결한 미쓰야 협정이다. 1925년 조선 총독부의 경무 국장 미쓰야는 만주 군벌과 한국인 단속에 관한 협정을 맺었다. 이 협정이 체결된 이후 중국 관헌들은 한국인 독립운동가를 체포하여 일제에 넘겨 주고 포상금을 받았다.

128

미쓰야 협정의 체결로 독립군이 일본 군경뿐만 아니라 만주 군벌의 감시와 탄압을 받게 되면서 만주 지역의 독립운동이 위축되었고, 3부 통합 운동이 전개되었다.

채점 기준	수준
3부의 결성과 활동 위축, 통합 운동을 모두 서술한 경우	상
3부의 결성과 활동 위축, 통합 운동 중 두 가지만 서술한 경우	중
3부의 결성과 활동 위축, 통합 운동 중 한 가지만 서술한 경우	하

129

자료는 이광수가 1924년 『동아일보』에 발표한 「민족적 경륜」이다. 이광수, 최린, 김성수 등은 일제의 '문화 정치'에 기대를 걸면서 조선 의회 설립을 염두에 두고 한국인의 자치권과 참정권을 획득하려는 자치 운동을 전개하였다.

130

일제와 타협하여 정치적 권리를 얻으려는 자치 운동은 별다른 성과를 거두지 못한 채 일제의 민족 분열 정책에 이용만 당하였다.

채점 기준	수준
자치 운동을 제시하고, 내용과 한계를 정확히 서술한 경우	상
자치 운동을 제시하고, 한계만 정확히 서술한 경우	중
자치 운동을 제시하고, 내용만 정확히 서술한 경우	하

적중 1등급 문제 ● 29쪽

131 ② 　132 ② 　133 ⑤ 　134 ④

131 1920년대 중후반 독립군의 활동

┌ 미쓰야 협정의 내용과 관련 있다.
우리 독립군이 만주에서 중국 군경의 손에 살해된 수만도 1백여 명이 넘고, 일본에 인도되어 그들의 손에 살해된 수는 2백여 명이 넘고 있다. ······ 우리 독립군을 총살하고 독립군을 체포해서 일본의 관헌에게 인도하고 양민의 재산을 약탈하는 등 악랄한 행동을 하면 우리는 부득이 자위상 만주에 있는 백만 동지들을 일치 단결시켜 최후의 수단을 쓸 수밖에 다른 도리가 없다.

자료에서 독립군이 만주의 군경에게 다수 살해되었다는 점, 독립군을 체포해서 일본의 관헌에게 인도한다는 점 등의 내용을 통해 1925년 미쓰야 협정 체결 이후 만주의 독립군이 겪은 어려움임을 알 수 있다. 3부의 활동이 활발해지자 일제는 만주 군벌과 미쓰야 협정을 체결하여 독립군을 탄압하였다. 이러한 상황을 극복하기 위해 3부 통합 운동이 전개되었다.

바로잡기 ㄴ. 간도 참변은 1920~1921년에 걸쳐 발생하였다. ㄹ. 신흥 무관 학교는 1910년대에 설립되었다.

132 1923년의 상황

의열단의 김상옥이다. ┐　　　　　　　┌ 권총의 한 종류이다.
○○○은/는 작년 12월 상순경에 육혈포 몇 자루와 폭발탄 몇 개를 가지고 압록강의 얼음을 타고 국경을 건너 몇 십리를 걸었고, 평안북도 경의선 모 정거장에서 차를 타고 오다가 경의선 일산역에서 내려 걸어서 경성까지 들어왔다 하며 ······ 올해 1월 12일 저녁 종로 경찰서에 폭발탄이 터진 이후로 ······ 즉시 각 경찰서 정복 순사 1천여 명을 풀어 ······ 그는 숨이 끊어진 후에도 육혈포에 건 손가락을 쥐고 펴지 아니하며 손가락으로 쏘는 시늉을 하였다.
　　　　　　　　　└ 김상옥의 의거 대상이었다.

자료는 김상옥의 의거와 관련 있다. 의열단원 김상옥은 1923년 국내에 잠입하여 종로 경찰서를 대상으로 의거를 감행하였다. 의열단은 일제의 주요 인물이나 친일파 처단, 식민 통치 기구의 파괴 등에 앞장섰다. 같은 해 민립 대학 설립 기성회가 결성되었다.

바로잡기 ① 1932년 윤봉길이 상하이 훙커우 공원에서 의거를 감행하였다. ③ 1915년 국내에서 박상진을 주축으로 대한 광복회가 조직되었다. ④ 1930년대 한국 독립군이 쌍성보 전투, 대전자령 전투 등에서 승리를 거두었다. ⑤ 의열단은 1930년대 중국 국민당 정부의 지원을 받아 조선 혁명 간부 학교를 설립하여 독립군을 양성하였다.

133 물산 장려 운동

1등급 자료 분석 사회주의 세력의 물산 장려 운동 비판

┌ 노동자들은 이미 우리 물산을 사용하였음을 의미한다.
└ 실상을 말하면, 노동자에게는 이제 새삼스럽게 이 운동을 말할 필요가 없는 것이다. 그들은 벌써 오랜 옛날부터 이 운동에 참여하여 왔다. 그들은 자본가 중산 계급이 양복이나 비단 옷을 입는 대신 무명과 베옷을 입었고, …… 저들 자본가, 중산 계급은 민족적·애국적 하는 감상적인 말로써 눈물을 흘리며 저들과 이해가 전혀 상반한 노동 계급의 후원을 갈구하는 것이다. 그러나 노동자에게 있어서는 저들도 외래 자본가와 조금도 다를 것이 없다.
└ 물산 장려 운동을 비판하고 있다.

밑줄 친 '이 운동'은 물산 장려 운동이다. 평양에서 본격적으로 시작된 물산 장려 운동은 전국으로 확산되었다. 당시 조선 물산 장려회는 '내 살림 내 것으로', '조선 사람 조선 것' 등의 구호를 내걸었다.

바로잡기 ㄱ. 『대한매일신보』는 국채 보상 운동을 지원하였다. ㄴ. 민립 대학 설립 운동을 무마하기 위해 일제는 경성 제국 대학을 설립하였다.

선택지 더 보기

| ㅁ. '조선 사람 조선 것'이라는 구호를 내세웠다. | (○) |
| ㅂ. 일제와 타협해 한국인의 참정권을 얻고자 하였다. | (×) |

134 신간회의 활동

1등급 자료 분석 신간회 해소론

민족 협동 전선
 (가) 의 유일 생명이요 표방하는 것은 민족의 총역량을 집중한다는 것이다. 그러나 …… 조선에서 유력한 단체와 인물을 다 망라하지 못하였을 뿐 아니라 실제에 있어서 하등의 투쟁이 없고 다만 종이로 미지근한 선전이나 하고 …… 차라리 하루라도 조속히 해소하여 농민층은 농민 운동, 노동자층은 노동 운동, 기타 각 부분은 부분 운동으로 적극적 진출하고 …… 우리의 최고 이상과 최대 목적을 도달하게 하는 것이 조선의 정세에서 당연하다고 생각한다. 신간회 해소 당시 사회주의 세력은 '해소'를 해체가 아니라 다른 형태의 운동으로 전환하는 의미로 사용하였다.

자료는 신간회의 해소를 요구하는 사회주의 계열의 주장이다. 1927년 결성된 신간회는 전국을 순회하며 강연회와 연설회를 열어 민중을 계몽하고, 농민·노동 운동 등을 지원하였으며, 광주 학생 항일 운동 당시 진상 조사단을 파견하기도 하였다.

바로잡기 ① 1919년 강우규가 개인 의열 투쟁을 벌였다. ② 1926년 천도교와 사회주의 계열, 학생 단체 등이 6·10 만세 운동을 계획하였다. ③ 조선 혁명군, ⑤ 천도교에 해당한다.

기본 기출 문제 ━━━━━━ ● 31쪽 ~ 32쪽

핵심 개념 문제

135 백정	136 광주 학생 항일 운동		137 조선어 학회
138 ○	139 ○	140 ○	141 ㉢	142 ㉡	143 ㉠
144 ㉠	145 ㉣	146 ㄴ	147 ㄱ	148 ㄷ

| 149 ④ | 150 ⑤ | 151 ③ | 152 ③ | 153 ② | 154 ③ |

149

1937년 중일 전쟁이 일어나자 소련의 스탈린은 연해주의 한인들이 일본과 손잡을 것을 우려하여 중앙아시아로 강제 이주시켰다. 이 과정에서 많은 한인이 희생되었다.

150

자료를 통해 일제 강점기 여성에 대한 차별이 잔존하였음을 알 수 있다. 이러한 차별에 맞서 1927년 민족주의와 사회주의 계열의 여성 단체가 통합하여 근우회가 결성되었다. 근우회는 여성 권익 향상을 위해 노력하였다.

바로잡기 ① 1898년, ② 1886년, ③ 1894년, ④ 1923년의 사실이다.

151

조선 시대 천인 신분이었던 백정은 갑오개혁으로 신분제가 폐지되었지만, 차별이 잔존하는 현실 속에서 많은 불이익을 받았다. 이러한 상황을 배경으로 1923년 백정들은 진주에서 조선 형평사를 창립하고 형평 운동을 전개하였다.

바로잡기 ① 1차 갑오개혁, ② 1898년, ④ 1895년 을미의병의 상황이다. ⑤ 『대한 자강회 월보』는 1906~1907년에 간행되었다.

152

자료를 통해 1920년대 이후 소작 쟁의와 노동 쟁의가 크게 증가하였음을 알 수 있다. 일제 강점기에 많은 농민이 소작농으로 전락하였고, 노동자들은 열악한 작업 환경과 노동 조건 속에서 노동에 시달렸다. 이에 1920년대 농민은 생존권 수호를 위해 농민 조합 등을 만들어 농민 운동을 전개하였다. 특히 사회주의 운동의 영향으로 농민 조합이 활발히 조직되면서 1920년대 후반에는 농민 운동이 적극적으로 전개되었다. 노동자 역시 사회주의 사상이 확산되면서 계급 의식과 민족의식이 높아진 가운데, 노동 쟁의 발생 건수와 참여 노동자의 수가 크게 늘었다.

바로잡기 ① 1905년, ②, ④ 1910년, ⑤ 1904년의 사실이다.

153

자료에서 광주, 1929년 등의 내용을 통해 밑줄 친 '이 운동'이 광주 학생 항일 운동임을 알 수 있다. 한일 학생 충돌과 이에 대한

일제의 편파적인 대처에 대한 반발로 시작된 광주 학생들의 시위는 신간회 등의 지원 아래 전국으로 확대되었다.

바로잡기 ㄴ, ㄹ. 1926년의 6·10 만세 운동에 해당한다. 대규모 만세 시위를 계획하던 천도교와 조선 공산당은 일제에 의해 검거되었다.

154

제2의 독립 선언 계획, 방정환 등이 소년 운동 주도 등의 내용을 통해 자료의 활동을 전개한 종교가 천도교임을 알 수 있다. 방정환은 천도교 소년회를 조직하고 소년 운동을 전개하였으며, 천도교는 3·1 운동 당시 주도적인 역할을 하였고, 제2의 독립 선언 운동을 계획하였다. 또한 『개벽』, 『신여성』 등 잡지를 발행하였다.

 **기출 문제** ──────────── ● 33쪽 ~ 36쪽

155 ② **156** ④ **157** ③ **158** ⑤ **159** ④ **160** ④
161 ⑤ **162** ④ **163** ④ **164** ④ **165** ① **166** ③
167 ⑤ **168** ④ **169** ④ **170** ④

1등급을 향한 서답형 문제

171 근우회 **172** 예시 답안 민족주의와 사회주의 여성 단체의 통합으로 결성된 근우회는 기관지로 『근우』를 발행하였고, 강연회·야학 등의 활동에 나섰으며, 여성 지위와 권리 향상을 위해 노력하였다.

173 (가) 박은식, (나) 신채호 **174** 예시 답안 일제의 식민 사관과 한국사 왜곡에 맞서 민족주의 사학을 정립하였다. 이들은 역사를 통해 민족 정신을 바로 세우면 독립을 이룰 수 있다는 신념을 가지고 민족사를 연구하였다.

155

자료에서 백화점이 대거 위치하고 있고 청계천 아래 위치한 점에서 (가) 지역이 일제 강점기 경성(서울)에서 일본인들이 대거 거주하였던 남촌임을 알 수 있다. 남촌은 관공서, 은행, 백화점 등이 집중되어 있어 경성의 중심지로 발전하였다.

바로잡기 ① 도시 변두리에는 극빈자가 거주하는 토막촌이 형성되었다. ④ 한국인들이 주로 거주하던 북촌은 남촌에 비해 기반 시설이 열악하였다. ⑤ 관동 대지진 당시 많은 재일 한국인이 일본인들에게 학살되었다.

156

자료는 도시 빈민인 토막민과 관련된 내용이다. 일제의 경제 정책으로 식민지 지주제가 강화되면서 토지는 소수의 지주에게 집중되었고, 소작농은 크게 늘었다. 농민은 높은 소작료, 각종 세금, 수리 조합비 등을 지불하면서 생활의 어려움을 겪었다. 결국 많은 농민이 화전민·토막민으로 전락하였고 해외로 이주하기도 하였다.

바로잡기 ① 보안회는 1904년에 결성되어 일제의 황무지 개간권 요구를 철회시켰다. ② 1894년 동학 농민 운동 당시 동학 농민군이 폐정 개혁안을

제시하였다. ③ 국채 보상 운동은 1907년 국채를 갚기 위해 전개되었다. ⑤ 1882년 임오군란 이후 조·청 상민 수륙 무역 장정이 체결되었다.

157

자료는 일제 강점기에 발행된 잡지인 『신여성』과 『삼천리』이다. 이들 잡지는 새로운 대중문화 소개와 보급에 기여하였다. 한편 일제 강점기에는 서양 문물 소비에 앞장서는 모던 걸과 모던 보이 등이 등장하였고, 한복에 모자를 쓰거나 기존 음식에 화학조미료를 넣는 등 의복과 음식에도 변화가 나타났다. 또한 영화 『아리랑』이 유행하는 등 대중문화도 발달하였다.

바로잡기 ③ 『제국신문』은 1898년에 창간되었다가 1910년 폐간되었다.

158

자료에서 민족주의와 사회주의 계열 여성 단체의 통합, 조선 여자의 공고한 단결과 지위 향상 등을 통해 근우회에 대한 내용임을 알 수 있다. 신간회의 결성을 계기로 1927년 창립된 근우회는 '조선 여자의 공고한 단결을 도모함.', '조선 여자의 지위 향상을 도모함.' 등을 강령으로 내세웠다. 근우회는 기관지 『근우』를 발간하고 강연회, 야학 등을 통해 여성 계몽에 힘쓰는 한편, 여성의 지위와 권리 향상을 위해 노력하였다.

바로잡기 ① 1898년, ② 1907년의 사실이다. ③ 『대한매일신보』는 1910년 『매일신보』가 되어 총독부 기관지로 바뀌었다. ④ 1895년에 해당한다.

159

자료에서 어린이를 훌륭한 한 사람으로 존중해야 한다고 설명하는 점, 잡지 『어린이』가 제시된 점을 통해 자료는 일제 강점기 소년 운동을 주도한 방정환에 대한 것임을 알 수 있다. 방정환은 '어린이'라는 용어를 보급하고 천도교 소년회를 결성하는 등 소년 운동을 이끌었다.

160

자료의 공평 등의 내용을 통해 형평 운동을 이끈 조선 형평사의 창립 취지문임을 알 수 있다. 1923년 진주에서 결성된 조선 형평사는 형평 운동을 전개하며 백정에 대한 사회적 차별을 폐지하고자 노력하였다. 이들은 다른 사회 운동 단체와 연대하며 세력을 확대하고 반일 운동을 전개하기도 하였다.

바로잡기 ① 독립 의군부 등에 해당한다. ② 독립 협회와 대한민국 임시 정부가 『독립신문』을 발행하였다. ③ 13도 창의군에 해당한다. ⑤ 1923년 국민 대표 회의 이후 대한민국 임시 정부에 해당한다.

1등급 정리 노트	**형평 운동**
배경	호적에 도한으로 표시, 자녀의 학교 입학 거부 등 백정에 대한 사회적 차별 잔존
활동	• 진주에서 백정 이학찬 등 주도로 조선 형평사 결성 → 전국으로 운동 확산 • 백정에 대한 사회적 차별 철폐·권리 보장 주장

161

자료는 지주 문재철이 소작인회의 소작료 인하 요구를 승낙하였다는 내용의 신문 기사이다. 암태도의 농민들이 지주 문재철에 맞서 1923년부터 1년여에 걸친 소작 쟁의를 벌여 소작료 인하 등의 성과를 거두었다(암태도 소작 쟁의). **바로잡기** ①, ③ 일본으로 쌀이 반출되던 항구 도시이다. ② 철도 부설로 성장한 도시이다. ④ 일제 강점기의 대표적인 공업 도시이다.

162

1929년에 원산 지역의 노동자들이 일으킨 대표적인 노동 쟁의라는 점에서 (가) 사건이 원산 총파업임을 알 수 있다. 1929년 원산의 한 석유 회사에서 벌어진 한국인 노동자 구타 사건을 계기로 일어난 원산 총파업은 국내외 노동 단체들의 지원을 받으면서 이어졌으나 결국 진압되었다. **바로잡기** ㄱ. 헌병 경찰제는 1910년대에 시행되었다. ㄷ. 조선 노동 총동맹은 1927년에 결성되었다.

163

자료는 농민과 노동자의 생활이 어려워지면서 소작 쟁의와 노동 쟁의가 격화되었다는 내용이다. 따라서 (가)에는 이와 관련 있는 구호가 들어가야 한다. 1929년에 대공황 발생 이후 농민 운동과 노동 운동이 격화되었다. 1920년대에는 소작료 인하, 임금 인상 등 생존권 투쟁의 성격이 강하였으나 점차 토지 분배, 일본 제국주의 타도, 노동자·농민 정부 수립 등을 요구하게 되었으며 혁명적 농민·노동 조합이 결성되기도 하였다. **바로잡기** ㄱ. 1894년 1차 갑오개혁으로 공사 노비제와 신분제가 폐지되었다. ㄷ. 조선 광업령은 1915년에 제정되었다.

164

자료에서 순종의 장례식날 만세 시위가 일어났다는 점에서 1926년의 6·10 만세 운동임을 알 수 있다. 6·10 만세 운동 준비 과정에서 민족주의와 사회주의 세력이 연대하였고, 학생들 역시 민족 운동가들의 단결을 요구하였다. 이후 민족 협동 전선에 대한 관심이 높아졌다. **바로잡기** ① 광주 학생 항일 운동, ② 국채 보상 운동 등에 해당한다. ③ 1919년의 2·8 독립 선언은 3·1 운동에 영향을 끼쳤다. ⑤ 3·1 운동에 해당한다.

165

1929년 광주에서 일어난 학생 시위는 광주 학생 항일 운동이다. 광주 학생 항일 운동은 신간회 등의 지원 속에 노동자와 시민들까지 가세하면서 전국으로 확대되었다. **바로잡기** ② 3·1 운동이다. ③ 민족 말살 통치는 1930년대 후반 이후 추

진되었다. ④ 대한 광복군 정부는 1915년 연해주에서 결성되었다. ⑤ 조선 청년 총동맹은 1924년에 결성되었다.

166

자료에서 '종교, 역사, 말과 글, 풍속 등에 불멸의 국혼이 있다면'이라고 설명한 점을 통해 박은식의 주장임을 알 수 있다. 박은식은 '조선 국혼'을 강조하면서 『한국통사』, 『한국독립운동지혈사』를 저술하여 일제의 침략과 민족의 독립운동사를 정리하였다. 박은식, 신채호 등 민족주의 사학자들은 역사를 통해 민족정신을 바로 세우면 독립을 이룰 수 있다는 신념을 토대로 민족사를 연구하였다.

167

『조선사회경제사』는 일제 강점기 대표적인 사회 경제 사학자인 백남운의 저술이다. 백남운은 마르크스의 유물 사관에 근거하여 사회 경제 사학을 연구하였다. 그는 『조선사회경제사』에서 한국사도 세계사의 보편적인 발전 법칙에 따라 발전하였다고 주장하면서, 식민 사관의 정체성론을 극복하고자 하였다. **바로잡기** ①, ②, ④ 신채호에 해당한다. ③ 식민 사관의 주요 주장이다. 일제는 타율성론, 정체성론, 당파성론 등 식민 사관을 통해 식민 지배를 정당화하려 하였다.

1등급 정리 노트	일제 강점기 역사 연구
민족주의 사학	• 한국사의 독자성과 주체성 및 민족정신 강조 • 박은식: 국혼 강조, 『한국통사』·『한국독립운동지혈사』 저술 • 신채호: 고대사 연구에 주력 → 『조선상고사』·『조선사연구초』 저술 • 정인보 등이 조선학 운동 전개
사회 경제 사학	• 마르크스의 유물 사관 수용 → 한국사의 보편성 중시 • 백남운: 『조선사회경제사』 저술 → 정체성론 반박
실증 사학	• 문헌 고증을 통한 객관적 역사 서술 추구 • 진단 학회 결성 → 『진단 학보』 발행

168

조선어 사전을 준비한다는 점을 통해 (가) 단체가 조선어 학회임을 알 수 있다. 조선어 학회는 한글 강습 교재를 만들어 문맹 퇴치 운동에 적극적으로 참여하고, 『조선말 큰사전』 편찬 사업을 추진하였으나, 1942년 회원들이 치안 유지법 위반 혐의로 검거되었다. 이를 조선어 학회 사건이라고 한다. **바로잡기** ㄱ. 주시경이 1909년 『국어문법』을 간행하였다. ㄷ. 『황성신문』은 1898년부터 1910년까지 발행된 국한문 혼용 신문이다.

169

나철은 대종교를, 박중빈은 원불교를 창시하였다. 따라서 (가)와 (나)에는 각각 대종교와 원불교에 대한 내용이 들어가야 한다. 대종교는 총본사를 간도로 이전한 후 중광단을 창설하는 등 무장 투쟁에 앞장섰다. 원불교는 허례 폐지, 근검절약 등을 주장하며 '새 생활 운동'을 전개하였다.

170

밑줄 친 '그'는 전형필이다. 전형필은 자신의 재산으로 문화유산을 수집하여 국외 반출 위기의 문화유산을 지켜냈다. 이후 그는 보화각(현 간송 미술관)을 세워 문화유산을 보호하고 연구하였다.

바로잡기 ① 일제 강점기의 민족 시인, ② 천도교의 지도자, ③ 민족주의 사학자, ⑤ 개신교 목사에 해당하는 인물이다.

171

자료는 1927년 결성된 근우회의 강령이다. 1927년 신간회의 결성을 계기로 민족주의 계열과 사회주의 계열의 여성 단체들도 통합하여 근우회를 창립하였다. 근우회는 '조선 여자의 공고한 단결을 도모함.', '조선 여자의 지위 향상을 도모함.' 등을 강령으로 내세웠다.

172

민족주의와 사회주의 여성 단체의 통합으로 결성된 근우회는 기관지로 『근우』를 발행하였고, 강연회·야학 등의 활동에 나섰으며, 여성 지위와 권리 향상을 위해 노력하였다.

채점 기준	수준
여성 단체의 통합과 근우회의 활동 두 가지를 모두 서술한 경우	상
여성 단체의 통합과 근우회의 한 가지 활동만 서술한 경우	중
근우회의 활동 중 한 가지만 서술한 경우	하

173

(가)는 박은식, (나)는 신채호이다. 박은식과 신채호는 대표적인 민족주의 사학자이다.

174

박은식, 신채호는 민족주의 사학을 정립하였다. 박은식은 일제의 침략과 민족의 독립운동사를 정리하였고, 신채호는 민족 중심의 자주적 역사관 수립의 필요성을 강조하였다.

채점 기준	수준
민족주의 사학 정립을 바탕으로 공통점을 정확하게 서술한 경우	상
민족주의 사학을 쓰지 않고 공통점을 서술한 경우	중
민족주의 사학자라고만 쓴 경우	하

175 ③ **176** ④ **177** ⑤ **178** ③

175 일제 강점기의 사회

1등급 자료 분석 **모던 걸과 모던 보이**

최근 경성부를 중심으로 단발머리와 서양식 〔일제는 강점 후 한성부를 경성부로 고쳤다.〕 옷 등으로 한껏 치장하고 쇼핑과 외식을 즐기는 모던 걸과 모던 보이가 늘고 있다. 이 〔서구 문화 수용에 앞장선 젊은층을 지칭한다.〕에 대해 중장년층은 못된 걸, 못된 보이라며 비판을 하기도 한다.

모던 걸과 모던 보이는 일제 강점기 서구 문물 수용에 앞장선 젊은이들을 의미한다. 이 시기에는 나운규의 영화 『아리랑』이 인기를 끄는 등 대중문화가 유행하였다. 한편 도시에는 빈민들이 몰려들었는데, 이들을 토막민이라고 하였다.

바로잡기 ㄱ. 『대한매일신보』는 1904년에 창간되었다. ㄹ. 대한 제국은 1910년 멸망하였다.

176 천도교의 활동

1등급 자료 분석 **6·10 만세 운동과 천도교**

〔1926년 순종의 서거를 의미한다.〕 대한 제국의 마지막 황제가 서거하자 조선 공산당 등 사회주의 계열과 (가) , 학생 단체 등이 대규모 만세 시위를 준비하였다. 그러나 7년 전 〔1919년 3·1운동을 의미한다.〕 만세 시위를 경험한 일제는 철저히 대비하고 있었고, 결국 사회주의자와 (가) 의 간부들이 일제에 검거되고 말았다. 그렇지만 학생들은 장례식 당일 경찰의 삼엄한 경비 속에서도 서울 시내 곳곳에서 격문을 뿌리고 독립 만세를 외쳤다. 〔6·10 만세 운동〕

순종이 서거하자 천도교는 조선 공산당 등 사회주의 계열과 연대하여 만세 시위를 계획하였다. 따라서 (가) 종교는 천도교이다. 천도교는 청년·여성·소년 운동에 앞장섰으며, 잡지 『개벽』을 발간하였다.

바로잡기 ① 천주교, ② 대종교에 해당한다. ③ 백정이 사회적 차별 철폐를 주장하며 1923년 진주에서 조선 형평사를 창립하였다. ⑤ 신민회에 해당한다.

177 조선어 학회 사건

1등급 자료 분석 **조선어 학회 사건(1942)**

〔민족 말살 통치 시기 일제는 한국어 사용을 금지하였다.〕 함흥 영생 여자 고등 보통학교 학생들이 기차를 타고 집으로 돌아가는 길에 우리말로 대화를 나누었다는 이유로 경찰에 연행되었다. 취조 결과 경찰은 학생들에게 영향을 미친 사람이 우리말 사전을 편찬하고 있던 정태진임을 알게 되었고, 일제는 이를 빌미로 학회 회원과 〔관련 인사들을 검거하였다.〕 이들 중 일부는 치안 유지법 위반으로 징역형을 〔선고받았고,〕 일부는 혹독한 고문을 견디지 못하고 옥사하였다. 〔조선어 학회는 『조선말 큰사전』 편찬 사업을 추진하였다.〕

자료는 1942년에 발생한 조선어 학회 사건에 대한 내용이다. 조선어 연구회는 국문 연구소의 후신으로 조직되었다. 조선어 연구회는 이후 조선어 학회로 발전하였다(1931). 조선어 학회는 '한글 맞춤법 통일안'과 '표준어 및 외래어 표기법 통일안'을 제정하는 등 한글의 표준화에 기여하였다. 또한 한글 강습 교재를 만들어 문맹 퇴치 운동에 적극적으로 참여하였고, 『조선말 큰사전』 편찬 사업을 추진하였다.

바로잡기 고종 서거는 1919년, 광주 학생 항일 운동은 1929년, 만주 사변은 1931년, 중일 전쟁은 1937년에 일어났다. 국가 총동원법은 1938년에 제정되었고, 일본은 1945년 항복하였다.

178 신채호의 활동

1등급 자료 분석 『조선상고사』

무엇을 아(나)라 하고, 무엇을 비아(남)라 하는가? 조선 사람은 조선을 '아'라 하고, 영국, 미국, 프랑스, 러시아 등을 '비아'라 하지만, 그들은 각기 제 나라를 '아'라 하고, 조선을 '비아'라 하며, …… 역사는 '아'와 '비아'의 투쟁인 것이다.

신채호가 쓴 『조선상고사』의 일부이다. 여기서 신채호는 역사를 '아'와 '비아'의 투쟁으로 파악하였다.

자료는 신채호가 쓴 『조선상고사』의 일부이다. 이승만의 국제 연맹 위임 통치 요청을 비판하던 신채호는 1923년 열린 국민 대표 회의에서 창조파로 활동하였다.

바로잡기 ① 백남운, ② 정인보 등, ④ 이승만, 박은식 등, ⑤ 손진태 등에 해당한다.

선택지 더 보기

⑥ 명동 학교를 설립하였다.	(×)
⑦ 「독사신론」을 발표하였다.	(○)
⑧ 「조선 혁명 선언」을 집필하였다.	(○)

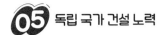

05 독립 국가 건설 노력

 기출 문제 ─────────── ● 39쪽

핵심 개념 문제

179 민족 혁명당	**180** 조선 의용대	**181** 충칭
182 삼균주의	**183** ×	**184** ×	**185** ×	**186** ㉢
187 ㉠	**188** ㉤	**189** ㉣	**190** ㄴ	**191** ㄱ
192 ③	**193** ④			

192

자료에서 미얀마와 인도 전선으로 대원이 파견되었다는 점 등을 통해 한국 광복군에 대한 것임을 알 수 있다. 한국 광복군은 1941년 대한민국 임시 정부가 대일 선전 성명서를 발표한 후 연합국의 일원으로 제2차 세계 대전에 참전하였고, 영국군의 요청으로 미얀마 · 인도 전선에 대원을 파견하였다.

바로잡기 ①, ② 조선 의용대 화북 지대와 관련된 내용이다. ④ 1907년 13도 창의군이 결성되었다. ⑤ 1931년 만주 사변 이후 한중 연합 작전이 전개되었다.

193

자료는 1943년에 열린 카이로 회담과 관련 있다. 카이로 회담 이후 발표된 카이로 선언에서 일본을 점령 지역에서 몰아내고 한국을 적절한 시기에 독립시킬 것을 결의하였다.

바로잡기 ㄱ. 얄타 회담에서 소련의 대일전 참전이 결정되었다. ㄷ. 포츠담 선언에 대한 설명이다.

 기출 문제 ─────────── ● 40쪽 ~ 42쪽

194 ①	**195** ⑤	**196** ⑤	**197** ③	**198** ②	**199** ⑤
200 ①	**201** ⑤	**202** ④	**203** ⑤	**204** ③	**205** ③

1등급을 향한 서답형 문제

206 삼균 **207** **예시 답안** 대한민국 임시 정부는 건국 강령을 통해 보통 선거에 기초한 민주 공화국의 건설을 표방하였고, 사회 · 경제적으로 균등한 사회를 지향하였다.

194

자료에서 1935년 난징에서 독립운동 세력 결집의 결과 결성되었다는 점을 통해 (가)는 민족 혁명당임을 알 수 있다. 의열단이 민족 혁명당의 당권을 장악하자 지청천, 조소앙 등 민족주의 계열의 일부 인사가 이탈하여 대한민국 임시 정부에 합류하였다.

② 한국 국민당 등, ③ 3부, ④ 조선 공산당 등, ⑤ 조선 혁명당과 한국 독립당에 해당한다.

195

자료에서 우한, 조선 민족 전선 연맹 등의 내용을 통해 (가) 독립군 부대가 조선 의용대임을 알 수 있다. 조선 의용대의 일부 병력은 화북으로 이동하였고, 남은 병력은 한국 광복군에 합류하였다.

① 독립 의군부가 대표적이다. ② 동북 항일 연군, ③ 한국 독립군에 해당한다. ④ 1910년대 연해주에서 결성된 대한 광복군 정부가 대표적이다.

1등급 정리 노트	조선 의용대
창설	중일 전쟁 발발 후 김원봉 등이 중국 국민당의 지원을 받아 조선 민족 전선 연맹 산하의 군사 조직으로 결성
주요 활동	정보 수집, 포로 심문 등 후방 공작 활동
변화	• 일부가 화북으로 이동 → 조선 의용대 화북 지대 → 조선 의용군 • 일부가 김원봉과 함께 한국 광복군에 합류(1942)

196

중일 전쟁 발발의 결과 결성되었다는 점, 항일 세력을 통합하고자 하였다는 점, 김구의 한국 독립당이 중심이 되었다는 점을 통해 (가)는 1937년 결성된 한국 광복 운동 단체 연합회임을 알 수 있다. 또한 김원봉이 이끄는 민족 혁명당을 중심으로 결성되었다는 점을 통해 (나)는 조선 민족 전선 연맹임을 알 수 있다.

197

상하이에서 출발하여 충칭에 도착하였다는 점을 통해 (가) 단체가 대한민국 임시 정부임을 알 수 있다. 대한민국 임시 정부는 1940년 한국 광복군을 창설하였고, 1941년 삼균주의에 기초한 건국 강령을 발표하였다.

ㄱ. 조선 의용대 화북 지대, ㄹ. 조선 공산당과 천도교 등에 해당한다.

198

자료에서 1942년 조선 의용대의 잔여 세력을 이끌고 한국 광복군에 합류하였다는 점을 통해 (가) 인물은 김원봉임을 알 수 있다. 김원봉은 1919년 의열단을 결성하였으며, 1935년 민족 혁명당을 결성하였다.

ㄴ. 1923년 김원봉의 요청을 받은 신채호가 「조선 혁명 선언」을 집필하였다. 의열단은 이를 활동 지침으로 삼았다. ㄹ. 한인 애국단의 윤봉길이 1932년 상하이 훙커우 공원에서 의거를 감행하였다. 이는 중국 국민당이 대한민국 임시 정부를 지원하는 계기가 되었다.

199

광복 직전 옌안에서 항일 운동을 한 단체라는 점을 통해 (가)는 조선 독립 동맹임을 알 수 있다. 화북 지방에서 사회주의 세력이 중심이 되어 결성한 조선 독립 동맹은 조선 의용대 화북 지대를 조선 의용군으로 개편하였다.

ㄱ. 의열단이 개별 투쟁의 한계를 깨닫고 1930년대 초 조선 혁명 간부 학교를 설립하였다. ㄴ. 조선 건국 동맹에 해당한다.

200

1941년 미주 지역에서 대한인 국민회 등 9개 단체가 연합하여 결성된 재미 한족 연합 위원회는 독립운동 자금을 모아 대한민국 임시 정부를 재정적으로 후원하였고 주미 외교 위원부의 활동을 지원하였다. 또한 군사 조직으로 한인 국방 경비대를 창설하여 무장 독립 전쟁을 준비하였다.

201

(가)는 한국 광복군이다. 연합국의 일원으로 참전한 한국 광복군은 영국군의 요청에 따라 미얀마와 인도 전선에 대원을 파견하였으며 국내 진공 작전을 추진하였다.

ㄱ. 조선 의용대 화북 지대, ㄴ. 조선 혁명군의 활동이다.

202

(가) 인물은 지청천이다. 지청천은 북만주에서 한국 독립군을 이끌고 한중 연합 작전을 벌여 쌍성보와 대전자령 전투 등에서 일본군을 물리쳤다. 이후 민족 혁명당에 참여하였다가 의열단이 당권을 장악하자 이탈하였으며, 한국 광복군의 총사령으로 활약하였다.

203

광복 1년 전, 미국 전략 정보국(OSS)과 특별 훈련을 받았다는 점 등을 통해 자료에 나타난 시기를 추론할 수 있다. 한국 광복군은 1945년부터 미국 전략 정보국(OSS)과 함께 국내 진공 작전을 준비하였으나 작전이 시행되기 전 일본의 항복으로 뜻을 이루지 못하였다. 아시아·태평양 전쟁 발발은 1941년, 일본의 항복은 1945년의 사실이다.

1등급 정리 노트	한국 광복군
창설	• 충칭에서 중국 국민당의 지원을 받아 창설(1940) • 총사령: 지청천
변화	김원봉이 끄는 조선 의용대 일부 합류(1942)
활동	• 영국군의 요청으로 미얀마·인도 전선에 파견 → 선전 활동 및 포로 심문 등 • 미국 전략 정보국(OSS)과 협력하여 국내 진공 작전 추진 → 일제의 항복으로 작전 취소

204

자료는 조선 건국 동맹이 발표한 강령이다. 여운형의 주도로 결성된 조선 건국 동맹은 좌우 합작의 비밀 결사였으며, 대한민국 임시 정부, 조선 독립 동맹과 연대를 모색하였다.

ㄱ. 조선 독립 동맹에 해당한다. ㄹ. 의열단의 나석주가 1926년 동양 척식 주식회사와 식산 은행에 폭탄을 투척하였다.

205

1943년에 미국, 영국, 중국 정상이 일본 세력을 점령 지역에서 몰아낼 것이라는 점을 통해 (가)는 카이로 회담임을, 1945년 2월에 소련의 대일전 참전 합의가 이루어졌다는 점을 통해 (나)는 얄타 회담임을, 같은 해 7월에 미국, 영국, 중국의 정상이 일본의 무조건 항복을 촉구하였다는 점을 통해 (다)는 포츠담 선언임을 알 수 있다. 연합국은 카이로 회담, 얄타 회담과 포츠담 회담을 통해 전후 처리를 구상하였다.

206

자료는 대한민국 임시 정부가 발표한 건국 강령으로, 대한민국 임시 정부의 건국 강령은 조소앙의 삼균주의를 기초로 하였다.

207

대한민국 임시 정부 건국 강령에는 보통 선거를 통한 민주 공화국 건설, 토지와 주요 산업의 국유화 등의 내용이 담겼다.

채점 기준	수준
보통 선거, 민주 공화국, 사회·경제적 균등을 모두 서술한 경우	상
보통 선거, 민주 공화국, 사회·경제적 균등 중 두 가지만 서술한 경우	중
보통 선거, 민주 공화국, 사회·경제적 균등 중 한 가지만 서술한 경우	하

적중 1등급 문제 ────────● 43쪽

208 ④　**209** ④　**210** ①　**211** ⑤

208 1930년대 중후반의 정세

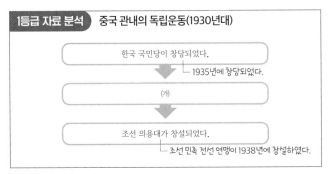

1등급 자료 분석　중국 관내의 독립운동(1930년대)

한국 국민당이 창당되었다.
└ 1935년에 창당되었다.
(가)
조선 의용대가 창설되었다.
└ 조선 민족 전선 연맹이 1938년에 창설되었다.

1937년 일본이 중국 본토를 공격하여 중일 전쟁이 발발하자 독립운동가들은 한중 연대를 강화하고 항일 세력을 통합하고자 하였다. 이러한 노력의 결과 1937년 한국 국민당을 중심으로 한 한국 광복 운동 단체 연합회와 민족 혁명당을 중심으로 한 조선 민족 전선 연맹이 결성되었다.

바로잡기 ㄱ. 조선 독립 동맹은 1942년 창설되었다. ㄷ. 대한민국 임시 정부는 1940년 충칭에 도착하여 한국 광복군을 창설하였다.

선택지 더 보기

ㅁ. 조선 민족 전선 연맹이 조직되었다.	(○)
ㅂ. 김원봉이 한국 광복군에 합류하였다.	(×)

209 조선 의용대의 활동

1등급 자료 분석　조선 의용대

(가)은/는 화북에서 본격적인 공작을 진행하기 시작하였다. 이들은 전단을 살포하고 적군을 향해 구호를 외치는가 하면 투항을 권유하는 편지를 적군에게 보내기도 하였다. 1년 반의 활동 기간에 (가)이/가 중국어·한국어·일본어로 작성한 전단은 3만 장 이상에 달하였고, 반전사상을 선전하는 만화도 4백여 폭에 달하였다. └ 조선 의용대는 선전 활동 등을 적극 전개하였다.
반소탕 작전 과정에서는 (가)의 제1지대가 중국 우군의 후퇴를 엄호하기 위해 단독으로 적들과 수일간 격전을 벌였다.
└ 조선 의용대 화북 지대가 일본군의 팔로군 소탕 작전에 맞서 전개한 전투이다.

(가)는 조선 의용대이다. 조선 민족 전선 연맹은 중국 국민당의 지원을 받아 조선 의용대를 창설하였다.

바로잡기 ㄱ. 1925년 체결된 미쓰야 협정으로 만주에서 활동하던 3부의 활동이 위축되었다. 이는 3부 통합 운동의 배경이 되었다. ㄷ. 한국 광복군이 영국군의 요청으로 일부 대원을 미얀마·인도 전선에 파견하였다.

210 1942년 이후의 상황

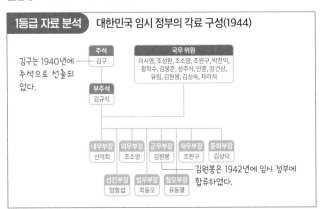

1등급 자료 분석　대한민국 임시 정부의 각료 구성(1944)

김구는 1940년에 주석으로 선출되었다.

주석
김구

국무 위원
이시영, 조성환, 조소앙, 조완구, 박찬익,
황학수, 김붕준, 성주식, 안훈, 장건상,
유림, 김원봉, 김성숙, 차리석

부주석
김규식

내무부장	외무부장	군무부장	재무부장	문화부장
신익희	조소앙	김원봉	조완구	김상덕

└ 김원봉은 1942년에 임시 정부에 합류하였다.

선전부장	법무부장	참모부장
엄항섭	최동오	유동열

대한민국 임시 정부는 1940년 충칭에 도착한 이후 주석 중심의 단일 지도 체제를 마련하고 김구를 주석으로 추대하였다. 이후 1942년 김원봉이 이끄는 조선 민족 전선 연맹 측도 임시 정부에 합류하였다. 한국 광복군은 1940년 창설되었다.

바로잡기 ② 양세봉은 1934년에 사망하였다. ③ 국가 총동원법은 1938년에 제정되었다. ④ 청산리 전투는 1920년에 전개되었다. ⑤ 국민 대표 회의는 1923년에 개최되었다.

211 카이로 선언

카이로 선언에 대한 반응

1943년에 개최된 카이로 회담에서 연합국이 한국의 독립을 약속하였다. 그러나 적절한 시기라는 단서를 달았다.
이 회의의 발표에서 한국이 적절한 시기에 독립이 되게 하겠다고 약속한 것에 대해 임시 정부의 김구는 "우리는 적절한 시기라는 말을 어떻게 해석하든지 그 표현을 좋아하지 않는다. 우리는 반드시 일본이 붕괴되는 바로 그때 독립이 되어야 할 것이다. 그렇지 않으면 우리의 싸움은 계속될 것이다."라고 하였다.

밑줄 친 '이 회의'는 카이로 회담이다. 1943년 카이로에 모인 미국, 영국, 중국의 정상들은 한국의 독립을 처음 약속하였다. 이후 1945년 포츠담 선언에서 이를 재확인하였다.

바로잡기 ㄱ. 얄타 회담에 해당한다. ㄴ. 청군과 일본군의 철수를 약속한 톈진 조약 등에 해당한다.

단원 마무리 문제 ● 44쪽 ~ 49쪽

01 제국주의 질서와 일제의 식민 통치 정책
212 ⑤ **213** ② **214** ④ **215** 산미 증식 계획
216 예시답안 일제는 자국의 쌀 부족 문제를 해결하기 위해 산미 증식 계획을 실시하였다. 산미 증식 계획의 결과 비료 대금, 수리 조합비 등 쌀 증산에 드는 비용이 농민에게 전가되어 농민의 부담이 늘어났고 많은 자작농이 소작농이 되거나 화전민·토막민으로 전락하였다.

02 3·1 운동과 대한민국 임시 정부
217 ② **218** ② **219** ② **220** 3·1 운동
221 예시답안 3·1 운동의 영향으로 대한민국 임시 정부가 수립되었고, 민족 운동의 주체가 확대되어 다양한 사회 운동이 전개되었으며, 일제가 '문화 정치'를 표방하였다. 또한 중국의 5·4 운동 등 약소민족의 민족 운동에 영향을 끼쳤다.

03 민족 운동의 전개와 분화
222 ③ **223** ⑤ **224** ① **225** ② **226** ④ **227** 신간회
228 예시답안 기회주의는 자치 운동을 주장하는 타협적 민족주의 세력을 의미한다. 1920년대 중반 자치 운동이 전개되자 비타협적 민족주의 세력은 자치 운동을 비판하며 사회주의 진영과 연대를 모색하였다.

04 사회·문화의 변화와 대중 운동
229 ① **230** ⑤ **231** ① **232** ③ **233** ⑤ **234** 천도교
235 예시답안 천도교는 6·10 만세 운동을 계획하였고, 『개벽』, 『신여성』 등의 잡지를 발간하였으며, 청년·여성·소년 운동 등을 전개하였다. 등

05 독립 국가 건설 노력
236 ⑤ **237** ③ **238** ② **239** 조선 독립 동맹
240 예시답안 조선 의용군은 중국 공산당의 팔로군과 연합하여 대일 항전을 전개하였다.

212

헌병에게 태형 10대의 처분을 받았다는 내용을 통해 자료가 1910년대 무단 통치 시기의 상황에 대한 것임을 알 수 있다. 이 시기 일제는 회사 설립을 총독의 허가를 받도록 하는 회사령을 실시하였다.

바로잡기 ① 방곡령은 조선의 지방관들이 곡물 유출을 막기 위해 실시하였다. ② 1941년 민족 말살 통치 시기에 소학교의 명칭이 국민학교로 바뀌었다. ③ 『동아일보』는 1920년 '문화 정치' 시기에 창간되었다. ④ 남면북양 정책은 대공황 이후 1930년대에 실시되었다.

213

무단 통치는 교사에게 칼을 차도록 지시, 민족 말살 통치에는 황국 신민 서사 암송 강요가 연결되어야 한다. 따라서 (가)에는 '문화 정치'의 내용이 제시되어야 한다. 1919년에 일어난 3·1 운동 이후 일제는 '문화 정치'를 표방하면서 한국인에게 자유를 허용한다고 선전하였지만 실제로는 친일파를 양성하여 우리 민족을 분열시키려 하였다.

바로잡기 ① 1930년대 민족 말살 통치 시기, ③ 1938년 이후, ④, ⑤ 1910년대에 해당한다.

일제의 식민 통치 정책

구분	무단 통치	문화 정치	민족 말살 통치
계기	대한 제국 강점	3·1 운동	중일 전쟁
목적	식민 지배 체제 구축	한국인의 분열	황국 신민화 → 전쟁 동원
법률	범죄 즉결례, 경찰 범 처벌 규칙	치안 유지법	국가 총동원법

214

자료는 중일 전쟁 이후 일제가 전국적으로 설치한 애국반에 대한 것이다. 이 시기 일제는 쌀과 금속을 강제로 공출하였고, 남성들을 징병·징용 등으로 전쟁에 동원하였으며 여성들은 일본군 '위안부'로 끌고 갔다.

바로잡기 ㄱ. 치안 유지법은 1925년에 제정되었다. ㄷ. 동양 척식 주식회사는 1908년에 설립되었다.

215

산미 증식 계획 기간에는 쌀 생산량은 늘어났지만 많은 쌀이 지속적으로 일본으로 반출되면서 한국인의 식량 사정이 악화되었다.

216

일제는 자국의 쌀 부족 문제 해결을 위해 산미 증식 계획을 실시하였다.

채점 기준	수준
산미 증식 계획의 실시 배경과 영향을 정확히 서술한 경우	상
산미 증식 계획의 실시 배경만 서술한 경우	하

217

자료는 1915년에 결성된 비밀 결사인 대한 광복회의 강령이다. 박상진 주도로 결성된 대한 광복회는 친일파 처단 활동을 벌이고 독립군 양성을 위해 만주에 무관 학교 설립을 추진하였다.

바로잡기 ① 복벽주의는 물러난 임금을 다시 세우거나 무너진 왕조를 다시 세우는 것이다. 대한 광복회는 민주 공화제를 추구하였다. ③, ④ 신민회, ⑤ 독립 의군부에 해당한다.

1등급 정리 노트 독립 의군부와 대한 광복회

구분	독립 의군부	대한 광복회
결성	1912년	1915년
지향	복벽주의	민주 공화정 수립
주요 인물	임병찬	박상진
주요 활동	• 전국적 의병 봉기 계획 • 국권 반환 요구서 발송 시도	• 친일파 처단, 군자금 조달 • 만주에 무관 학교 설립 시도

218

레닌은 1917년 러시아 혁명을 주도하였고, 약소민족의 해방 운동 지원을 약속하였다. 한편 미국 대통령 윌슨은 민족 자결주의를 제창하였다.

바로잡기 ㄴ. 스탈린은 레닌의 뒤를 이어 집권한 인물로, 제2차 세계 대전 등에 참여하였다. ㄹ. 루스벨트는 대공황을 극복하고 제2차 세계 대전을 승리로 이끈 미국의 대통령이다.

219

대한민국 헌법은 3·1 운동의 영향으로 건립된 대한민국 임시 정부를 계승하였음을 표방하고 있다. 대한민국 임시 정부는 독립 공채를 발행하여 독립운동 자금을 조달하였고, 교통국과 연통제를 통해 국내외와 연락하면서 독립운동 자금을 조달하였다.

바로잡기 ㄴ. 1917년 상하이에서 「대동단결 선언」이 발표되었다. 대한민국 임시 정부는 1919년에 결성되었다. ㄹ. 연해주에서 결성된 대한 광복군 정부에 해당한다.

220

3·1 운동은 전국에 걸쳐 전개되었고, 만세 시위로 시작되었으나 무력 투쟁의 양상으로 발전하였으며, 농민·학생·노동자 등 다양한 계층이 참여하였다.

221

3·1 운동은 여러 세력의 의식 성장을 가져왔고, 대한민국 임시 정부의 수립에 영향을 끼쳤다. 또한 일제가 무단 통치의 한계를 깨닫고 '문화 정치'로 전환하는 등 3·1 운동은 많은 변화를 가져왔다.

채점 기준	수준
3·1 운동의 영향을 세 가지 서술한 경우	상
3·1 운동의 영향을 두 가지 서술한 경우	중
3·1 운동의 영향을 한 가지만 서술한 경우	하

222

일제가 1920년부터 독립군 근거지를 없앤다는 구실로 한인을 학살하였다는 내용을 통해 자료가 간도 참변에 대한 것임을 알 수 있다. 이 무렵 간도 지역의 독립군은 일본군을 피해 밀산으로 집결하여 이후 자유시로 이동하였다.

바로잡기 ① 1920년대 중반, ② 1907년, ④, ⑤ 1930년대의 상황이다.

223

자료는 1937년에 전개된 보천보 전투에 대한 신문 기사이다. 흥경성 전투는 1933년에 일어났고, 아시아·태평양 전쟁은 1941년에 발발하였다.

바로잡기 봉오동 전투는 1920년, 미쓰야 협정 체결은 1925년, 조선 노동 총동맹 결성은 1927년, 만주 사변은 1931년에 일어났다.

224

의열단은 일제의 주요 인물·친일파 처단, 식민 통치 기관의 파괴를 시도하였다. 의열단원 중 1920년 박재혁은 부산 경찰서를, 최수봉은 밀양 경찰서를, 1921년 김익상은 조선 총독부를, 1923년 김상옥은 종로 경찰서를, 1924년 김지섭은 일본 왕궁을, 1926년 나석주는 동양 척식 주식회사를 대상으로 의거를 감행하였다.

1등급 정리 노트 의열단과 한인 애국단

구분	의열단	한인 애국단
결성	1919년(김원봉 주도)	1931년(김구 주도)
특징	「조선 혁명 선언」을 활동 지침으로 삼음	대한민국 임시 정부의 침체 극복 목적
주요 인물	김익상, 김상옥, 나석주 등	이봉창, 윤봉길 등
변화 및 영향	개별 투쟁 한계 인식 → 황푸 군관 학교 입학, 조선 혁명 간부 학교 설립	중국 국민당의 대한민국 임시 정부 지원 계기

225

자료는 각각 1931년부터 『동아일보』 주도로 전개된 브나로드 운동의 포스터, 1929년부터 『조선일보』가 주도한 문자 보급 운동 당시의 한글 교재이다. 두 운동은 모두 언론사가 주도하였다.

바로잡기 ① 통감부는 1910년에 조선 총독부로 바뀌었다. ③ 교육 입국 조서는 1895년에 반포되었다. ④ 민립 대학 설립 운동에 해당한다. ⑤ 두 운동은 국내에서 전개되었다.

226

자료는 1926년에 발표된 정우회 선언이다. 이후 비타협적 민족주의와 사회주의 계열의 연대 분위기가 고조되었고 민족 운동 전선 통일 노력의 결과 신간회가 창립되었다.

바로잡기 ① 1919년 3·1 운동 전에 있었던 사실이다. ② 간도 참변과 자유시 참변을 겪으면서 큰 타격을 입은 만주 지역의 독립군은 약화된 전열을 재정비하고 부대의 통합을 시도하였다. 그 결과 남만주 지역에 참의부, 지린성 일대를 중심으로 정의부, 북만주에서는 자유시에서 돌아온 독립군이 중심이 되어 신민부가 조직되었다(3부). ③ 6·10 만세 운동과 관련 있는 설명이다. ⑤ 각계의 독립운동 지도자는 대한민국 임시 정부의 위기 국면을 타개하기 위해 국민 대표 회의를 열어 독립운동의 새로운 방향을 모색하였다(1923).

227

자료는 신간회의 강령이다. 신간회는 기회주의를 배격하며 타협적 정치 운동을 반대하였다.

228

1920년대 중반 비타협적 민족주의 세력은 자치 운동을 비판하며 사회주의 진영과 연대를 모색하였다.

채점 기준	수준
기회주의의 의미를 쓰고 비타협적 민족주의와 사회주의의 연대를 서술한 경우	상
비타협적 민족주의와 사회주의의 연대만 서술한 경우	중
기회주의의 의미만 쓴 경우	하

229

자료에서 조선 자매 전체의 역량을 강고히 단결한다는 내용을 통해 자료가 1927년 근우회 성립에 대한 것임을 알 수 있다. 민족주의와 사회주의 계열의 여성 단체의 통합으로 성립된 근우회는 신간회의 자매 단체이기도 하였다.

바로잡기 ② 원산 총파업은 1929년의 노동 운동이다. ③ 농촌 진흥 운동은 1930년대 초 일제가 실시하였다. ④ 군국기무처는 1차 갑오개혁을 주도하였다. ⑤ 천도교의 활동이다.

230

갑오개혁으로 신분제가 폐지되었지만 일제 강점기에도 백정에 대한 사회적 차별은 유지되었다. 이에 백정들은 진주에서 조선 형평사를 창립하고, 백정에 대한 평등한 대우를 요구하는 형평 운동을 전개하였다(1923).

바로잡기 ① 1907년 한일 신협약 체결 이후 전국 의병들의 연합으로 13도 창의군이 결성되었고, 이듬해 서울 진공 작전을 전개하였다. ② 1927년 조선 농민 총동맹이 결성되었다. ③ 헌정 연구회는 1905년 결성된 애국 계몽 운동 단체이다. ④ 독립 협회는 1898년 해산되었다.

231

(가)는 1926년 6·10 만세 운동 당시 발표된 격문이고, (나)는 1929년 광주 학생 항일 운동 당시 발표된 격문이다. 6·10 만세 운동 이후 민족 협동 전선에 대한 관심이 높아져 신간회가 결성되었고, 신간회는 광주 학생 항일 운동을 전국으로 확산시키는 데 기여하였다.

바로잡기 ② 「민족적 경륜」은 1924년 이광수가 『동아일보』에 발표한 것으로, 자치 운동의 대표적인 사례이다. ③ 암태도 소작 쟁의는 1923~1924년에 걸쳐 전개되었다. ④ 조선 청년 총동맹은 1924년에 결성되었다. ⑤ 1923년 제1회 어린이날 행사가 개최되었다.

1등급 정리 노트 6·10 만세 운동과 광주 학생 항일 운동

구분	6·10 만세 운동	광주 학생 항일 운동
발생	1926년	1929년
계기	순종의 서거	한일 학생 충돌에 대한 일본의 편파적 대응
전개	천도교+사회주의+학생 → 일본 경찰에 발각 → 학생들의 주도로 전개	광주 학생들의 시위 → 신간회 등의 지원 → 전국 확산
의의	민족 협동 전선 자극 → 신간회 창립	3·1 운동 이후 최대 규모의 국내 항일 운동

232

(가)는 박은식이 쓴 『한국통사』, (나)는 백남운이 쓴 『조선사회경제사』의 일부이다. 민족주의 사학자인 박은식은 1925년 대한민국 임시 정부가 이승만을 탄핵한 후 대한민국 임시 정부의 대통령에 취임하였다. 또한 백남운은 마르크스의 유물 사관을 바탕으로 우리 역사에도 세계사적 보편성이 관철되었음을 증명하여 식민 사관의 정체성론을 극복하고자 하였다.

바로잡기 ㄱ. 조선학 운동은 1930년대 정인보 등 민족주의 사학자들이 주도하였다. ㄹ. 진단 학회의 창립과 『진단학보』 발행은 손진태 등 실증 사학자들이 주도하였다.

233

자료에서 조선어 연구회가 발전하여 성립하였다는 것 등을 통해 조선어 학회에 대한 내용임을 알 수 있다. 조선어 연구회가 확대 개편되어 1931년 조선어 학회가 성립하였다. 조선어 학회는 한글 맞춤법 통일안을 제정하였고, 표준어 및 외래어 표기법 통일안을 마련하였다. 또한 『조선말 큰사전』 편찬을 위해 노력하다가 1942년 치안 유지법 위반 혐의로 회원들이 검거되었다. 이를 조선어 학회 사건이라 한다.

바로잡기 ① 천주교 계열에서 의민단을 결성하고 무장 투쟁을 전개하였다. ② 가갸날은 조선어 연구회에서 제정하였다. ③ 국문 연구소는 1907년에 설립되었다. ④ 불교계의 독립운동에 해당한다.

234

자료는 천도교에서 준비한 제2의 만세 운동과 관련된 것으로 (가)

종교는 천도교이다. 3·1 운동 당시 민족 대표 결성을 주도하였다
는 등의 내용을 통해 이를 알 수 있다.

235

천도교는 6·10 만세 운동을 계획하였고, 청년·여성·소년 운동
등에 앞장섰다.

채점 기준	수준
6·10 만세 운동, 잡지 발행, 소년 운동 등 천도교 활동 세 가지를 모두 서술한 경우	상
천도교 활동 중 두 가지만 서술한 경우	중
천도교 활동 중 한 가지만 서술한 경우	하

236

1935년 난징에서는 민족 혁명당이 창당되었고, 1938년 민족 혁명
당을 중심으로 결성된 조선 민족 전선 연맹 산하의 군사 조직으로
조선 의용대가 성립되었다. 따라서 (가)는 조선 의용대이다. 조선
의용대는 중국 국민당의 지원으로 창설되었다.

바로잡기 ① 대한민국 임시 정부와 조선 건국 동맹이 조선 독립 동맹과 연
대를 모색하였다. ②, ③, ④ 대한민국 임시 정부 산하의 한국 광복군에 해
당한다.

237

자료는 1941년 대한민국 임시 정부가 발표한 대일 선전 성명서이
다. 대한민국 임시 정부는 김구를 주석으로 선출하였으며, 미국
전략 정보국(OSS)과 연합하여 한국 광복군의 국내 진공 작전을
추진하였다.

바로잡기 ㄱ. 조선 독립 동맹, ㄹ. 조선 건국 동맹에 해당한다.

238

미국, 중국, 영국의 정상이 한국의 독립을 약속했다는 점을 통해
(가)는 1943년 12월의 카이로 선언임을, 연합국의 정상들이 한국의
독립을 재확인했다는 점을 통해 (나)는 1945년 7월에 열린 포츠담
회담임을 알 수 있다. 포츠담 회담 전에 열린 얄타 회담에서 소련
의 대일전 참전이 결정되었다.

바로잡기 ① 1938년에 조선 의용대가 창설되었다. ③ 조소앙은 1935년 민
족 혁명당 창설에 참여하였으나, 의열단 계열이 당권을 장악하자 얼마 지
나지 않아 탈당하였다. ④ 1937년, ⑤ 1941년의 사실이다.

1등급 정리 노트 연합국의 한국 독립 약속			
구분	카이로 선언	얄타 회담	포츠담 회담
개최	1943년 12월	1945년 2월	1945년 7월
참여	미국, 영국, 중국	미국, 영국, 소련	미국, 영국, 중국, 소련(8월)
결정	•일본을 점령지에서 축출 •적절한 시기에 한국 독립	•독일 항복 후 분할 통치 •소련의 대일전 참전	•카이로 선언의 내용 재확인 •일본의 무조건 항복

239

대한민국 임시 정부의 주석인 김구의 명을 받아 옌안에 머물렀다
는 점, 좌우 합작 및 통일 전선을 보지 못하고 해방을 맞이했다는
점 등을 통해 자료는 임시 정부와 조선 독립 동맹의 통일 전선 시
도에 대한 것임을 알 수 있다.

240

조선 독립 동맹은 조선 의용대 화북 지대를 조선 의용군으로 개편
하여 군사 조직으로 삼았다.

채점 기준	수준
조선 의용군과 중국 팔로군이 연합하였다는 내용을 서술한 경우	상
중국과 협력하여 활동하였다고 서술한 경우	하

II 대한민국의 발전

 냉전 체제와 통일 정부 수립 운동

 기출 문제 ●51쪽 ~ 52쪽

핵심 개념 문제

241 조선 건국 준비 위원회	**242** 제1차 미소 공동 위원회
243 좌우 합작 위원회	**244** ○ **245** × **246** ㉠
247 ㉡ **248** ㉡ **249** ㉡ **250** ㄴ **251** ㄱ	

252 ④ **253** ⑤ **254** ③ **255** ① **256** ② **257** ②

252

제시된 자료는 조선 건국 준비 위원회의 강령이다. 여운형이 안재홍 등과 함께 좌우익 세력을 모아 조직한 조선 건국 준비 위원회는 전국 각지에 지부를 두고 치안대를 조직하여 질서를 유지하였다. 그러나 좌익 세력이 주도권을 장악하자 안재홍 등 우익 세력은 조선 건국 준비 위원회에서 이탈하였다.

바로잡기 ㄱ. 여운형, 김규식 등 중도 세력은 미군정의 지원을 받아 좌우 합작 위원회를 조직하였다. ㄷ. 대한민국 임시 정부는 삼균주의를 기반으로 한 건국 강령을 발표하였다.

253

제1차 미소 공동 위원회에서 미국은 임시 민주 정부 수립을 위한 협의 대상에 신탁 통치 반대 세력도 포함하려 하였고, 소련은 모스크바 3국 외상 회의를 지지하는 세력만 참여시킬 것을 주장하면서 대립하였다.

바로잡기 ① 이승만은 정읍에서 남한만의 단독 선거를 주장하였다(정읍 발언). ② 좌우 합작 위원회는 유상 매입과 무상 분배 원칙의 토지 개혁 등이 담긴 좌우 합작 7원칙을 발표하였으나, 토지 개혁 원칙을 두고 좌우익 세력이 대립하였다. ③ 남북 협상에서 외국 군대 철수 등을 포함한 공동 성명을 발표하였다. ④ 좌우 합작 위원회는 친일 반민족 행위자 처벌 등을 포함한 좌우 합작 7원칙을 발표하였다.

254

제시된 자료는 이승만이 남한만이라도 임시 정부를 수립해야 한다고 주장한 정읍 발언이다(1946. 6.). 1946년 3월에 열린 제1차 미소 공동 위원회가 합의점을 찾지 못한 채 무기 휴회에 들어간 상황에서 정읍 발언이 발표되었다.

바로잡기 ① 1945년 9월 미군정이 선포되었다. ② 1945년 8월 소련군이

일본군을 무장 해제하였다. ④ 1947년 제주도 3·1절 기념행사에서 경찰의 발포로 사상자가 발생하였다. ⑤ 1945년 9월 조선 건국 준비 위원회(건준)가 미군의 주둔에 앞서 조선 인민 공화국을 선포하였다.

255

(가) 운동은 좌우 합작 운동이다. 좌우 합작 운동은 중도 세력을 중심으로 정국을 개편하려는 미군정의 지원을 받아 중도 좌파인 여운형과 중도 우파인 김규식을 중심으로 추진되었다.

바로잡기 ② 미소 공동 위원회는 미국과 소련의 의견 차이로 결렬되었다. ③ 모스크바 3국 외상 회의는 신탁 통치를 둘러싼 갈등을 야기하였다. ④ 미소 공동 위원회는 모스크바 3국 외상 회의의 결정으로 추진되었다. ⑤ 유엔 총회는 인구 비례에 따른 한반도 총선거 실시를 결의하였다.

256

유엔 소총회에서 남한만의 단독 선거가 결정되자 김구, 김규식 등은 통일 정부 수립을 위해 1948년 4월 평양에서 남북 협상을 가졌다.

바로잡기 ① 1950년 1월에 발표된 애치슨 선언은 6·25 전쟁의 배경이다. ③ 6·25 전쟁의 영향으로 한미 상호 방위 조약이 체결되어 한반도에 미군이 주둔하게 되었다. ④ 1945년 9월 서울에 진주한 미군이 미군정을 선포하고 미군정만이 유일한 정부임을 선언하였다. ⑤ 대한민국 정부 수립 이후 반민족 행위자 처벌에 반발하여 경찰이 반민 특위 사무실을 습격하는 사건이 발생하였다.

257

(가) 사건은 제주 4·3 사건이다. 이승만 정부가 제주 4·3 사건의 진압을 위해 여수에 주둔하고 있던 군부대에 제주도 출동 명령을 내렸다. 그러나 이를 거부하고 부대 내 좌익 세력들이 무장봉기하여 여수 순천 10·19 사건이 일어났다.

바로잡기 ① 1947년 여운형이 암살되면서 좌우 합작 운동은 사실상 중단되었다. ③ 1948년 1월 총선거를 관리 감독할 유엔 한국 임시 위원단이 파견되었다. ④ 1946년 5월 제1차 미소 공동 위원회가 결렬되었다. ⑤ 1946년 6월 이승만이 정읍에서 남한 단독 정부 수립을 주장하였다(정읍 발언).

 기출 문제 ●53쪽 ~ 56쪽

258 ⑤ **259** ⑤ **260** ② **261** ② **262** ③ **263** ①
264 ③ **265** ② **266** ⑤ **267** ⑤ **268** ③ **269** ⑤
270 ② **271** ②

1등급을 향한 서답형 문제

272 모스크바 3국 외상 회의 **273** 예시 답안 좌익 진영은 처음에 신탁 통치를 반대하였으나, 신탁 통치를 임시 민주 정부 수립을 위한 지원이라고 여겨 모스크바 3국 외상 회의의 결정을 지지하였다.

274 남북 협상 **275** 예시 답안 남한만의 단독 선거가 결정되자 김구와 김규식 등은 통일 정부 수립을 위해 남북 협상을 추진하였다.

258

㉠은 중국의 국공 내전(1946~1949), ㉡은 6·25 전쟁(1950~1953)이다. 6·25 전쟁이 일어나자 미국은 이에 대응하여 일본의 재무장을 추진하였다.

바로잡기 ① 중국의 제1차 국공 합작은 1924년 군벌 타도를 목적으로 전개되었다. ② 신해혁명의 결과 중화민국이 수립되었다. ③ 6·25 전쟁 이전인 1947년 트루먼 독트린이 발표되었다. ④ 제2차 세계 대전의 피해 해결을 위해 마셜 계획이 발표되었다.

259

⑺는 트루먼 독트린, ⑻는 북대서양 조약 기구(NATO)이다. 미국은 공산주의의 팽창을 막기 위해 1947년 트루먼 독트린을 발표하고, 북대서양 조약 기구를 조직하여 서유럽 국가와 군사 방위 체제를 구축하고자 하였다.

바로잡기 국제 연맹은 제1차 세계 대전 이후 창설된 국제 평화 기구이다. 경제 상호 원조 회의(COMECON)는 소련이 공산주의 국가 간 경제 협력을 위해 결성하였다. 1969년 미국은 아시아에서 미국의 군사적 역할을 축소한다는 닉슨 독트린을 발표하였다. 바르샤바 조약 기구(WTO)는 소련이 동유럽 국가와 상호 방위를 목적으로 조직하였다.

260

광복 직후 조직된 조선 건국 준비 위원회는 미군의 진주에 앞서 조선 인민 공화국 수립을 선포하였다. 1945년 9월에 주둔한 미군은 군정을 선언하고 조선 인민 공화국, 대한민국 임시 정부 등을 인정하지 않았다. 1945년 12월에는 미국·영국·소련의 외무 장관이 모스크바에서 한국의 임시 민주 정부 수립 문제를 논의하였다(모스크바 3국 외상 회의).

바로잡기 ① 정읍 발언은 1946년 6월에 보도되었다. ③ 1947년 5월 제2차 미소 공동 위원회가 결렬되자 미국은 한국 문제를 유엔에 이관하였다. ④ 철도 노동자들은 1946년 9월에 총파업을 일으켰다. ⑤ 제1차 미소 공동 위원회는 1946년 3월에 개최되었다.

261

광복 이후 국내에는 한국 민주당, 한국 독립당, 독립 촉성 중앙 협의회, 남조선 노동당 등 다양한 정치 세력이 출현하였다. 송진우, 김성수 등은 한국 민주당을 조직하였고, 김구 등 임시 정부 요인들은 개인 자격으로 귀국하여 한국 독립당을 중심으로 활동하였다. 그보다 앞서 미국에서 귀국한 이승만은 독립 촉성 중앙 협의회를 조직하였다. 한편 박헌영 등의 조선 공산당은 좌익 세력을 통합하여 남조선 노동당으로 개편하였다.

바로잡기 ② 1910년대 임병찬 등은 고종의 밀명을 받아 독립 의군부를 결성하였다.

262

모스크바 3국 외상 회의의 결정 내용 중 신탁 통치에 대한 의견 차이로 좌익과 우익의 대립이 심화되었다. 김구, 이승만 등 우익 진영은 신탁 통치가 한국인의 자주권을 부정하는 결정이라고 비판하며 반대 운동을 펼쳤다. 좌익 진영은 처음에는 반대하였으나, 신탁 통치를 임시 민주 정부 수립을 위한 지원이라고 여겨 모스크바 3국 외상 회의의 결정을 지지하였다. 이로 인해 좌익과 우익은 격렬하게 대립하였다.

바로잡기 ① 여운형, 김규식 등 중도 세력은 좌우 합작 위원회를 조직하여 토지 개혁, 친일 행위자 처벌 등을 포함한 좌우 합작 7원칙을 발표하였다. ② 6·25 전쟁은 모스크바 3국 외상 회의 이후인 1950년에 발발하였다. ④ 광복 직후 소련의 북한 지역 남하와 미국의 분할 제안으로 한반도가 38도선을 경계로 분할되었다. ⑤ 제주도 3·1절 기념행사 발포 사건의 영향으로 다음 해인 1948년 4월 3일 좌익 세력이 무장봉기하면서 제주 4·3 사건이 일어났다.

1등급 정리 노트 모스크바 3국 외상 회의

결정 사항	한국에 임시 민주 정부 수립, 미소 공동 위원회 설치, 최대 5년간 4개국(미·영·중·소)의 신탁 통치 실시 등
국내 반응	• 우익: 김구, 이승만 등이 신탁 통치 반대 운동 주도 • 좌익: 처음에는 반대, 이후 모스크바 3국 외상 회의의 결정 지지 → 좌익과 우익이 이견을 보이며 격렬하게 대립

263

밑줄 친 '위원회'는 제1차 미소 공동 위원회이다. 1946년 3월에 개최된 제1차 미소 공동 위원회는 임시 민주 정부 수립을 위해 참여시킬 단체를 두고 미국과 소련이 대립하면서 진전 없이 무기한 휴회에 들어갔다.

바로잡기 ② 1943년에 열린 카이로 회담에서는 미국, 영국, 중국의 대표가 모여 한국의 독립을 처음 약속하였다. ③ 광복 직후 여운형과 안재홍 등은 조선 건국 준비 위원회를 결성하였다. ④ 유엔 총회에서는 인구 비례에 의한 남북한 총선거 실시를 결정하였다. ⑤ 좌우 합작 위원회는 토지 개혁, 친일파 처벌 문제 등에 대한 내용이 담긴 좌우 합작 7원칙을 발표하였다.

264

모스크바 3국 외상 회의는 1945년 12월, 제헌 헌법 공포는 1948년 7월에 있었던 사실이다. 1946년 3월 제1차 미소 공동 위원회가 개최되었으며, 좌우 합작 위원회는 1946년 10월 좌우 합작 7원칙을 발표하였다.

바로잡기 ㄱ. 1948년 5월 10일에 우리나라 최초의 민주적인 선거인 5·10 총선거가 실시되었다. ㄹ. 1945년 9월 한반도에 들어온 미군이 군정을 실시하였다.

265

⑺ 인물은 이승만이다. 이승만은 미국에서 활동하다가 광복 이후 귀국하여 독립 촉성 중앙 협의회를 조직하였다.

바로잡기 ① 김구, 김규식은 남북 협상에 참가하였다. ③ 광복 이후 박헌영은 남조선 노동당을 결성하여 활동하였다. ④ 여운형은 광복 직전 조선 총독부와 치안 유지 및 행정권 이양 교섭을 벌였다. ⑤ 이승만은 김구 등 대한민국 임시 정부 요인보다 먼저 미국에서 귀국하였다.

266

제시된 자료는 좌우 합작 위원회가 발표한 좌우 합작 7원칙이다. 좌우 합작 7원칙은 토지 개혁, 친일파 처벌 문제 등을 제시하였으나 의견 차이로 좌우익 모두에게 반발을 샀다. 좌우 합작 위원회는 냉전의 심화로 미군정의 지원이 중단되고, 여운형이 암살당하면서 사실상 활동이 중단되었다.

바로잡기 ㄱ. 조선 건국 준비 위원회에서는 안재홍이 부위원장을 맡았다. ㄴ. 좌우 합작 위원회는 미군정의 지원을 받아 조직되었다.

267

유엔 총회는 인구 비례에 따른 한반도 총선거를 결정하였다. 이를 감독할 유엔 한국 임시 위원단이 파견되었으나(1948. 1.), 소련이 유엔 한국 임시 위원단의 입북을 거부하였다. 이에 유엔 소총회는 유엔 한국 임시 위원단의 접근이 가능한 지역의 총선거를 결의하였다(1948. 2.).

바로잡기 ① 1947년 5월 제2차 미소 공동 위원회가 개최되었다. ② 1948년 4월 평양에서 남북 연석 회의가 개최되었다. ③ 1945년 9월 건준의 각 지부가 인민 위원회로 바뀌었다. ④ 1945년 9월 미군이 38도선 이남 지역에서 군정을 선포하였다.

268

제시된 자료는 김구가 남북 협상에 참여하기 전 발표한 '삼천만 동포에게 읍고함'이다. 김구는 남한만의 단독 선거가 결정되자 1948년 2월 이 성명서를 발표하고, 같은 해 4월 남북 협상을 위해 북한을 방문하였다.

바로잡기 ① 1947년 말 좌우 합작 운동이 중단되었다. ② 1946년 5월 제1차 미소 공동 위원회가 결렬되었다. ④ 1945년 12월에 개최된 모스크바 3국 외상 회의의 결과 한반도에 최대 5년간의 신탁 통치 실시가 결정되었다. ⑤ 1948년 10월 제주 4·3 사건 진압 명령을 거부한 여수 주둔 부대의 좌익 세력이 무장봉기하여 여수와 순천 일대를 장악하였다(여수·순천 10·19 사건).

269

제시된 자료는 남북 협상 공동 성명이다. 김구과 김규식은 평양을 방문하여 북한 지도자들과 회담을 갖고 외국 군대 철수, 남한 단독 선거 반대 등을 포함한 공동 성명을 발표하였다. 하지만 북한은 이미 독자적인 정권 수립이 진행 중이었고, 남한에서는 단독 선거가 추진되면서 남북 협상은 성과를 거두지 못하였다.

바로잡기 ① 모스크바 3국 외상 회의의 결정은 미소 공동 위원회가 개최되는 배경이 되었다. ② 1943년 카이로 회담에서 미국, 영국, 중국의 대표가 모여서 한국의 독립 등을 결정하였다. ③ 남북 협상 공동 성명은 유엔 한국 임시 위원단이 파견된 이후에 발표되었다. ④ 남한에서는 여운형과 김규식 등 중도 세력이 참여하여 좌우 합작 운동이 전개되었다.

270

제시된 자료는 제주 4·3 사건에 대한 것이다. 미군정은 군대와 경찰, 서북 청년회 등을 동원하여 무장봉기의 진압에 나섰다.

바로잡기 ① 제2차 미소 공동 위원회의 결렬로 미국은 한국 문제를 유엔에 이관하였다. ③ 미국은 여운형 등 중도 세력 중심으로 정국을 개편하려고 하여 좌우 합작 운동을 지원하였다. ④ 2000년에 제주 4·3 사건 진상 규명 및 희생자 명예 회복에 관한 특별법이 제정되었다. ⑤ 미국은 임시 민주 정부 수립에 신탁 통치 반대 세력도 포함시키려 하였다.

271

(가)는 1948년에 발생한 여수·순천 10·19 사건이다. 이 사건의 진압 과정에서 많은 민간인이 희생되었으며, 사건 이후 정부는 국가 보안법을 제정하였다.

바로잡기 ㄴ. 제주 4·3 사건 당시 제주도에 계엄령이 선포되었다. ㄹ. 제1차 미소 공동 위원회 결렬 이후인 1946년 6월 이승만이 정읍에서 남한 단독 정부 수립을 주장하였다.

1등급 정리 노트	제주 4·3 사건과 여수·순천 10·19 사건
제주 4·3 사건	1947년 3·1절 기념행사 때 경찰의 발포로 사상자 발생 → 1948년 4월 3일 제주도의 좌익 세력이 단독 선거 반대, 통일 정부 수립 등을 주장하며 무장봉기 → 정부의 강경 진압, 수많은 민간인 희생
여수·순천 10·19 사건	제주 4·3 사건 진압을 위해 여수 주둔 군부대에 출동 명령 → 부대 내 좌익 세력 무장봉기 → 정부의 진압, 수많은 민간인 희생

272

모스크바 3국 외상 회의에서는 한반도에 최대 5년간 신탁 통치를 실시한다는 내용이 협의되었다.

273

좌익 진영은 처음에 신탁 통치를 반대하였으나, 신탁 통치를 임시 민주 정부 수립을 위한 지원이라고 여겨 모스크바 3국 외상 회의의 결정을 지지하였다.

채점 기준	수준
처음에는 신탁 통치를 반대하다가 모스크바 3국 외상 회의의 결정을 지지하는 것으로 변화하였다는 내용, 신탁 통치를 임시 민주 정부 수립을 위한 지원이라고 여겨 결정을 지지하였다는 내용을 모두 서술한 경우	상
처음에는 신탁 통치를 반대하다가 모스크바 3국 외상 회의의 결정을 지지하는 것으로 변화하였다는 내용, 신탁 통치를 임시 민주 정부 수립을 위한 지원이라고 여겨 결정을 지지하였다는 내용 중 한 가지만 서술한 경우	중
위 내용을 한 가지도 서술하지 못한 경우	하

274

자료는 남북 협상 공동 성명의 일부이다. 남한만의 단독 선거가 결정되자 김구와 김규식 등은 통일 정부 수립을 위해 남북 협상을 추진하였다. 이러한 가운데 평양에서 '전 조선 제 정당·사회단체 대표자 연석 회의(남북 연석 회의)'가 개최되었다(1948. 4.). 평양을 방문한 김구와 김규식 등은 북한 지도자들과 회담을 갖고, 외국 군대 철수, 남한 단독 선거 반대 등을 포함한 공동 성명을 발표하였다.

275

남한만의 단독 선거가 결정되자 김구와 김규식 등은 통일 정부 수립을 위해 남북 협상을 추진하였다.

채점 기준	수준
남한만의 단독 선거가 결정되자 김구와 김규식이 남북 협상을 추진하였다는 내용을 서술한 경우	상
남한만의 단독 선거가 결정되자 김구와 김규식이 남북 협상을 추진하였다는 내용을 서술하지 못한 경우	하

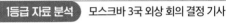

적중 1등급 문제 ────────────────── ● 57쪽

276 ② 277 ① 278 ④ 279 ①

276 모스크바 3국 외상 회의

1등급 자료 분석 모스크바 3국 외상 회의 결정 기사

자료는 『동아일보』1945년 12월 27일자 기사로 소련이 신탁 통치를, 미국은 즉시 독립을 주장하였다고 보도하였다. 실제로는 미국도 신탁 통치를 주장하였으나, 즉시 독립을 주장하였다고 사실과 다르게 보도되었다.

밑줄 친 '이 회의'는 1945년 12월에 개최된 모스크바 3국 외상 회의이다. 모스크바 3국 외상 회의에서 최대 5년간 신탁 통치 실시가 결정되면서 이를 둘러싸고 좌익과 우익이 격렬하게 대립하였다. 조선 인민 공화국 수립은 1945년 9월, 제1차 미소 공동 위원회 개최는 1946년 3월에 이루어졌다.

277 여운형

1등급 자료 분석 여운형

- 비밀리에 조선 건국 동맹을 결성하였어요.
여운형은 일제의 패망에 대비하여 1944년 국내에서 비밀리에 조선 건국 동맹을 결성하였다. 국내 민족주의자와 사회주의자가 대거 참여한 이 단체는 일제 타도를 위해 대동단결, 민주주의 원칙에 의한 국가 건설 등을 목표로 하였다.
- 광복 이후 치안 유지와 건국 사업을 주도하였어요.
여운형은 광복 직후 안재홍 등과 함께 치안 유지와 건국 사업을 주도할 조선 건국 준비 위원회를 조직하였다. 조선 건국 준비 위원회는 전국에 지부를 조직하고 치안대를 설치하여 질서를 유지하였다.

(가) 인물은 여운형이다. 여운형은 미군정의 지원을 받아 중도 좌파 입장에서 좌우 합작 운동을 이끌었으나 1947년에 암살당하였다. 여운형의 암살로 좌우 합작 운동은 사실상 중단되었다.

바로잡기 ② 김구는 충칭에서 귀국하여 한국 독립당을 이끌었다. ③ 이승만은 정읍에서 남한만의 단독 정부 수립을 주장하였다. ④ 이승만은 미국

에서 귀국하여 독립 촉성 중앙 협의회를 조직하였다. ⑤ 안재홍은 좌익 세력이 주도권을 장악하자 조선 건국 준비 위원회(건준)에서 이탈하였다.

선택지 더 보기

⑥ 김구와 함께 남북 협상에 참가하였다. (×)
⑦ 송진우와 함께 한국 민주당을 결성하였다. (×)
⑧ 광복 직전 조선 총독부와 치안권과 행정권 이양 등을 교섭하였다. (○)

278 단독 정부 수립을 둘러싼 갈등

1등급 자료 분석 단독 정부 수립을 둘러싼 갈등

(가) 제주도에서 열린 3·1 기념행사 중 군중과 경찰 사이에 충돌이 발생하였다. 경찰의 발포로 사상자가 발생하여 제주도민들이 반발하고 있다.
1947년 제주도에서 열린 3·1절 기념행사 중 군중과 경찰 사이에 충돌이 벌어졌고, 경찰의 발포로 사상자가 발생하였다. 제주도민들이 항의 시위를 벌이자 경찰과 서북 청년단이 강압적으로 대응하여 사태가 더욱 악화되었다.

(나) 유엔 총회는 미국의 제안을 받아들여 인구 비례에 따른 총선거를 통해 한반도에 정부를 수립하기로 결정하였다.
제2차 미소 공동 위원회에서도 미국과 소련은 이견을 좁히지 못하였다. 이에 미국은 한반도 문제를 유엔 총회에 상정하였다. 유엔 총회는 유엔 감시하에 인구 비례에 따른 남북한 총선거를 실시하고 한국에 정부를 수립한다는 내용의 결의안을 통과시켰다.

(가)는 1947년 3월, (나)는 1947년 11월에 있었던 사실이다. 1947년 5월 제2차 미소 공동 위원회가 열렸으나 이견을 좁히지 못하고 결렬되자 유엔 총회에서 미국의 제안을 받아들여 한반도 문제를 결정하였다.

바로잡기 ① 이승만 정부는 정부 수립 직후인 1948년 8월 제주도에 계엄령을 선포하여 무장봉기한 세력을 강경하게 진압하였다. ② 좌우 합작 위원회는 1947년 12월에 해산되었다. ③ 유엔 한국 임시 위원단은 총선거를 관리 감독하기 위해 1948년 1월 남한 지역을 방문하였다. ⑤ 1948년 10월 여수 주둔 부대는 제주도 출동 명령을 거부하고 무장봉기하였다(여수·순천 10·19 사건).

279 남북 협상

1등급 자료 분석 남북 협상

어제 21일 김규식은 출발에 앞서 이번 북행(北行)에 대한 소견을 다음과 같이 피력하였다. "나와 김구 선생은 우리의 손으로써 조국을 통일시켜야 한다는 데서 협상을 제안하였던 것이다.
김구와 김규식은 통일 정부 수립을 위한 남북 협상을 북한의 김일성 등에게 제안하여 남북 협상이 성사되었다.
…… 우리는 안으로 민족의 통일을 성취시키고, 밖으로 연합국의 협조를 통하여 우리의 자주독립을 이루기 위하여 다음과 같은 원칙을 제시할 예정이다." 북한의 지도자들은 1948년 4월 평양에서 남한 단독 선거 반대, 외국 군대의 철수를 요구하는 성명을 발표하였다.

밑줄 친 '협상'은 남북 협상이다. 유엔 소총회에서 남한만의 총선거 실시를 결정하자 김구와 김규식 등은 이에 반대하며, 북측에 남북 협상을 제안하였다. 1948년 4월 평양에서 열린 남북 협상에서는 남한 단독 선거 반대와 외국 군대 철수 등이 합의되었으나, 미국과 소련에서 받아들이지 않았다.

바로잡기 ㄷ, ㄹ. 좌우 합작 7원칙에는 미소 공동 위원회 속개를 요청하고, 친일파와 민족 반역자를 처단할 조례를 제정한다는 내용이 포함되었다.

07 대한민국 정부 수립과 6·25 전쟁

기본 기출 문제
● 59쪽 ~ 60쪽

핵심 개념 문제

280 5·10 총선거   **281** 인천 상륙 작전   **282** 삼백 산업

283 ○   **284** ○   **285** ㉠   **286** ㉤   **287** ㉠   **288** ㉠

289 ㄷ   **290** ㄴ

---

291 ④   **292** ⑤   **293** ②   **294** ④   **295** ②   **296** ④

297 ④

291

(가)는 우리 역사상 최초로 실시된 민주적인 선거인 5·10 총선거로 남한만의 단독 선거에 반대한 김구, 김규식이 참여하지 않았다. 5·10 총선거 결과 제주도의 2개 선거구에서 선거가 무효 처리되어 임기 2년의 국회 의원 198명이 선출되었다.

바로잡기 ㄱ. 좌익 세력은 단독 선거를 반대하였다. ㄷ. 5·10 총선거로 임기 2년의 제헌 의원을 선출하였다.

292

밑줄 친 '합법 정부'는 1948년 8월 15일에 수립된 대한민국 정부이다. 대한민국 정부는 초대 대통령 이승만을 중심으로 행정부를 구성하였다.

바로잡기 ① 제헌 국회가 제헌 헌법을 공포하였다. ② 대한민국 정부 수립 이전에 남북 협상을 개최하였다. ③ 대한민국 정부가 수립되면서 미군정이 종식되었다. ④ 미군정은 조선 인민 공화국을 인정하지 않았다.

293

(가)는 반민족 행위 특별 조사 위원회(반민 특위)이다. 반민 특위의 활동은 이승만 정부의 비협조와 방해로 위기를 겪었다. 반민 특위가 친일 경찰을 검거하자 경찰이 반민 특위 사무실을 습격하는 사건이 발생하였고, 반민 특위 소속 국회 의원들은 공산당과 내통하였다는 혐의로 구속되었다(국회 프락치 사건). 결국 반민법 공소 시효를 단축하는 개정 법안이 통과되었고, 반민 특위는 해체되었다.

바로잡기 ② 좌우 합작 위원회는 여운형, 김규식 등 중도 세력이 중심이 되었다.

294

밑줄 친 '전쟁'은 6·25 전쟁이다. 1950년 1월 미국 국무 장관 애치슨은 한국이 미국의 태평양 방위선에 포함되지 않는다고 발표하였다(애치슨 선언). 이 선언은 북한이 소련과 중국의 지원을 받으며 전쟁을 준비하는 유리한 상황을 조성하였다.

바로잡기 ① 남북 협상은 1948년 4월에 개최되었다. ② 유엔 한국 임시 위원단은 1948년에 실시될 5·10 총선거를 준비하기 위해 파견되었다. ③ 이

승만은 제1차 미소 공동 위원회가 결렬되자 1946년 6월 정읍에서 남한만의 정부 수립을 주장하였다. ⑤ 제주 4·3 사건 진압 명령을 받은 여수 주둔 부대 내 좌익 세력들이 무장봉기하면서 여수·순천 10·19 사건이 일어났다.

295

(가)는 제헌 헌법으로 1948년 7월에 제정되었고, (나)는 대통령 직선제를 포함한 발췌 개헌(1차 개헌)으로 1952년에 개정되었다. (가) 조항에서 알 수 있듯이, 제헌 헌법은 국회가 대통령을 선출하도록 하였다. 이후 제2대 국회 의원 선거에서 이승만 정부에 비판적인 후보가 대거 당선되어 이승만이 국회에서 대통령에 재선될 가능성이 낮아졌다. 이에 이승만은 대통령 직선제 개헌을 위해 부산 일대에 계엄령을 선포하고, 헌병을 동원하여 개헌에 반대하는 국회 의원 일부를 간첩으로 몰아 구속하였다. 대통령 직선제가 포함된 1차 개헌안이 기립 투표로 통과되었고, 이승만은 제2대 대통령에 당선되었다.

바로잡기 ① 1948년에 제주 4·3 사건이 일어났다. ③ 제3대 국회 의원 선거는 1954년에 실시되었다. ④ 이승만은 발췌 개헌으로 개정된 헌법에 따라 대통령 직선제로 제2대 대통령에 당선되었다. ⑤ 1959년 이승만 정부에 비판적인 『경향신문』이 폐간되었다.

296

제시된 자료는 1956년 실시된 제3대 대통령 선거의 결과이다. 제3대 대통령 선거에서 진보 성향의 무소속 후보인 조봉암이 돌풍을 일으켰다. 이후 조봉암이 진보당을 창당하자 이승만 정부는 반공 이념을 내세워 조봉암과 진보당 간부들을 간첩 혐의로 구속하고, 조봉암의 사형을 집행하였다.

바로잡기 ① 정전 협정은 1953년에 체결되었다. ② 여수·순천 10·19 사건의 영향 등으로 1948년 국가 보안법이 제정되었다. ③ 정부는 1949년 귀속 재산 처리법을 제정하였다. ⑤ 1956년 치러진 제3대 대통령 선거 과정에서 신익희가 민주당 후보로 국민의 지지를 얻었으나 사망하였다.

297

6·25 전쟁 이후인 (가) 시기에는 미국으로부터 면직물, 설탕, 밀가루 등의 소비재 원료가 원조 물자로 도입되었다. 이를 기반으로 삼백 산업이 발달하였다.

바로잡기 ① 1977년에 수출 100억 달러를 달성하였다. ② 1923년에 일본 상품에 대한 관세가 폐지되어 값싼 일본 상품이 국내로 유입되었다. ③ 1970년대 두 차례의 석유 파동으로 유가가 폭등하여 무역 적자가 심화되었다. ⑤ 1949년에 유상 매수·유상 분배 방식의 농지 개혁법이 제정되었다.

298 ②	**299** ③	**300** ④	**301** ②	**302** ⑤	**303** ④
304 ①	**305** ④	**306** ⑤	**307** ⑤	**308** ④	**309** ①
310 ④	**311** ④				

1등급을 향한 서답형 문제

312 6·25 전쟁   **313** 예시답안 국군과 유엔군이 인천 상륙 작전에 성공하여 전세를 역전하였다.   **314** 삼백 산업

315 예시답안 특정 기업에 혜택이 편중되면서 정경 유착이나 독점 등이 나타나기도 하였다. 또한 미국에서 들어온 값싼 농산물로 곡물 가격이 하락하여 농촌 경제가 어려움을 겪었다.

298

밑줄 친 '국회'는 5·10 총선거로 구성된 제헌 국회이다. 제헌 국회는 제헌 헌법을 제정하고, 제헌 헌법에 따라 친일 반민족 행위자를 처벌하기 위해 반민족 행위 처벌법(반민법)을 제정하였다.

바로잡기 ㄴ. 제2대 국회에서 발췌 개헌안을 통과시켰다. ㄹ. 대한민국 정부 수립 이전인 1948년 4월 통일 정부 수립을 위해 김구, 김규식 등이 남북 협상을 추진하였다.

299

이승만 대통령은 반공을 앞세워 친일 반민족 행위자 처벌을 위해 구성된 반민 특위의 활동을 방해하였다. 또한 경찰이 반민 특위 사무실을 습격하는 사건이 발생하였고, 반민 특위 소속 국회 의원들이 공산당과 내통했다는 혐의로 구속되었다. 이후 반민법의 공소 시효를 단축하는 개정 법안이 통과되었고, 친일 반민족 행위자 처벌은 실패하였다.

바로잡기 ① 대한민국 정부 수립 이전인 1947년 여운형이 암살당하였다. ② 1949년 미군이 한반도에서 철수하였다. ④ 김구는 단독 정부 수립에 반발하여 5·10 총선거에 참가하지 않았다. ⑤ 제주도 3·1절 기념행사에서 경찰 발포로 사상자가 생긴 것이 배경이 되어 1948년 제주 4·3 사건이 발생하였다.

300

제시된 자료는 1949년에 제정된 농지 개혁법으로 농지 개혁의 기반이 되었다. 농지 개혁이 실시된 결과 소작농이 줄어들고 자작농이 크게 증가하였다.

바로잡기 ① 농지 개혁은 정부 수립 이후인 1949년에 농지 개혁법이 제정되며 추진되었다. ② 북한은 1946년에 토지 개혁을 실시하였다. ③ 농지 개혁은 6·25 전쟁 발발 이전에 시작되었다. ⑤ 좌우 합작 7원칙의 토지 개혁 방식인 유상 매수, 무상 분배 방식과 달리 농지 개혁은 유상 매수, 유상 분배의 원칙으로 실시되었다.

301

북조선 임시 인민 위원회는 사회주의 경제 체제의 토대를 마련하였다. 토지 개혁을 실시하고 이를 통해 분배된 토지의 매매·소작·저당을 금지하였다. 이후 김일성을 초대 수상으로 하여 조선 민주주의 인민 공화국이라는 이름으로 북한 정권을 수립하였다.

바로잡기 ② 북조선 임시 인민 위원회는 무상 몰수·무상 분배의 토지 개혁을 실시하였다.

302

제시된 자료는 6·25 전쟁에 대한 것이다. 1950년 1월 미국의 국무 장관 애치슨은 태평양 방위선에 한국과 타이완이 포함되지 않는다는 애치슨 선언을 발표하였다. 1950년 6월 25일 북한의 남침으로 전쟁이 시작되었고, 유엔군이 참전하였으나 북한군은 낙동강 일대를 제외한 남한 지역 대부분을 장악하였다. 국군과 유엔군은 인천 상륙 작전에 성공하여 전세를 역전하였으나, 중국군이 북한을 지원하면서 1951년 1월 서울을 다시 빼앗겼다(1·4 후퇴). 이후 시작된 정전 회담에서는 군사 분계선 설정과 포로 송환 문제로 협의에 어려움을 겪었다. 한편 전쟁 중에는 국민 보도 연맹 사건 등 민간인 학살 사건이 있었다.

바로잡기 ⑤ 여수·순천 10·19 사건은 제주 4·3 사건을 배경으로 일어났다.

303

(가) 전쟁은 6·25 전쟁이다. 6·25 전쟁 직후 한미 상호 방위 조약이 체결되어 미군은 한국에 계속 주둔하게 되었다. 또한 일본은 6·25 전쟁 특수로 경제 재건의 기회를 마련하였다.

바로잡기 ㄱ. 6·25 전쟁 이후 김일성이 여러 세력을 제거하고 독재를 강화하였다. ㄷ. 6·25 전쟁으로 북한에 대한 중국의 영향력이 증가하였다.

304

(가)는 1950년 9월, (나)는 1951년 1월에 있었던 사실이다. 국군과 유엔군이 북진하자 1950년 10월에 중국군이 참전하여 전세가 다시 역전되었고, 이듬해 국군과 유엔군은 서울을 다시 빼앗겼다(1·4 후퇴).

바로잡기 ② 전선이 교착 상태에 빠지자 소련의 제안으로 1951년 7월 정전 협정이 시작되었다. ③ 미국의 태평양 지역 방위선에서 한국을 제외한다는 애치슨 선언은 1950년 1월에 발표되었다. ④ 6·25 전쟁 직후인 1953년 10월 한미 상호 방위 조약이 체결되었다. ⑤ 6·25 전쟁이 발발하자 1950년 6월 유엔 안전 보장 이사회는 유엔군 파병을 결의하였다.

1등급 정리 노트	6·25 전쟁
전개	북한의 남침(1950. 6. 25.) → 서울 함락 → 유엔군 참전 → 국군과 유엔군의 인천 상륙 작전(1950. 9. 15.) → 서울 수복 → 국군과 유엔군의 압록강 진출 → 중국군 참전(1950. 10.) → 흥남 철수 → 서울 재함락(1·4 후퇴, 1951. 1. 4.) → 정전 회담 시작(1951. 7.) → 정전 협정 체결(1953. 7. 27.)
영향	• 인적 피해(군인과 민간인 사상자, 전쟁고아와 이산가족 발생), 물적 피해(공장, 도로, 주택 등 파괴) • 남북한의 이념 대립 및 적대감 심화, 한미 상호 방위 조약 체결 • 북한에 대한 중국의 영향력 증대, 6·25 전쟁 특수로 일본 경제 재건

305

1950년 5월 시행된 제2대 국회 의원 선거에서 이승만 정부에 비판적인 후보가 대거 당선되었다. 더욱이 6·25 전쟁 때 군 지휘관들이 전쟁 중 소집된 국민 방위군의 군수품을 빼돌려 많은 사람이 추위와 굶주림으로 사망한 국민 방위군 사건이 폭로되었다. 이에 재선이 어렵다고 판단한 이승만은 자유당을 창당하고 대통령 직선제 개헌을 추진하였다.

바로잡기 ㄱ. 이승만 정부는 1959년 정부에 비판적인 『경향신문』을 폐간하였다. ㄷ. 1956년 실시된 제3대 대통령 선거에 조봉암이 무소속으로 출마하여 선전하였다.

306

부산 일대에 계엄령이 선포된 것과 이승만이 제2대 대통령에 당선된 것은 1952년이다. ㈎ 시기에는 공포 분위기 속에서 경찰과 군인이 국회를 포위한 가운데 발췌 개헌안이 토론 없이 기립 투표로 통과되었다.

바로잡기 ① 1950년 6·25 전쟁이 발발하였다. ② 1948년 제주 4·3 사건이 일어났다. ③ 제3대 대통령 선거에서 선전한 조봉암은 1956년 진보당을 창당하였다. ④ 1956년 치러진 대통령 선거에서 민주당 장면이 부통령에 당선되었다.

307

밑줄 친 '개헌'은 2차 개헌인 사사오입 개헌이다. 당시 대통령인 이승만에 한해 중임 제한 규정을 적용하지 않는다는 개헌안을 발의하였다. 국회 표결 결과 정족수 1명이 모자라 부결되었으나, 자유당은 사사오입(반올림)의 논리를 적용하여 개헌안 통과를 선언하였다. 법과 절차를 무시한 개헌으로 이승만은 장기 집권을 위한 포석을 마련하였다.

바로잡기 ① 최초의 개헌은 발췌 개헌이다. 사사오입 개헌은 2차 개헌이었다. ② 사사오입 개헌은 6·25 전쟁 이후인 1954년에 가결되었다. ③ 제헌 헌법은 대통령 선출 방식을 간선제로 정하여 국회에서 대통령을 선출하였다. ④ 4·19 혁명 이후 내각 책임제 개헌(3차 개헌)이 이루어져 장면 내각이 수립되는 계기가 되었다.

1등급 정리 노트 발췌 개헌과 사사오입 개헌	
발췌 개헌 (1952)	제2대 국회 의원 선거에서 정부에 비판적인 후보 대거 당선, 국민 방위군 사건 폭로 → 이승만, 자유당 창당 → 부산 일대에 계엄령 선포, 국회 의원 체포 → 대통령 직선제 개헌 → 이승만, 제2대 대통령 당선
사사오입 개헌 (1954)	개헌 당시 대통령에 한해 중임 제한 규정 적용하지 않는 개헌안 발의 → 정족수 1명 차이로 부결 → 정부가 사사오입 논리로 개헌안 통과 → 이승만, 제3대 대통령 당선

308

자료에 나타난 선거는 1956년에 치러진 제3대 대통령 선거이다. 이 선거에서는 민주당 대통령 후보인 신익희가 선거 기간 중 갑작스럽게 사망하는 상황이 발생하였다.

바로잡기 ① 제3대 대통령 선거는 사사오입 개헌(1954) 이후인 1956년에 실시되었다. ② 제3대 대통령 선거에서 민주당 후보인 장면이 부통령에 당선되었다. ③ 이승만은 제3대 대통령에 선출되었다. ⑤ 1960년에 실시된 3·15 부정 선거에서 부통령에 이기붕을 당선시키기 위해 3인조 공개 투표 등 대대적인 부정이 이루어졌다.

309

㈎ 인물은 조봉암이다. 제3대 대통령 선거에서 선전한 조봉암은 평화 통일 등을 내세우며 진보당을 창당하였다. 이승만 정부는 반공 이념을 앞세워 조봉암과 진보당을 탄압하였다.

바로잡기 ㄷ. 김규식은 김구와 함께 남북 협상에 참가하였다. ㄹ. 장면은 내각 책임제 개헌이 이루어진 후 실시된 국회 의원 선거에서 민주당이 다수당이 되면서 국무총리로 선출되었다.

310

밑줄 친 '정부'는 이승만 정부이다. 이승만 정부는 장기 집권을 위해 반공주의를 내세워 정부 비판 세력을 탄압하고 국가 보안법을 개정하였다. 또한 진보당의 정당 등록을 취소시키고, 정부에 비판적인 『경향신문』을 폐간하였다.

바로잡기 ④ 장면 내각 시기에 민간 차원의 통일 운동이 활성화되면서 학생들이 남북 학생 회담 개최를 제안하였다.

311

제시된 자료는 1950년대 후반 북한에서 추진된 천리마 운동에 대한 것이다. 천리마 운동은 기술 혁신과 물질적 뒷받침 없이 노동력 동원과 정신 무장을 강요하였다. 그 결과 지속적인 성과를 내지 못하고, 김일성 중심의 유일 지배 체제의 기반 마련에만 이용되었다.

바로잡기 ① 제주 4·3 사건 진압을 위해 우익 세력인 서북 청년회 등이 동원되었다. ② 천리마 운동은 기술 혁신이 아닌 정신 무장을 강요하였다. ③ 미군정은 조선 총독부의 경찰 조직을 활용하였다. ⑤ 북한의 토지 개혁은 무상 몰수, 무상 분배 방식으로 실시되었다.

312

㈎ 전쟁은 6·25 전쟁이다. 6·25전쟁은 1950년 북한의 기습 남침으로 발발하였다.

313

국군과 유엔군이 인천 상륙 작전에 성공하였다.

채점 기준	수준
국군과 유엔군이 인천 상륙 작전에 성공하여 전세를 역전하였다는 내용을 서술한 경우	상
국군과 유엔군이 인천 상륙 작전에 성공하여 전세를 역전하였다는 내용을 서술하지 못한 경우	하

314

(가)에 들어갈 용어는 삼백 산업이다. 삼백 산업은 제분, 제당, 면방직 산업의 생산품인 밀가루, 설탕, 면직물이 모두 흰색이어서 삼백 산업이라 불렸으며, 미국의 원조로 받은 원재료를 가공하여 판매하였다.

315

특정 기업에 혜택이 편중되면서 정경 유착이나 독점 등이 나타나기도 하였다. 또한 미국에서 들어온 값싼 농산물로 곡물 가격이 하락하여 농촌 경제가 어려움을 겪었다.

채점 기준	수준
특정 기업에 혜택이 편중되어 정경 유착이 나타났다는 내용, 값싼 농산물이 들어오면서 곡물 가격이 하락하였다는 내용을 서술한 경우	상
특정 기업에 혜택이 편중되어 정경 유착이 나타났다는 내용, 값싼 농산물이 들어오면서 곡물 가격이 하락하였다는 내용 중 한 가지만 서술한 경우	중
특정 기업에 혜택이 편중되어 정경 유착이 나타났다는 내용, 값싼 농산물이 들어오면서 곡물 가격이 하락하였다는 내용 중 하나도 서술하지 못한 경우	하

적중 1등급 문제   ● 65쪽

316 ③   **317** ③   **318** ③   **319** ③

316 제헌 국회 의원

1등급 자료 분석   5·10 총선거

이 자료는 유엔 한국 임시 위원단이 참관한 가운데 시행된 (가)을/를 홍보한 포스터로, 투표하는 모습과 함께 국민들에게 투표를 독려하는 구호가 실려 있다. (가)은/는 우리나라 역사상 최초의 보통 선거이다.
1948년 5월 10일, 38도선 이남 지역에서 유엔 한국 임시 위원단의 감시 아래 총선거가 실시되었다. 5·10 총선거는 우리 역사상 최초의 보통 선거로 민주적인 절차에 따라 실시되었다.

(가) 선거는 1948년 5월 10일에 실시된 우리나라 최초의 선거인 5·10 총선거이다. 이 선거를 통해 선출된 제헌 국회 의원은 제헌 헌법을 제정하고 국호를 대한민국으로 정하였다.

바로잡기 ① 5·10 총선거 때 제주도의 2개 선거구에서 실시된 선거는 무효 처리되어 총 198명의 제헌 국회 의원이 선출되었다. ② 제2대 국회 의원은 위협 속에 발췌 개헌에 표결하였고, 그 결과 대통령 직선제 개헌이 이루어졌다. ④ 제2대 국회 의원 선거에서는 이승만 정부에 비판적인 의원이 대거 당선되었다. ⑤ 좌우 합작 위원회는 유상 매입, 무상 분배 원칙의 토지 개혁안을 포함한 좌우 합작 7원칙을 발표하였다.

317 광복 이후의 경제 상황

1등급 자료 분석   미군정 시기의 모습

화폐가 과도하게 발행되어 물가가 폭등하였어요.
광복 이후 일본인 공장주와 기술자가 일본으로 돌아가자 공장 가동이 원활하지 않았다. 미군정은 식량 및 생활필수품을 확보하기 위해 힘썼다. 그러나 재정 적자를 해결하기 위해 화폐를 과도하게 발행하여 물가가 폭등하였다.

광복 이후 일본의 자본과 기술이 빠져나가면서 공장의 수가 줄어든 반면 해외에서 귀국하는 인구가 늘어나 실업자가 대거 발생하였다. 농민의 대다수는 자기 토지를 소유하지 못하고 고율의 소작료에 시달렸다. 이러한 상황에서 미군정은 재정 마련을 위해 화폐를 과도하게 발행하면서 물가가 폭등하였다.

바로잡기 ① 대한민국 정부 수립 이후인 1948년 말 국가 보안법이 제정되었다. ② 6·25 전쟁 직후 김일성은 박헌영 계열을 제거하고 독재 체제를 강화하였다. ④ 이승만 정부는 1949년 귀속 재산 처리법을 제정하고 일본인이 남기고 간 토지, 건물, 기업 등의 귀속 재산을 불하하였다. ⑤ 북한은 농토와 생산 수단은 협동조합이 소유하도록 하고 주요 산업을 국유화하였다.

318 6·25 전쟁

1등급 자료 분석   6·25 전쟁의 전개

(가) 인천 상륙 작전

(나) 북한군, 서울 점령

(다) 1·4 후퇴

(라) 중국군 개입

전쟁 초기에는 북한군의 전력이 우세하였다. 북한군은 3일 만에 서울을 점령하고, 경상도 일부 지역을 제외한 대부분의 지역을 장악하였다. 낙동강을 사이에 두고 치열한 전선이 형성되어 있을 때, 국군과 유엔군은 인천 상륙 작전으로 서울을 되찾고 38도선을 넘어 북진하였다.

제시된 자료는 6·25 전쟁의 전개 과정을 보여 준다. 1950년 6월 전쟁 3일 만에 북한군은 서울을 점령하였으나, 같은 해 9월 국군과 유엔군이 인천 상륙 작전으로 전세를 역전하여 압록강 부근까지 진격하였다. 하지만 1950년 10월 중국군이 참전하면서 국군과 유엔군이 남쪽으로 밀려나 1951년 1월에 다시 서울을 빼앗겼다

(1·4 후퇴). 따라서 사건을 일어난 순서대로 나열하면 (나) → (가) → (라) → (다)이다.

319 이승만 정부

1등급 자료 분석 사사오입 개헌과 조봉암 사형 집행

- 당시 대통령에 한해 중임 제한 규정을 적용하지 않는다는 개헌안이 정족수 1명 부족으로 부결되었으나, 이틀 후 사사오입의 논리로 통과되었다.
  자유당은 장기 집권을 위해 헌법 공포 당시 대통령은 중임 제한 규정을 적용받지 않는다는 개헌안을 국회에 제출하였다. 재적 인원 203명 중 3분의 2인 136명이 찬성해야 가결인데 135명 찬성으로 부결되었다. 그러나 며칠 후 사사오입(반올림)의 원칙을 내세워 개헌안이 통과되었다고 발표하였다.
- 간첩죄와 국가 보안법 위반 등의 혐의로 재판을 받던 조봉암의 형이 확정되어 사형이 집행되었다.
  이승만 정부는 제3대 대통령 선거에서 선전한 조봉암과 진보당 간부들을 1958년 간첩죄와 국가 보안법 위반 등의 혐의로 구속하였다. 이듬해에는 조봉암의 사형을 집행하였다.

사사오입 개헌은 1954년, 조봉암에 대한 사형 집행은 1959년에 있었던 사실이다. 1956년 실시된 제3대 대통령 선거에서 민주당의 장면은 이기붕을 누르고 부통령에 당선되었다. 1956년 제3대 대통령 선거에서는 진보 성향의 무소속 후보인 조봉암이 유효 표의 30%가량을 얻으며 돌풍을 일으켰다. 대통령 선거에서 선전한 조봉암이 평화 통일 등을 내세우며 진보당을 창당하자, 이승만 정부는 반공 이념을 앞세워 진보당을 탄압하였다. 또한 1958년 조봉암과 진보당 간부들을 간첩죄와 국가 보안법 위반 등의 혐의를 씌워 구속하고 진보당의 정당 등록을 취소하였으며, 이듬해 조봉암의 사형을 집행하였다.

바로잡기 ① 제헌 국회는 1948년 반민족 행위 처벌법을 제정하였다. ② 6·25 전쟁 직후인 1953년 10월 한미 상호 방위 조약이 체결되었다. ④ 1952년 임시 수도 부산에서 대통령 직선제 개헌안을 포함한 발췌 개헌이 통과되었다. ⑤ 이승만 정부는 발췌 개헌을 통과시키기 위해 1952년 임시 수도 부산에 계엄령을 선포하였다.

선택지 더 보기

⑥ 기립 표결로 대통령 직선제 개헌이 이루어졌다. (×)
⑦ 이기붕을 당선시키기 위한 3·15 부정 선거가 자행되었다. (×)
⑧ 민주당 대통령 후보 신익희가 선거 운동 도중 사망하였다. (○)

08 민주화를 위한 노력

기본 기출 문제 ● 67쪽 ~ 68쪽

핵심 개념 문제

320 3·15 부정 선거 **321** 7·4 남북 공동 성명 **322** ×
323 ○ **324** ㉡ **325** ㉠ **326** ㉠ **327** ㉠ **328** ㉠
329 ㄱ **330** ㄴ

331 ① **332** ④ **333** ④ **334** ③ **335** ⑤ **336** ①

331

제시된 자료는 4·19 혁명 중 발표된 대학교수단의 시국 선언문이다. 이승만 정부는 비상계엄을 선포하고 군대까지 동원하였지만 학생과 시민의 자발적인 시위 참여를 막을 수 없었다. 대학교수들도 시위에 나서 "학생의 피에 보답하라."라고 외치면서 이승만의 퇴진을 요구하였다. 4·19 혁명의 결과 이승만은 대통령 자리에서 물러났다.

바로잡기 ② 이승만 정부는 1952년에 국회 의원들을 협박하여 기립 투표로 대통령 직선제 개헌안을 통과시켰다(발췌 개헌). ③ 1946년 좌우 합작 위원회가 결성되었다. ④ 1945년 모스크바 3국 외상 회의가 열렸다. ⑤ 1956년 실시된 제3대 대통령 선거에서 민주당의 장면이 부통령에 당선되었다.

332

밑줄 친 '정부'는 장면 내각이다. 장면 내각은 경제 건설을 내세우며 경제 개발 5개년 계획을 수립하고, 국토 개발 사업을 추진하였다. 하지만 각계각층에서 분출되는 민주화 요구를 제대로 수용하지 못하였고, 부정 선거 책임자와 부정 축재자 처벌에도 소극적이었다.

바로잡기 ㄱ. 장면 내각은 남북 학생 회담에 반대하였다. ㄷ. 박정희 정부는 유신 헌법을 공포하여 기본권을 제한하는 긴급 조치권을 대통령에게 부여하였다.

333

국가 재건 최고 회의를 설치한 밑줄 친 '세력'은 5·16 군사 정변을 일으킨 박정희 등의 군부 세력이다. 군부 세력은 국가 안보를 명분으로 중앙정보부를 설치하여 정치권력을 강화하였다. 또한 1962년 대통령 중심제로 헌법을 개정하고 민주 공화당을 창당하였다.

바로잡기 ㄱ. 장면 내각은 지방 자치제를 도입하였다. ㄷ. 이승만 정부는 1959년 정부에 비판적인 『경향신문』을 폐간하였다.

334

통일 주체 국민 회의에서 대통령을 선출한다는 내용의 헌법이라는 점, 박정희 후보가 대통령으로 선출되었다는 점을 통해 밑줄

친 '이 헌법'은 유신 헌법임을 알 수 있다. 유신 체제에 저항하는 유신 반대 운동이 전국 각지에서 일어나던 시기인 1976년 정치인과 종교 인사들이 명동 성당에 모여 3·1 민주 구국 선언을 발표하여 유신 체제를 비판하였다.

바로잡기 ① 미군정 시기인 1948년 제주 4·3 사건이 발생하였다. ② 박정희 정부가 한일 협정을 추진하자 1964~1965년에 걸쳐 한일 회담 반대 시위가 격렬하게 일어났다. ④ 이승만 정부는 진보당 사건을 일으켜 조봉암을 사형에 처하였다. ⑤ 이승만 정부 시기에 실시된 3·15 부정 선거에 반발하는 시위가 마산에서 시작되어 전국으로 확산되었다(3·15 의거).

335

제시된 자료는 5·18 민주화 운동 당시 발표된 광주 시민 궐기문이다. 신군부 세력은 국민의 민주화 요구에도 불구하고 1980년 5월 17일 비상계엄을 전국으로 확대하였다. 광주 지역에서 학생들은 계엄 철폐와 신군부 퇴진을 요구하는 시위를 벌였고, 시민들이 시위에 합류하였다. 5월 18일 계엄군으로 투입된 공수 부대원들은 이러한 시위를 무차별 폭력으로 진압하였다.

바로잡기 ① 이승만 정부 시기인 1954년 사사오입 개헌이 통과되었다. ② 1960년 이승만 정부가 부통령 후보인 이기붕을 당선시키기 위해 자행한 3·15 부정 선거는 4·19 혁명의 배경이 되었다. ③ 박정희 정부가 굴욕적인 한일 협정을 추진하자 6·3 시위 등 한일 협정 반대 시위가 확산되었다. ④ 1945년 열린 모스크바 3국 외상 회의에서 한반도에 대한 최대 5년간의 신탁 통치 실시가 결정되었다.

336

(가) 민주화 운동은 6월 민주 항쟁이다. 전두환 정부의 폭력성에 대한 분노와 직선제 개헌을 향한 국민의 열망은 높아졌다. 전두환이 직선제 개헌을 하지 않겠다는 뜻을 밝히자(4·13 호헌 조치), 전국 각지에서 대규모 시위가 벌어져 호헌 철폐와 직선제 개헌 등을 요구하였다.

바로잡기 ② 박정희 정부 시기에 3선 개헌 반대 시위가 전개되었다. ③ 박정희 정부가 유신 헌법을 공포하여 유신 체제가 시행되자 유신 반대 운동이 일어났다. ④ 장면 정부 시기에 민간 차원의 통일 운동이 확산되었다. ⑤ 이승만 정부의 3·15 부정 선거에 반발한 시위가 전국적으로 일어났다.

● 69쪽~72쪽

337 ⑤	338 ①	339 ③	340 ①	341 ②	342 ③
343 ④	344 ③	345 ③	346 ①	347 ①	348 ⑤
349 ③	350 ②				

1등급을 향한 서답형 문제

351 3·15 부정 선거 **352** **예시 답안** 이승만의 건강에 문제가 생기면 부통령이 대통령직을 잇기 때문에 이기붕을 부통령으로 만들기 위해 부정을 저질렀다. **353** 전두환 **354** **예시 답안** 야당과 민주 진영이 대통령 직선제 개헌 운동을 본격적으로 전개하였다.

337

밑줄 친 '시위'는 4·19 혁명이다. 4·19 혁명으로 이승만이 대통령직에서 물러난 후 허정을 수반으로 하는 과도 정부가 수립되었다. 허정 과도 정부는 내각 책임제와 양원제 국회를 골자로 하는 개헌을 단행하였다.

바로잡기 ① 유신 체제에 반대하여 1976년 정치인과 종교 인사들이 3·1 민주 구국 선언을 발표하여 유신 체제를 정면으로 비판하였다. ② 6월 민주 항쟁 당시 시민들은 4·13 호헌 조치의 철폐를 주장하였다. ③ 5·18 민주화 운동은 신군부 세력의 권력 장악에 저항하였다. ④ 12·12 사태로 정권을 장악한 전두환 등 신군부 세력은 삼청 교육대를 설치하여 사회 정화를 구실로 많은 민간인을 끌고 가 군사 훈련과 강제 노역을 시켰다.

338

(가), (나)는 3·15 부정 선거 이후 전개된 4·19 혁명 당시의 모습이다. 1960년 3·15 부정 선거에 항의하여 특히 마산(창원) 지역에서 대규모 시위가 전개되었다. 이후 시위 중 실종된 김주열 학생의 시신이 마산 앞바다에서 발견되자, 시민의 분노가 폭발하여 4월 19일 전국에서 대규모 시위가 전개되었다. 시위대는 대통령이 있는 경무대로 향하였고, 이들에게 경찰이 무차별 총격을 가하면서 많은 사람이 희생되었다. 이후 대학교수단도 시위에 나섰다.

바로잡기 ② 대학교수단의 시국 선언문 발표와 시위 이후 이승만은 대통령직에서 물러났다. ③ 장면 내각 시기에 학생들은 남북 학생 회담을 판문점에서 개최하자는 제안을 하였으나, 받아들여지지 않았다. ④ 조봉암은 1956년 제3대 대통령 선거에 무소속 대통령 후보로 출마하였다. ⑤ 이승만 정부는 1952년 임시 수도 부산에서 계엄령을 선포한 후 국회 의원들을 협박하여 대통령 직선제 개헌안을 포함한 발췌 개헌을 통과시켰다.

339

(가)에 들어갈 인물은 장면이다. 장면 내각 시기에는 경제 건설을 전면에 내세워 경제 개발 5개년 계획이 수립되었으며, 지방 자치제가 실시되었다.

바로잡기 ㄱ. 5·16 군사 정변 세력은 중앙정보부를 설치하여 정치권력을 강화하는 데 이용하였다. ㄹ. 박정희 정부는 경제 개발 자금을 확보하기 위해 일본과의 국교 정상화를 추진하였다.

340

제시된 자료는 장면 내각 시기의 정치 상황이다. 장면 내각은 시민들의 민주화 요구를 잘 수용하지 못하였으며 민간 차원의 통일 운동에 부정적이었다. 부정 선거 책임자와 부정 축재자 처벌 및 친일파 청산과 제주 4·3 사건의 진상 규명에 소극적이었다. 또한 민주당 내에서 발생한 파벌 싸움으로 정치적 혼란을 초래하였다.

바로잡기 ① 이승만, 박정희, 전두환 정부는 비상계엄을 선포하고 군대를 동원하였으나 장면 내각은 비상계엄을 선포하지 않았다.

1등급 정리 노트	장면 내각
성립	총선거에서 민주당 압승, 국무총리 장면, 대통령 윤보선
정책	경제 개발 5개년 계획 수립, 지방 자치제, 공무원 공개 채용 제도 실시
한계	부정 선거 책임자와 부정 축재자 처벌에 소극적, 민주화 요구와 통일 논의에 소극적, 민주당 내 파벌 → 5·16 군사 정변으로 붕괴

341

제시된 자료는 5·16 군사 정변을 일으킨 군부 세력과 그들이 발표한 혁명 공약이다. 군부 세력은 국가 재건 최고 회의를 설치하여 입법·사법·행정권을 장악하였다.

바로잡기 ① 이승만 정부는 부통령에 이기붕을 당선시키기 위해 3·15 부정 선거를 자행하였다. ③ 이승만 정부는 1959년 정부에 비판적인 보도를 하던 『경향신문』을 폐간하였다. ④ 12·12 사태로 권력을 장악한 신군부 세력은 최규하를 대통령직에서 물러나게 하였다. ⑤ 4·19 혁명으로 이승만 정부가 붕괴되면서 성립된 허정 과도 정부는 내각 책임제와 양원제 개헌을 추진하였다.

342

㈎는 5·16 군사 정변으로 박정희 등 군부 세력이 권력을 장악한 1961년, ㈏는 민주 공화당의 후보로 나선 박정희가 대통령에 당선된 1963년에 있었던 사실이다. 정권을 장악한 군부 세력은 대통령 중심제로 헌법을 개정하였으며, 민주 공화당을 창당하였다.

바로잡기 ㄱ. 이승만 정부는 1958년 진보당 간부들을 간첩죄와 국가 보안법 위반 등의 혐의를 씌워 구속하고 진보당의 정당 등록을 취소한 진보당 사건을 일으켰다. ㄹ. 5·18 민주화 운동을 무력 진압한 신군부 세력은 국가 보위 비상 대책 위원회를 설치하고 입법부·행정부·사법부를 장악하였다.

1등급 정리 노트	5·16 군사 정변
발생	박정희 등 군부 세력이 군사 정변으로 권력 장악
군정 실시	• 국가 재건 최고 회의 설치, 정치 활동 통제, 언론 탄압, 중앙정보부 설치, 대통령 중심제 개헌(1962), 민주 공화당 창당 • 경제 개발 5개년 계획 실시(1962)

343

제시된 자료는 한일 회담 추진에 반발하여 1964년에 일어난 한일 회담 반대 시위이다(6·3 시위). 일본이 식민 지배에 대한 사죄와 배상, 약탈된 문화유산의 반환 등이 포함되지 않은 채 한일 회담이 진행되자, 이를 대일 굴욕 외교라 여긴 학생들은 대대적인 반대 시위를 벌였다. 4·19 혁명은 1960년, 유신 헌법 공포는 1972년에 일어났다.

344

밑줄 친 '개헌'은 3선 개헌으로, 박정희 정부는 1969년 대통령의 3회 연임을 허용하는 3선 개헌을 통과시켰다. 이를 통해 박정희는 집권 연장의 길을 마련하였고, 개정된 헌법에 따라 치러진 제7대 대통령 선거(1971)에서 야당 후보를 누르고 대통령에 당선되었다.

바로잡기 ① 사사오입 개헌은 2차 개헌이다. ② 발췌 개헌(1차 개헌)은 임시 수도 부산에서 이루어졌다. ④ 내각 책임제와 양원제를 골자로 한 개헌은 4·19 혁명의 결과 수립된 허정 과도 정부에서 추진한 3차 개헌이다. ⑤ 1972년 공포된 유신 헌법에 따라 대통령이 국회 의원 3분의 1을 추천할 수 있었다.

345

제시된 자료는 박정희 정부 시기의 사실이다. 박정희 정부는 닉슨 독트린 이후 냉전 체제가 완화되자 북한과의 대화에 나서 1972년 7·4 남북 공동 성명을 발표하였다.

바로잡기 ① 6·25 전쟁 중 소련의 제안으로 1951년 정전 회담이 시작되어 1953년 7월 27일에 정전 협정이 체결되었다. ② 신군부 세력은 1979년 12·12 사태를 일으켜 권력을 장악하였다. ④ 1953년 6·25 전쟁의 정전 협정이 체결된 직후 체결된 한미 상호 방위 조약에 따라 미군이 한국에 계속 주둔하게 되었다. ⑤ 김대중 정부는 2000년에 제1차 남북 정상 회담을 개최하였다.

346

제시된 자료는 유신 헌법의 일부이다. 박정희 정부는 전국에 비상 계엄을 선포하고 국회를 해산한 뒤 비상 국무 회의에서 제정한 유신 헌법을 국민 투표로 확정하였다. 이에 따라 유신 체제가 성립되었다.

바로잡기 ② 미국은 1950년 애치슨 선언을 발표하여 미국의 태평양 지역 방위선에서 한국을 제외하였다. ③ 제헌 국회 의원들은 1948년 친일파를 청산하기 위해 반민족 행위 처벌법(반민법)을 제정하였다. ④ 1948년에 일어난 여수·순천 10·19 사건의 영향으로 같은 해 국가 보안법이 제정되었다. ⑤ 이승만 정부는 비판 세력을 탄압하기 위해 1958년 국가 보안법을 개정하였다.

347

제시된 자료는 3·1 민주 구국 선언으로 1976년에 발표되었다. 유신 헌법이 적용되던 시기에 정치인과 종교 인사들이 명동 성당에 모여 3·1 민주 구국 선언을 발표하여 유신 체제를 정면으로 비판하였다. 한편 유신 헌법에 따라 대통령은 국회 해산권, 법관 인사권을 행사하였으며, 국회 의원의 3분의 1을 추천할 수 있었다.

바로잡기 ① 유신 헌법에 대통령의 임기는 6년으로 규정하였다.

유신 체제 성립	• 배경: 냉전 완화, 경기 침체, 7·4 남북 공동 성명 발표 • 10월 유신: 안보 위기를 구실로 비상계엄 선포 → 국회 해산, 유신 헌법을 국민 투표로 확정(1972)
유신 헌법	대통령 임기 6년(중임 제한 없음, 통일 주체 국민 회의에서 대통령 선출), 대통령이 국회 의원 3분의 1 추천권, 국회 해산권, 법관 임명권, 긴급 조치권(국민의 기본권 제한) 행사
유신 반대 운동	• 장준하 등이 개헌 청원 100만 인 서명 운동 전개, 천주교 정의 구현 전국 사제단 조직, 3·1 민주 구국 선언(1976) • 정부가 민청학련 사건, 제2차 인혁당 사건 등으로 탄압

348

자료는 YH 무역 사건에 대한 것으로, 이 사건에 대해 야당이 비판의 목소리를 높이자 여당은 신민당 총재 김영삼을 국회 의원에서 제명하였다. 그러자 김영삼의 정치적 근거지인 부산과 마산(창원)에서 격렬한 유신 반대 시위가 벌어졌다(부마 민주 항쟁).

바로잡기 ① 3·15 부정 선거에 반발하여 4·19 혁명이 일어났다. ② 1960년에 일어난 4·19 혁명 이후 내각 책임제 개헌이 이루어지면서 장면 내각이 출범하였다. ③ 5·16 군사 정변을 일으킨 군부 세력은 1961년 중앙정보부를 설치하여 정치권력 강화에 이용하였다. ④ 유신 체제 시기인 1974년 대학생들이 전국 각지에서 유신 반대 시위를 벌이자, 박정희 정부는 수백여 명의 대학생을 구속하고 이들 배후에 인민 혁명당이라는 공산주의 단체가 있다고 누명을 씌운 민청학련 사건이 일어났다.

349

제시된 자료는 5·18 민주화 운동 당시 계엄군의 증언 내용이다. 12·12 사태로 권력을 장악한 신군부 세력은 국민의 민주화 요구를 묵살하고 비상계엄을 전국으로 확대하였다. 이에 광주 지역의 학생과 시민들이 계엄 철폐와 신군부 퇴진을 요구하는 시위를 벌였고, 계엄군은 무차별 폭력으로 시위를 진압하였다. 5·18 민주화 운동 관련 문건, 사진, 영상 등의 기록물은 유네스코 세계 기록유산으로 등재되었다.

바로잡기 ㄱ. 유신 체제에 대한 불만으로 시작된 부마 민주 항쟁은 유신 체제 붕괴의 배경이 되었다. ㄹ. 전두환 정부 시기 대학생 박종철의 고문치사 사건의 은폐·조작된 사실이 폭로되었고, 이는 6월 민주 항쟁이 전개되는 직접적인 계기가 되었다.

350

제시된 자료는 1987년 6월 29일 발표된 6·29 선언이다. 6월 민주 항쟁이 전개되면서 시민들은 '독재 타도'와 '호헌 철폐'를 외치며 대통령 직선제 개헌을 요구하였다. 결국 6·29 선언이 발표되어 대통령 직선제 개헌이 수용되었다.

바로잡기 ① 1979년 10월 26일 중앙정보부장 김재규에 의해 박정희 대통령이 피살된 10·26 사태가 일어났다. ③ 3·15 부정 선거는 4·19 혁명이

일어나는 배경이 되었다. ④ 유신 체제 시기 대통령이 긴급 조치를 발동하여 국민의 기본권을 제한하였다. ⑤ 박정희 정부 시기인 1968년 북한의 연이은 도발로 남북 간 긴장이 고조되었다.

351

투표용지를 불태웠으며 4할 사전 투표, 3인조, 9인조 공개 투표 등의 내용을 통해 자료는 이승만 정부 시기에 자행된 3·15 부정 선거에 대한 것임을 알 수 있다.

352

이승만의 건강에 문제가 생기면 부통령이 대통령직을 잇기 때문에 자유당의 이기붕을 부통령으로 만들기 위해 부정을 저질렀다.

채점 기준	수준
이승만의 건강에 문제가 생기면 부통령이 대통령직을 잇기 때문에 이기붕을 부통령으로 만들려고 하였다는 내용을 서술한 경우	상
이승만의 건강에 문제가 생기면 부통령이 대통령직을 잇기 때문에 이기붕을 부통령으로 만들려고 하였다는 내용을 서술하지 못한 경우	하

353

자료는 1987년 4월 13일에 발표된 대통령 담화문이다(4·13 호헌 조치). 야당과 민주화 운동 진영이 대통령 직선제 개헌 운동을 전개하자 전두환은 4·13 호헌 조치를 발표하여 대통령 직선제 개헌 논의를 금지하였다.

354

야당과 민주 진영이 대통령 직선제 개헌 운동을 본격적으로 전개하였다.

채점 기준	수준
대통령 직선제 개헌 운동을 전개하였다는 내용을 서술한 경우	상
대통령 직선제 개헌 운동을 전개하였다는 내용을 서술하지 못한 경우	하

355 장면 내각

| 1등급 자료 분석 | 장면 내각 시정 방침 |

1. 일본과의 국교 정상화 및 유엔 감시 하의 남북한 자유 선거에 의한 통일 달성
   장면 내각 시기 혁신 세력과 일부 학생들은 한반도 영세 중립화나 남북 협상에 따른 통일을 주장하는 등 다양한 통일 방안을 제시하였으나, 장면 정부는 남북한 총선거에 의한 통일을 추진하였다.
2. 관료 제도의 합리화와 공무원 재산 등록 및 경찰 중립화를 통한 민주주의 구현
   장면 내각은 정치·사회적 민주화를 국정 과제로 제시하며 지방 자치제와 공무원 공개 채용 제도를 실시하였다.
3. 부정 선거의 원흉과 발포 책임자, 부정·불법 축재자 처벌
   장면 내각은 국민의 요구가 높았던 3·15 부정 선거 책임자와 이승만 정부 시기 부정 축재자 처벌에도 소극적이었다.
4. 외자 도입과 경제 원조 확대를 통한 경제 개발 계획 추진
   장면 내각은 경제 발전을 국정 과제로 제시하여 원조 경제에서 벗어나기 위한 경제적 자립을 이루고자 경제 개발 5개년 계획안을 마련하였다.

제시된 자료의 방침을 발표한 정부는 장면 내각이다. 장면 내각 시기에는 윤보선이 대통령직을 수행하였다. 또한 지방 자치제가 실시되고, 경제 개발이 추진되었다. 하지만 박정희 등 군부 세력이 일으킨 5·16 군사 정변으로 장면 내각은 붕괴되었다.

바로잡기 ㄱ. 10·26 사태 이후 전두환이 이끄는 일부 군인이 병력을 이끌고 반란을 일으킨 12·12 사태가 일어났다. ㄹ. 전두환 정부는 악화된 국민 감정과 국제 여론을 의식하여 유화 정책을 실시하였다. 유화 정책의 하나로 중고생 교복 자율화가 시행되고, 야간 통행 금지가 폐지되었다.

선택지 더 보기

⑥ 프로 야구가 출범하였다.	(×)
⑦ 『경향신문』이 폐간되었다.	(×)
⑧ 베트남 파병이 이루어졌다.	(○)

356 유신 헌법

| 1등급 자료 분석 | 긴급 조치 1호(일부) |

• 헌법을 부정, 비방 및 개정, 폐지를 요구하는 행위를 금한다.
• 이 조치를 위반한 자와 이 조치를 비방한 자는 영장 없이 체포, 수색할 수 있으며 비상 군법 회의에서 심판, 처단한다.
  유신 헌법은 대통령에게 긴급 조치권을 부여하여 국민의 기본권을 제한하고 각종 법률의 효력을 중지시킬 수 있었다.

밑줄 친 '헌법'은 박정희 정부 시기인 1972년에 공포된 유신 헌법이다. 유신 헌법이 적용되던 유신 체제 시기에 장준하 등 민주 인사들이 개헌 청원 100만 인 서명 운동을 전개하였다.

바로잡기 ① 전두환 정부 시기에 유화 정책의 일환으로 야간 통행금지가 해제되었다. ② 김영삼 정부 시기에 금융 거래에서 실제 이름 사용을 의무화하는 금융 실명제가 전면 실시되었다. ③ 장면 내각 시기에 공무원 공개 채용 제도가 도입되었다. ⑤ 전두환 정부의 폭력성과 4·13 호헌 조치에 반발하여 민주 헌법 쟁취 국민운동 본부가 결성되었다.

357 신군부 세력의 권력 장악

| 1등급 자료 분석 | 서울의 봄 |

10만여 명의 학생과 시민이 서울역에 모여 신군부 퇴진을 요구하는 모습으로 '서울의 봄'이라 불린다.

군부 세력의 등장으로 군사 독재가 이어질 것이라는 우려가 커지면서 대학가를 중심으로 계엄 철폐 등 민주화를 요구하는 대대적인 시위가 벌어졌다. 특히 1980년 5월에 시위는 절정에 달하였다(서울의 봄).

(가)는 1979년 12월에 있었던 12·12 사태, (나)는 1980년 5월에 있었던 '서울의 봄'에 해당한다. 1979년 10·26 사태로 박정희가 사망한 후 국무총리 최규하가 대통령으로 선출되어 1980년 8월까지 대통령직을 수행하였다.

바로잡기 ① 박정희 정부 시기인 1973년에 베트남 파병이 중단되었다. ② 야당 대표인 김영삼의 국회 의원 제명에 반발하여 1979년 10월 부산과 마산에서 부마 민주 항쟁이 벌어졌다. ④ 유신 반대 운동의 일환으로 1976년 명동 성당에서 3·1 민주 구국 선언이 발표되었다. ⑤ 1987년 1월 대학생 박종철이 민주화 운동 과정에서 경찰에 연행된 후 고문으로 사망하였다.

358 6월 민주 항쟁

| 1등급 자료 분석 | 6월 민주 항쟁 |

대학생 박종철이 고문으로 사망한 사건을 경찰이 은폐·조작한 사실이 뒤늦게 알려지자 국민의 분노는 폭발하였다. 이러한 가운데 결성된 민주 헌법 쟁취 국민운동 본부는 대통령 직선제 개헌과 고문 살인 정권 퇴진 운동을 전개하였다.

대학생 박종철이 고문으로 사망하였고, 대학생 이한열이 최루탄에 맞아 뇌사 상태에 빠졌어.

민주 헌법 쟁취 국민운동 본부는 정권 퇴진 운동을 전개하였고 전국 각지에서 대규모 시위가 벌어졌어.

시민들이 독재 타도, 호헌 철폐를 외쳤어.

전두환 정부는 4·13 호헌 조치를 발표하여 대통령 직선제 논의 자체를 금지하였다. 이에 시민들은 독재 타도, 호헌 철폐를 외치며 시위를 벌였다.

대화의 주제가 된 민주화 운동은 6월 민주 항쟁이다. 6월 민주 항쟁의 결과 5년 단임의 대통령 직선제 개헌이 이루어졌다.

바로잡기 ① 4·19 혁명이 일어나 이승만 대통령이 퇴진하였다. ② 4·19 혁명으로 이승만 정부가 무너지고 허정 과도 정부가 출범하였다. ③ 유신 헌법이 공포되면서 대통령 선출을 위해 통일 주체 국민 회의가 개최되었다. ⑤ 부마 민주 항쟁이 전개되던 시기 대통령 박정희가 중앙정보부장 김재규에게 피살되는 사건이 일어났다(10·26 사태).

선택지 더 보기

⑥ 내각 책임제 개헌이 이루어졌다.	(×)
⑦ 관련 기록물이 유네스코 기록 유산에 등재되었다.	(×)
⑧ 군사 독재를 끝내고 평화적 정권 교체의 길을 열었다.	(○)

 산업화의 성과와 사회·문화의 변화

기본 기출 문제 ━━━━━━━━━━ ◉ 75쪽

핵심 개념 문제

359 경제 개발 5개년 계획　　　**360** 저유가
361 새마을 운동　　**362** ○　**363** ×　**364** ㉠　**365** ㉡
366 ㉡　**367** ㉠　**368** ㄷ　**369** ㄴ

370 ④　**371** ③

370
1980년대 중반 이후인 (가) 시기에 저달러·저유가·저금리라는 유리한 경제 환경이 조성되어 한국 경제가 호황을 맞았다(3저 호황).
바로잡기 ① 1970년에 경부 고속 국도가 완공되었다. ② 1978년 제2차 석유 파동으로 물가가 폭등하였다. ③ 1977년 수출 100억 달러를 처음으로 달성하였다. ⑤ 1960년대에 정부는 신발, 의류 등 노동 집약적 산업을 육성하였다.

371
밑줄 친 ㉠은 평화 시장 재단사였던 전태일이 분신한 사건으로 1970년에 일어났다. 브라운 각서 체결은 1966년, 제1차 석유 파동은 1973년에 일어났다.

실력 기출 문제 ━━━━━━━━━━ ◉ 76쪽 ~ 78쪽

372 ②　**373** ①　**374** ③　**375** ③　**376** ⑤　**377** ②
378 ③　**379** ⑤　**380** ⑤　**381** ③

1등급을 향한 서답형 문제

382 석유 파동　　**383** 예시 답안 중화학 공업에 대해 과잉 중복 투자가 이루어졌다.
384 3저 호황　　**385** 예시 답안 저달러·저유가·저금리라는 유리한 경제 환경이 조성되었다.

372
(가) 산업은 삼백 산업이다. 이승만 정부 시기 미국의 원조로 인한 삼백 산업이 발달하면서 국내 식량 문제는 일부 해소되었다. 그러나 국내 농산물 가격이 폭락하여 농촌 경제가 위축되었고, 정부가 원조 물자를 팔아 회수한 대금 대부분이 국방비로 지출되어 생산재 공업은 육성되지 못하였다.
바로잡기 ㄴ. 미국은 주로 소비재와 잉여 농산물을 원조하였기 때문에 생산재 공업은 위축되었다. ㄹ. 1960년대 제1, 2차 경제 개발 5개년 계획이 실시되면서 외국 자본을 토대로 신발, 의류, 가발 등 노동 집약적인 경공업이 발달하였다.

373
장면 내각은 경제 건설을 최우선 목표로 삼고 경제 개발 계획을 수립하였다. 그러나 재정이 취약하였을 뿐만 아니라 5·16 군사 정변이 발생하면서 실행에 옮기지 못하였다.
바로잡기 ② 이승만 정부 시기인 194년 귀속 재산 처리법이 제정되었다. ③ 박정희 정부 시기인 1973년 제1차 석유 파동으로 유가가 크게 올랐다. ④ 미군정이 재정을 마련하기 위해 화폐를 과도하게 발행하면서 물가가 폭등하였다. ⑤ 이승만 정부 시기인 1949년 제정된 농지 개혁법을 기반으로 유상 매수, 유상 분배 원칙의 농지 개혁이 추진되었다.

374
경부 고속 국도를 건설한 정부는 박정희 정부이다. 박정희 정부는 정부 주도의 수출 주도형 산업화를 적극 추진하였다. 경부 고속 국도를 건설하는 등 사회 간접 자본을 확충하고, 외국 자본을 토대로 신발, 의류 등 노동 집약적 산업을 육성하였다. 베트남 파병에 따른 특수로 경제가 빠르게 성장하는 가운데 시멘트, 정유 산업 등도 육성하였다.
바로잡기 ③ 전두환 정부는 박정희 정부 시기에 이루어진 중화학 공업 중복 투자를 조정하고 부실 기업을 정리하였다.

375
밑줄 친 '이 시기'는 1970년대이다. 1977년 수출 100억 달러를 달성하였고, 1970년대 말에는 공업 구조에서 중화학 공업이 차지하는 비중이 경공업을 앞지르게 되었다.
바로잡기 ㄱ. 1961년에 박정희 등 군부 세력이 5·16 군사 정변을 일으켜 권력을 장악하였다. ㄹ. 1960년대에 간호사와 광부가 독일에 파견되기 시작하였다.

376
1980년대 중반 이후 3저 호황으로 인해 자동차, 반도체 등 기술 집약적 산업을 중심으로 연평균 10%가 넘는 경제 성장률을 기록하였다. 그러나 1980년대 말 3저 호황이 막을 내렸다.
바로잡기 ① 1960년대 후반 체결된 브라운 각서에는 한국의 베트남 추가 파병에 따른 미국의 지원 내용이 담겨 있다. ② 1973년 중동 전쟁으로 인한 제1차 석유 파동으로 유가가 크게 올라 어려움을 겪었으나, 우리 기업들이

중동 건설 사업에 적극 참여해 '오일 머니'를 벌어들여 위기를 극복하였다. ③ 1970년대 초반 제3차 경제 개발 계획이 추진되었다. ④ 도시화로 인해 1970년대 중반 도시 인구가 농촌 인구를 넘어섰다.

1등급 정리 노트	석유 파동과 경제 위기
제1차 석유 파동(1973)	중동 전쟁으로 유가 급등 → 중동 건설 사업에 우리 기업과 노동자들이 대거 진출, 외화 벌어들여 극복
제2차 석유 파동(1978)	중화학 공업에 대한 과잉·중복 투자 → 국가 재정 악화, 기업 부담 증가, 물가 폭등, 경제 성장률 하락

377

광주 대단지 사건은 서울시가 판자촌 정리 사업을 추진하면서 경기도 광주에 철거민들을 집단 이주만 시켜 놓고 방치하자, 1971년 광주 대단지 주민 5만여 명이 대규모 시위를 벌인 사건이다. 도시에 많은 사람들이 몰려들면서 발생한 급격한 도시화의 부작용이었다.

바로잡기 ① 도시와 농촌 간의 격차가 커지자 정부는 농가 소득 향상을 위해 '근면, 자조, 협동'을 내걸고 새마을 운동을 추진하였다. 새마을 운동은 주택 개량, 도로 확충 등 농촌의 생활 환경 개선에 일정한 성과를 거두었다. ③ 환경 문제가 발생하자 정부는 1970년대 후반부터 환경 문제에 적극적으로 대응하기 시작하여 환경 보전법을 제정하였다. ④ 저임금과 장시간 노동에 내몰린 노동자들은 최저 임금 인상과 근로 조건 개선을 요구하는 노동 운동을 전개하였다. ⑤ 정부 주도의 수출 중심 경제 정책의 결과 내수보다 무역의 비중이 커지는 결과가 나타났다.

378

제시된 자료에 나타난 정책은 새마을 운동이다. 새마을 운동은 박정희 정부 시기에 도시와 농촌 간의 소득 격차 등을 줄이고자 추진되었다. '근면, 자조, 협동'을 구호로 내세우며 주택 개량, 도로 확충 등 농촌의 생활 환경 개선에 일정한 성과를 거두었다.

바로잡기 ① 새마을 운동은 박정희 정부 시기인 1970년에 시작되었다. ② 재벌 중심 산업 구조는 정경 유착과 경제 독점의 폐단을 야기하였다. ④ 새마을 운동은 1970년에 시작되었다. ⑤ 미국의 원조에 따른 농산물 가격 폭락은 1950년대에 있었던 사실이다.

379

제시된 자료는 평화 시장 재단사였던 전태일이 근로 조건 개선을 요구하며 대통령에게 쓴 편지이다. 전태일은 근로 조건 개선을 위해 노력하였으나, 근로 조건이 개선될 기미가 없자 1970년 '근로 기준법을 준수하라'라고 외치며 분신하였다.

바로잡기 ① YH 무역 사건은 1979년에 일어났다. ② 저달러, 저금리, 저유가의 3저 호황은 1980년대 중반 이후의 경제 상황을 의미한다. ③ 제1차 석유 파동은 1973년에 일어나 경제적 어려움을 가져왔으나, 기업들이 중동 건설 사업에 적극 참여하여 어려움을 극복하였다. ④ 함평에서는 농협이 고구마 전량을 사들이겠다는 약속을 어기자, 함평 농민들이 3년간 투쟁하여 피해를 보상받았다(함평 고구마 사건, 1976~1978).

380

1960년대 이후 경제 성장과 인구 증가로 중학교와 고등학교의 수가 크게 증가하였고, 취학률도 높아졌다. 이러한 학교의 증가와 높은 교육열은 경제 성장과 사회 변화의 원동력이 되었으나 입시 경쟁과 사교육비 증가 등의 문제를 일으켰다. 과도한 입시 경쟁을 완화하기 위해 박정희 정부는 1969년에 중학교 무시험 입학제를 도입하고, 1973년부터 대도시에 고교 평준화를 실시하였다.

바로잡기 ㄱ, ㄴ. 전두환 정부는 과외를 전면 금지하고, 대학 졸업 정원제를 시행하였다.

381

1970년대에는 전후에 성장하여 미국식 교육과 가치에 익숙한 청년 세대가 대중문화의 소비자로 등장하였다. 청소년 사이에 서구 문화가 빠르게 전파되었고, 청바지와 통기타로 상징되는 청년 문화가 발달하였다. 한편 정부는 1970년대 영화를 사전 검열하고, 많은 대중가요를 금지곡으로 지정하였다.

바로잡기 ③ 1980년대 전두환 정책의 유화 정책으로 프로 야구 등 프로 스포츠가 출범하였다.

382

㈎에 들어갈 사건은 석유 파동이다. 제1차 석유 파동으로 유가가 크게 올라 한때 어려움을 겪었으나, 기업들이 중동 건설 사업에 적극 참여하여 '오일 머니'를 벌어들임으로써 위기를 극복할 수 있었다. 그러나 제2차 석유 파동과 중화학 공업에 대한 과잉 중복 투자로 경제 위기가 발생하였다. 경제 성장률이 마이너스를 기록하고 물가마저 폭등하여 국민 생활은 어려워졌다.

383

1970년대 말 중화학 공업에 대한 과잉 중복 투자로 경제 위기가 발생하였다.

채점 기준	수준
중화학 공업에 대한 과잉 중복 투자가 이루어졌다는 내용을 서술한 경우	상
중화학 공업에 대한 과잉 중복 투자가 이루어졌다는 내용을 서술하지 못한 경우	하

384

㈎ 시기의 경제 상황을 나타내는 용어는 3저 호황이다. 1980년대 중반 이후 저달러·저유가·저금리라는 유리한 경제 환경이 조성되며 한국 경제는 호황을 맞았다(3저 호황). 이 시기 한국 경제는 자동차, 반도체 등 기술 집약적 산업을 중심으로 연평균 10%가

넘는 경제 성장률을 기록하였다. 그러나 1980년대 말 3저 호황이 막을 내리면서 다시 어려움에 빠졌다.

385

한국 경제는 저달러·저유가·저금리의 3저 호황 속에서 높은 경제 성장률을 기록하며 발전하였다.

채점 기준	수준
저달러·저금리·저유가의 3저 호황의 경제 환경이 조성되었다는 내용을 서술한 경우	상
저달러·저금리·저유가의 3저 호황의 경제 환경이 조성되었다는 내용을 서술하지 못한 경우	하

 **1등급 문제** ─────────── ● 79쪽

386 ② **387** ① **388** ① **389** ②

386 산업화에 따른 문제점

1등급 자료 분석 광주 대단지 사건과 YH 무역 사건

(가) 광주 대단지 사건	(나) YH 무역 사건
서울시가 판자촌 정리 사업을 추진하면서 경기도 광주에 철거민들을 집단 이주만 시킨 채 방치하였다. 이에 광주 대단지 주민 5만여 명이 대규모 시위를 벌였다. 이 사건으로 주민과 경찰 100여 명이 다치고 주민 23명이 구속되었다.	노동자들이 회사 측의 일방적인 폐업 조치에 항의하며 신민당사에서 농성하였다. 이에 경찰이 강경 진압하는 과정에서 여성 노동자 한 명이 사망하였다. └ 회사의 폐업 조치 철회를 요구하였다.

(가)의 광주 대단지 사건은 1971년, (나)의 YH 무역 사건은 1979년에 일어났다. 박정희 정부 시기에는 중동 건설 특수로 제1차 석유 파동을 극복하고 1977년 수출 100억 달러를 달성하였다.

바로잡기 ① 1970년에 경부 고속 국도가 완공되었다. ③ 1967년부터 제2차 경제 개발 5개년 계획이 시작되었다. ④ 1950년대에 미국의 무상 원조로 삼백 산업이 발달하였다. ⑤ 1980년대 중반부터 저달리·저유가·저금리라는 유리한 경제 환경이 조성되며 한국 경제는 호황을 맞았다(3저 호황).

선택지 더 보기

⑥ 제1차 석유 파동으로 유가가 크게 올랐다.	(○)
⑦ 간호사와 광부가 독일에 파견되기 시작하였다.	(×)
⑧ 국제 통화 기금(IMF)으로부터 긴급 자금을 지원받았다.	(×)

387 노동 운동의 전개

1등급 자료 분석 전태일

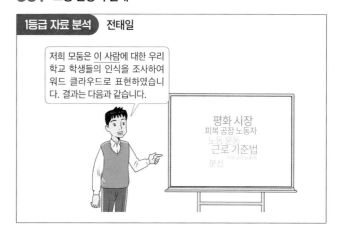

밑줄 친 '이 사람'은 전태일이다. 전태일은 평화 시장 피복 공장 노동자로 노동자들의 열악한 노동 상황을 목격하였다. 이를 개선하고자 근로 기준법을 연구하고 평화 시장의 노동 실태를 철저히 조사하였다. 그러나 각계에서 이런 현실에 대해 관심을 갖지 않자 그는 1970년 3월 11일 근로 기준법 준수를 외치며 분신하였다. 이를 계기로 노동 운동이 본격화되기 시작하였다.

바로잡기 ② 김대중 정부는 외환 위기 극복을 위해 근로자, 사용자, 정부를 대표하는 위원들로 구성된 노사정 위원회를 설치하였다. ③ 1973년에 제1차 석유 파동이 일어나 물가가 폭등하여 경제적 어려움을 겪었으나, 중동 건설 사업에 우리 기업이 많이 참여하여 외화를 벌어들여 위기를 극복하였다. ④ 정부의 대기업 중심 정책으로 정경 유착과 대기업의 경제 독점의 문제점이 나타났다. ⑤ 도시와 농촌 간 격차를 해결하기 위해 정부는 1970년 새마을 운동을 추진하였다.

388 박정희 정부의 경제 정책

1등급 자료 분석 8·3 조치

8·3 조치의 정식 명칭은 '경제의 안정과 성장에 관한 긴급 명령'이다.
자료는 8·3 조치를 보도한 신문 기사입니다. 많은 수출 기업의 재무 상태가 부실해지자, 정부는 대통령 긴급 명령으로 기업의 사채 이자를 줄여주고 상환도 미뤄주었습니다.
정부는 기업을 지원하기 위해 기업에서 보유한 사채의 반환을 동결하고, 이자율을 대폭 낮추어 주었다. 이로써 부도 위기에 처한 기업들이 회사를 보전하고 많은 혜택을 누릴 수 있었다.

8·3 조치, 대통령 긴급 명령으로 기업의 사채 이자를 줄여주었다는 점 등을 통해 밑줄 친 '정부' 시기는 박정희 정부 시기임을 알 수 있다. 박정희 정부는 1972년 8월 3일부터 기업에서 보유한 모든 사채의 반환을 동결하고 이자율을 대폭 낮추어 기업들의 부채 부담을 덜어 주었다. 박정희 정부 시기에는 전쟁 중인 베트남에 군수 물자를 수출하는 등 특수를 누렸다. 한편 1976년에는 함평 고구마 사건이 일어났다.

바로잡기 ㄷ. 이승만 정부는 1950년대에 미국으로부터 무상 원조를 받았다. ㄹ. 김영삼 정부는 외환 위기를 극복하기 위해 국제 통화 기금(IMF)에서 긴급 자금을 지원받았다.

389 환경 문제

> **1등급 자료 분석** 온산병 사태
>
> 1985년 1,000여 명의 주민이 전신 마비 증상을 보였다.
> 울산 광역시 울주군 온산면은 비철 금속 공업 기지로 지정되면서 종합 공업 단지로 탈바꿈하였다. 그런데 1980년대 초반부터 주민들의 건강에 이상이 생겼다. 허리와 팔다리 등 전신이 쑤시고 아픈 증상이 주민들에게 나타난 것이다.

울산의 온산면에서는 1985년에 1,000여 명의 주민이 전신 마비 증상을 보였다. 이를 조사한 한국 공해 문제 연구소는 '이타이이타이병의 초기 증세와 비슷한 병을 앓고 있다.'라는 결과를 발표하였다. 환경 문제가 아니라던 정부는 공해 피해를 인정하고 지역 주민의 집단 이주를 결정하였다. 온산병 사태는 환경 문제에 대한 경각심을 일깨워 주는 계기가 되었다. 정부는 1977년 환경 보전법을 제정하고, 자연 보호 범국민 운동 궐기 대회를 후원하였다. 또한 1980년에는 환경 전담 기구로 환경청을 설치하고, 개정된 헌법에 환경권을 명시하였다.

바로잡기 ② 공해 방지법은 1963년에 제정되었다.

마무리 문제 ——————— ● 80쪽 ~ 85쪽

06 냉전 체제와 통일 정부 수립 운동
390 ⑤ **391** ③ **392** ④ **393** ④ **394** 남북 협상
395 ⑤

07 대한민국 정부 수립과 6·25 전쟁
396 ② **397** ④ **398** ⑤ **399** 미국 **400** 예시답안 원조 물자로 들어온 미국의 값싼 농산물로 인해 국내의 농산물 가격이 떨어져 농민들이 어려움을 겪었다. **401** ⑤ **402** ④

08 민주화를 위한 노력
403 예시답안 고령인 이승만의 건강에 문제가 생기면 부통령이 대통령직을 잇기 때문에 자유당 후보인 이기붕을 부통령으로 만들기 위해 부정 선거를 자행하였다. **404** ③ **405** ② **406** 예시답안 한국 기업의 해외 진출과 한국 상품 등이 활발해져 경제 성장을 위한 발판이 마련되었다. 그러나 전쟁으로 고엽제 피해자가 발생하고 한국인 혼혈인(라이따이한) 문제 등이 나타났다. **407** ② **408** 예시답안 유신 반대 운동 **409** ⑤ **410** ④

09 산업화의 성과와 사회·문화의 변화
411 ③ **412** ① **413** 전태일 **414** ③ **415** ①

390
(가)는 냉전 체제이다. 제2차 세계 대전 이후 미국 중심의 자본주의 진영과 소련 중심의 공산주의 진영의 대결 구도 속에서 냉전(cold war)이 본격화되었다. 미국은 공산주의의 팽창을 막기 위해 트루먼 독트린을 발표하고, 유럽 부흥을 위한 경제 원조 계획(마셜 플랜)을 세웠다. 이에 맞서 소련은 동유럽 국가와 경제 상호 원조 회의(COMECON)를 결성하였다. 냉전은 미국 대통령 닉슨이 중국을 방문하면서 점차 완화되었다.

바로잡기 제2차 세계 대전 이후 새롭게 독립한 아시아와 아프리카의 많은 국가는 비동맹 중립주의 노선을 표방하였다. 이러한 움직임은 아시아·아프리카 회의(반둥 회의)로 구체화되었고, 제3세계의 형성으로 이어졌다.

391
1945년 12월 개최된 모스크바 3국 외상 회의 결정 사항 중 최고 5년 간의 신탁 통치를 실시한다는 내용을 두고 좌익과 우익의 입장 차이가 나타나 좌우 대립이 심화되었다. 한편 이 내용이 국내에 전해지는 과정에서 '소련은 신탁 통치 주장, 미국은 즉시 독립 주장'이라고 사실과 다르게 보도되기도 하였다.

바로잡기 ① 1945년 9월 미군정이 수립되었다. ② 1948년 제주 4·3 사건을 진압하라는 명령을 여수 주둔 부대가 거부하고 부대 내 좌익 세력이 무장봉기하면서 여수·순천 10·19 사건이 일어났다. ④ 광복 직후인 1945년 8월 조선 건국 준비 위원회가 조직되었다. ⑤ 1945년 11월 김구 등 대한민국 임시 정부 요인들이 귀국하였다.

392

좌우 합작 운동은 김규식, 여운형 등 중도 세력을 중심으로 정국을 개편하려는 미군정의 지원을 받아 전개되었다. 중도 세력은 좌우 합작 위원회를 조직하고 통일 임시 정부 수립, 유상 매입과 무상 분배의 토지 개혁, 친일 반민족 행위자 처벌, 미소 공동 위원회의 재개 요청 등의 내용을 담은 좌우 합작 7원칙을 발표하였다.

바로잡기 ① 조선 건국 준비 위원회는 전국에 지부를 두었다. ② 제헌 국회는 1949년 농지 개혁법을 제정하였다. ③ 조선 건국 준비 위원회는 치안대를 설치하여 질서를 유지하였다. ⑤ 제1차 미소 공동 위원회에서 미국은 임시 민주 정부 수립을 위한 협의 대상에 신탁 통치 반대 세력도 포함하려 하였으나, 소련은 모스크바 3국 외상 회의를 지지하는 세력만 참여시키자고 주장하였다. 이러한 주장 차이로 제1차 미소 공동 위원회는 합의점을 찾지 못한 채 무기 휴회에 들어갔다.

393

(나) 조선 인민 공화국 수립(1945. 9.) - (다) 제1차 미소 공동 위원회 개최(1946. 3.) - (가) 이승만의 정읍 발언(1946. 6.) - (라) 인구 비례에 따른 남북한 총선거 결정(1947. 11.)의 순서대로 일어났다.

394

남한만의 단독 선거가 결정되자 김구와 김규식 등은 통일 정부 수립을 위해 남북 협상을 추진하였다.

395

자료에서 3·1절 기념행사 중 경찰이 발포했다는 점, 좌익 세력과 일부 주민들이 무장봉기했다는 점 등을 통해 (가) 사건은 제주 4·3 사건임을 알 수 있다. 제주 4·3 사건이 일어나자 군과 경찰은 서북 청년단과 함께 대규모 진압 작전을 벌였다. 이 과정에서 2만 5천~3만 명의 민간인이 희생되었다.

바로잡기 ① 유신 체제 시기에 대통령에게 부여된 긴급 조치권 등으로 국민의 기본권이 제한을 받자 유신 반대 운동이 전개되었다. ② 제1차 미소 공동 위원회가 결렬되자 이승만은 정읍에서 남한만의 단독 정부 수립을 주장하였다(정읍 발언). ③ 제주 4·3 사건 진압 명령에 반발한 여수 주둔 부대 내 좌익 세력들이 여수·순천 지역을 장악하였다(여수·순천 10·19 사건). ④ 반민족 행위자 특별 조사 위원회에 속한 일부 국회 의원이 공산당과 내통한다는 혐의로 구속되었다(국회 프락치 사건).

396

우리나라 최초의 선거라는 점을 통해 밑줄 친 '선거'는 5·10 총선거임을 알 수 있다. 5·10 총선거의 결과 임기 2년의 제헌 국회 의원 198명이 선출되었다.

바로잡기 ① 제2대 대통령 선거는 발췌 개헌이 통과되면서 대통령 직선제로 실시되었다. ③ 제헌 헌법에 따라 제헌 국회 의원이 이시영을 부통령으로 선출하였다. ④ 제2대 국회 의원 선거에서는 이승만 정부에 비판적인 후보가 대거 당선되었다. ⑤ 발췌 개헌은 부산 일대에 계엄령이 내려진 공포 분위기 속에서 경찰과 군인이 국회를 포위한 가운데 토론 없이 기립 투표로 통과되었다.

397

자료에서 1945년 말에는 농지 면적 중 자작지의 면적보다 소작지의 면적이 많았으나, 1951년 말에는 농지 면적 중 자작지 면적이 대부분을 차지하고 있음을 알 수 있다. 이러한 변화는 1949년 농지 개혁법이 제정되고 농지 개혁이 추진되면서 나타났다. 농지 개혁의 결과 3정보 이상의 토지는 소유할 수 없었기 때문에 지주·소작제는 거의 소멸되고, 농민 대다수가 자기 소유의 토지를 갖게 되었다.

바로잡기 ① 북한의 토지 개혁에서는 지주의 토지를 무상으로 몰수하였다. ② 북한의 토지 개혁은 사회주의 경제 체제의 토대를 마련하였다. ③ 농지 개혁은 가구당 토지 소유의 상한을 3정보로 하였다. ⑤ 일제가 남기고 간 공장 등의 귀속 재산은 불하 과정에서 특정 기업에 대한 특혜 등의 부작용을 낳았다.

398

제시된 자료는 6·25 전쟁의 전개 과정이다. (가)는 국군과 유엔군이 인천 상륙 작전을 통해 전세를 역전한 1950년 9월 15일, (나)는 북한군에게 빼앗겼던 서울을 재수복한 1951년 3월에 해당한다. 1950년 10월 중국군이 참전하면서 후퇴를 거듭하던 국군과 유엔군은 1950년 12월 흥남 철수 작전을 벌였다.

바로잡기 ① 1950년 1월 미국의 태평양 방위선에서 한국을 제외한다는 내용의 애치슨 선언이 발표되었다. ② 1950년 6·25 전쟁 발발 3일 만에 북한군이 서울을 점령하였다. ③ 6·25 전쟁 직후인 1953년 10월 한미 상호 방위 조약이 체결되었다. ④ 전쟁이 교착 상태에 빠지자 1951년 7월 소련의 제안으로 정전 회담이 시작되었다.

399

6·25 전쟁 이후 전후 복구와 경제 재건 과정에서 미국의 경제 원조가 큰 역할을 하였다. 미국은 주로 소비재와 잉여 농산물 등을 원조하였다.

400

원조 물자로 들여온 미국의 값싼 농산물로 인해 국내의 농산물 가격이 떨어져 농민들이 어려움을 겪었다. 어려움을 겪은 농민 중 부채와 춘궁기 어려움 등을 이유로 농촌을 떠나 도시로 향하는 농민이 증가하였다.

채점 기준	수준
원조 물자로 들여온 미국의 값싼 농산물로 인해 국내의 농산물 가격이 떨어졌다는 내용을 서술한 경우	상
원조 물자로 들여온 미국의 값싼 농산물로 인해 국내의 농산물 가격이 떨어졌다는 내용을 서술하지 못한 경우	하

401

(가)에 들어갈 개헌은 사사오입 개헌이다. 당시 대통령은 2번까지만 할 수 있었는데, 개헌 당시 대통령에 한해 중임 제한 규정을 적용하지 않는다는 개헌안이 발의되었다. 국회 표결 결과 정족수에

1명이 모자라 부결되었으나, 자유당은 사사오입(반올림)의 논리를 적용하여 개헌안이 통과되었다고 선포하였다.

바로잡기 ① 발췌 개헌은 1952년 임시 수도 부산에서 경찰과 군인들의 국회 포위 속에 통과되었다. ② 제헌 국회 의원이 제1대 대통령을 선출하였다. ③ 유신 헌법은 대통령에게 국민의 기본권을 제한할 수 있는 긴급 조치권을 부여하였다. ④ 내각 책임제 개헌은 4·19 혁명으로 이승만 대통령이 퇴진한 이후 추진되었다.

402

밑줄 친 '피고인'은 조봉암이다. 조봉암은 1956년 제3대 대통령 선거에서 무소속으로 출마하여 선전하였다. 이후 진보당을 창당한 조봉암에 위기감을 느낀 이승만은 평화 통일을 주장하였다는 등의 이유로 진보당을 해산하고 조봉암을 사형에 처하였다(진보당 사건).

바로잡기 ① 반민 특위 소속 국회 의원들은 공산당과 내통하였다는 혐의로 체포되었다(국회 프락치 사건). ② 제3대 대통령 선거에서 민주당 부통령 후보 장면이 이기붕을 누르고 부통령에 당선되었다. ③ 친일파 일부는 반민족 행위 처벌법에 따라 처벌받았다. ⑤ 김구, 김규식은 남북 협상에서 김일성 등과 공동 성명을 발표하였다.

403

4할 사전 투표, 3인조, 9인조 공개 투표 등의 내용을 통해 자료에 나타난 부정 선거는 3·15 부정 선거임을 알 수 있다. 고령인 이승만의 건강에 문제가 생기면 부통령이 대통령직을 잇기 때문에 이승만 정부는 자유당 후보인 이기붕을 부통령으로 만들고자 부정 선거를 자행하였다.

채점 기준	수준
이승만에게 문제가 생길 경우 부통령이 대통령직을 잇기 때문에 이기붕을 부통령으로 만들기 위해 부정 선거를 자행하였다는 내용을 서술한 경우	상
이승만에게 문제가 생길 경우 부통령이 대통령직을 잇기 때문에 이기붕을 부통령으로 만들기 위해 부정 선거를 자행하였다는 내용을 서술하지 못한 경우	하

404

시민들의 희생, 대학교수단의 시국 선언문 발표의 내용을 통해 (가) 민주화 운동은 4·19 혁명임을 알 수 있다. 4·19 혁명의 결과 이승만 대통령이 퇴진하고 내각 책임제 개헌이 이루어져 장면 정부가 수립되었다.

바로잡기 ① 박정희 정부는 안보 위기와 평화 통일에 대비한다는 구실로 1972년 10월 유신을 단행하였다. 전국에 비상계엄을 선포하고 국회를 해산한 뒤, 비상 국무 회의에서 제정한 유신 헌법을 국민 투표로 확정하였다. ② 6월 민주화 운동의 결과 대통령 직선제 개헌을 수용하겠다는 내용의 6·29 선언이 발표되었다. ④ 전두환 등 신군부 세력이 이끄는 군인들이 병력을 이끌고 반란을 일으켜 군사권을 장악하였다. ⑤ 5·18 민주화 운동 당시 계엄군의 폭력적 진압에 맞서 일부 시민은 무장하여 시민군을 조직하였다.

405

밑줄 친 ㉠은 장면 내각 시기이다. 장면 내각 시기에는 지방 자치제가 실시되었다. 또한 민간 차원의 다양한 통일 운동이 전개되었고, 학생들이 남북 학생 회담을 제안하였다.

바로잡기 ㄴ. 박정희 정부는 경제 개발 자금을 확보하기 위해 한일 국교 정상화에 나섰다. 그러나 일본의 식민지 지배에 대한 사죄와 배상, 약탈된 문화유산의 반환 등이 포함되지 않은 채 한일 회담이 진행되었다. 이를 대일 굴욕 외교라 여긴 학생들은 대대적인 한일 협정 반대 시위를 벌였다. ㄹ. 박정희 정부는 브라운 각서를 체결하여 베트남 추가 파병을 하는 대가로 미국의 지원을 받기로 하였다.

406

브라운 각서 체결로 인한 베트남 파병으로 한국 기업의 해외 진출과 한국 상품의 수출 등이 활발해져 경제 성장을 위한 발판이 마련되었다. 그러나 전쟁에서 수많은 국군 장병이 희생되고 고엽제 피해자도 발생하였다. 또한 한국인 혼혈인(라이따이한) 문제 등이 남겨졌다.

채점 기준	수준
한국 기업의 해외 진출과 한국 상품의 수출로 인한 경제 성장, 국군 장병의 희생, 고엽자 피해자 발생, 한국인 혼혈인(라이따이한) 문제 중 두 가지를 서술한 경우	상
한국 기업의 해외 진출과 한국 상품의 수출로 인한 경제 성장, 국군 장병의 희생, 고엽자 피해자 발생, 한국인 혼혈인(라이따이한) 문제 중 한 가지만 서술한 경우	중
한국 기업의 해외 진출과 한국 상품의 수출로 인한 경제 성장, 국군 장병의 희생, 고엽자 피해자 발생, 한국인 혼혈인(라이따이한) 문제 모두 서술하지 못한 경우	하

407

밑줄 친 '반대 시위'는 1969년에 있었던 3선 개헌 반대 시위이다. 베트남 파병은 1964년부터 1973년까지 이루어졌다.

바로잡기 ① 전두환 등 신군부 세력은 1979년 12·12 사태로 정권을 장악하였다. 이에 1980년에 신군부 퇴진을 요구하는 시위가 전개되었다. ③ 박정희 정부는 유신 체제 시기인 1973년부터 미니스커트 단속을 하였다. ④ 1972년 공포된 유신 헌법은 대통령에게 국민의 기본권을 제한할 수 있는 긴급 조치권을 부여하였다. ⑤ 1980년대에 컬러텔레비전이 보급되었다.

408

유신 체제의 억압 속에서 이에 저항하는 유신 반대 운동은 지속적으로 일어났다. 장준하 등 민주 인사들이 개헌 청원 100만 인 서명 운동을 전개하였고, 학생들은 유신 헌법 철폐를 요구하는 시위를 계속하였다. 1976년에는 정치인과 종교 인사들이 명동 성당에 모여 3·1 민주 구국 선언을 발표하여 유신 체제를 정면으로 비판하였다.

409

(가)는 5·18 민주화 운동이다. 신군부 세력은 국민의 민주화 요구에도 불구하고 5월 17일 비상계엄을 전국으로 확대한 뒤 김대중 등 정치인을 체포하고, 모든 정치 활동을 금지하였다. 이에 광주 지역 학생과 시민이 계엄 철폐와 신군부 퇴진을 요구하는 시위를 벌이자, 계엄군으로 투입된 공수 부대원들이 폭력적으로 진압하였다.

바로잡기 ① 1964년에 굴욕적인 한일 국교 정상화가 추진되자 한일 회담 반대 운동이 격렬하게 이루어졌다(6·3 시위). ② 3·15 부정 선거가 배경이 되어 4·19 혁명이 일어났다. ③ 김영삼이 국회 의원직에서 제명된 것을 배경으로 1979년 부마 민주 항쟁이 일어났다. ④ 1987년 초 대학생 박종철의 고문치사 사건은 6월 민주 항쟁의 배경이 되었다.

1등급 정리 노트	5·18 민주화 운동
배경	• 전두환 등 신군부 세력이 반란을 일으켜 권력 장악(12·12 사태, 1979) → 정부 기관과 언론 장악, 정치 개입 • 서울의 봄(1980): 학생들이 비상계엄 해제와 신군부 퇴진을 요구하며 시위 전개 → 신군부의 비상계엄 전국 확대
전개	광주 학생과 시민들이 신군부 퇴진과 계엄 해제 요구 시위 전개 → 계엄군이 폭력으로 시위 진압 → 광주 시민들이 시민군 조직 → 계엄군의 무력 진압
의의	1980년대 민주화 운동의 토대, 아시아 국가의 민주화 운동에 영향, 관련 기록물이 유네스코 세계 기록 유산 등재

410

(가)는 1987년 4월 13일에 발표된 4·13 호헌 조치, (나)는 1987년 6월 29일에 발표된 6·29 선언이다. 전두환 정부의 독재에 맞서 대통령 직선제 개헌과 정권 퇴진을 요구하는 운동이 전개되었다. 시위가 확산되어 가던 중 6월 9일 대학생 이한열이 경찰이 쏜 최루탄에 맞아 뇌사 상태에 빠지자, 국민의 민주화에 대한 요구가 거세졌다.

바로잡기 ① 1979년 10월 부마 민주 항쟁이 일어났다. ② 1961년 5·16 군사 정변을 일으킨 군부 세력은 국가 재건 최고 회의를 설치하였다. ③ 박정희 정부 시기인 1972년 7·4 남북 공동 성명이 발표되었다. ⑤ 전두환은 최규하를 대통령직에서 물러나게 하고 대통령에 취임하였다. 그리고 1980년 7년 단임의 대통령 간선제를 주요 내용으로 하는 개헌을 단행한 후 1981년에 다시 대통령에 당선되었다.

411

삼백 산업은 미국의 원조를 기반으로 1950년대에 발달하였고, 제1차 석유 파동은 1973년 중동 전쟁으로 유가가 폭등하면서 발생하였다. 따라서 (가)에는 1950년대 이후부터 1973년 이전의 사실이 들어가야 한다. 1970년 경부 고속 국도가 완공되었다.

바로잡기 ① 1980년대 중반 이후 저달러·저유가·저금리라는 유리한 경제 환경이 조성되며 한국 경제는 호황을 맞았다(3저 호황). ② 1979년 YH 무

역 사건이 발생하였다. ④ 1977년 수출 100억 달러를 처음으로 달성하였다. ⑤ 1973년 제1차 석유 파동이 발생하자 기업들은 중동 건설 사업에 적극 참여하여 외화를 벌어들이면서 경제 위기를 극복하였다.

412

제시된 자료는 한국의 수출, 수입, 무역 의존도 변화를 보여 준다. 대체로 모두 상승하는 흐름을 통해 국제 경제 상황에 한국 경제가 큰 영향을 받고 있음을 알 수 있다.

바로잡기 ② 도시와 농촌 간 소득 격차는 점차 증가하였다. ③ 1950년대 말 미국의 무상 원조가 유상 차관으로 전환되면서 경제적 어려움을 겪게 되었다. ④ 1960년대에는 신발, 섬유 등 경공업을 중심으로 하는 산업 구조가 형성되었다. ⑤ 1970년대에는 성장을 중시하는 경제 정책이 자리 잡았다.

413

평화 시장 노동자 전태일이 근로 기준법 준수를 외치며 분신한 사건은 열악한 노동 현실을 드러냈다. 이를 계기로 노동자는 물론이고 지식인과 대학생도 노동 문제에 관심을 가지면서 노동 운동이 본격화되었다.

414

제시된 자료는 광주 대단지 사건으로 1971년에 발생하였다. 새마을 운동 시작은 1970년, 제2차 석유 파동은 1978년에 일어났다.

415

밑줄 친 '정부'는 전두환 정부이다. 전두환 정부는 악화된 국민 감정과 국제 여론을 의식해 유화 정책을 폈다. 과외 전면 금지와 본고사 폐지, 대학 졸업 정원제를 실시하였다.

바로잡기 ② 김대중 정부 시기인 1998년 금 모으기 운동이 전개되었다. ③ 박정희 정부 시기인 1978년에 제2차 석유 파동이 발생하였다. ④ 이승만 정부 시기인 1949년에 귀속 재산 처리법이 제정되었다. ⑤ 박정희 정부 시기인 1969년 중학교 무시험 추첨제가 도입되었다.

1등급 정리 노트	정부의 교육 정책 변화
교육의 양적 성장	학교 수 및 학생 수 증가, 높은 교육열 → 경제 발전의 원동력, 사교육 열풍
교육 정책	• 박정희 정부: 국가주의 교육(국민 교육 헌장 암기), 중학교 무시험 추첨제 도입(1969), 대도시에 고교 평준화 제도 시행(1973) • 전두환 정부: 과외 전면 금지와 본고사 폐지, 대학 졸업 정원제 시행(1981)

III 오늘날의 대한민국

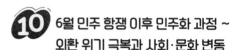

10 6월 민주 항쟁 이후 민주화 과정 ~ 외환 위기 극복과 사회·문화 변동

 **기출 문제** ● 87쪽 ~ 88쪽

핵심 개념 문제

416 3당 합당 **417** 역사 바로 세우기 **418** 김대중
419 세계 무역 기구(WTO) **420** ○ **421** ○ **422** ㉢
423 ㉠ **424** ㉡ **425** ㉣ **426** ㉠ **427** ㉠ **428** ㄴ
429 ㄷ **430** ㄱ

431 ① **432** ③ **433** ② **434** ④ **435** ⑤ **436** ⑤
437 ①

431

자료에서 6월 민주 항쟁의 결과 대통령 직선제 헌법이 제정되고 그해에 대통령 선거가 실시되었다는 점 등을 통해 (가) 대통령이 노태우임을 알 수 있다. 노태우 정부는 여소 야대 정국을 타개하고 국정 주도권을 잡기 위해 3당 합당을 추진하여 민주 자유당을 창당하였다.

바로잡기 ② 박정희 정부, ③ 전두환 정부, ④ 김대중, 노무현, 문재인 정부, ⑤ 이승만 정부 시기에 있었던 사실이다.

432

6월 민주 항쟁 이후 처음으로 당선된 민간인 출신 대통령, 금융 실명제 실시와 역사 바로 세우기 추진을 통해 (가)에는 김영삼 정부에 대한 내용이 들어가야 함을 알 수 있다. 김영삼 정부 시기에 지방 자치 단체장 선거가 실시되는 등 지방 자치제가 전면 시행되었다.

바로잡기 ① 이승만 정부, ② 전두환 정부, ④ 박정희 정부, ⑤ 노태우 정부에 해당한다.

433

'역사 바로 세우기'를 추진하였다는 점, 12·12 사태와 5·18 민주화 운동 진압, 비자금 조성과 뇌물 수수 등의 혐의로 전두환과 노태우 두 전직 대통령을 구속하였다는 점 등을 통해 자료가 김영삼 정부에 대한 내용임을 알 수 있다. 김영삼 정부는 일제의 잔재 청산을 위해 조선 총독부 건물을 철거하고 국민학교의 명칭을 초등학교로 바꾸었다.

바로잡기 ① 박근혜 정부, ③ 전두환 등 신군부 세력, ④ 전두환 정부에 해당한다. ⑤ 노태우 정부 시기 야당의 주도로 전두환 정부의 비리와 5·18 민주화 운동의 진상 규명을 위한 청문회가 개최되었다.

434

정부 수립 50년 만에 처음 이루어진 여야 간 정권 교체, '국민의 정부' 등을 통해 자료가 김대중 대통령의 취임 연설문임을 알 수 있다. 김대중 대통령은 2000년 평양을 방문하여 김정일 국방 위원장과 제1차 남북 정상 회담을 개최하고 6·15 남북 공동 선언을 발표하였다.

바로잡기 5·18 민주화 운동은 1980년, 6월 민주 항쟁은 1987년, 서울 올림픽 개최는 1988년, 경제 협력 개발 기구(OECD) 가입은 1996년, 한미 자유 무역 협정(FTA) 체결은 2007년의 일이다.

435

자료에서 권위주의 청산과 지방 분권 강조, 행정 수도 이전 계획, 이라크 파병, 미국과 자유 무역 협정(FTA) 체결 등을 통해 (가) 정부가 노무현 정부임을 알 수 있다. 노무현 정부는 김대중 정부의 대북 화해 협력 정책을 계승하여 2007년 평양에서 제2차 남북 정상 회담을 개최하였다.

바로잡기 ① 노태우 정부, ② 이명박 정부, ③ 김대중 정부, ④ 박근혜 정부에 대한 설명이다.

436

'참여 민주 사회와 인권을 위한 시민 연대(약칭 참여 연대)'가 여러 시민이 함께 모여 다 같이 만들어 가는 공동체의 조그만 밑거름이 되기를 바란다는 점 등을 통해 자료가 1994년 9월 참여 연대 창립 선언문임을 알 수 있다. 6월 민주 항쟁 이후 민주화가 진전되고 시민 사회의 활동 공간이 넓어지면서 시민이 적극적으로 사회 활동에 참여하기 시작하였다. 1990년대에는 경제 정의 실천 시민 연합, 참여 연대와 같은 시민 단체가 조직되어 활동하였다.

437

자료에 등장하는 운동은 금 모으기 운동이다. 김영삼 정부 집권 말기에 외환 위기가 발생하여 국제 통화 기금(IMF)에 구제 금융을 요청하였다. 외환 위기 속에서 출범한 김대중 정부는 외환 위기 극복을 위해 다양한 개혁 정책을 추진하였고, 국민들도 자발적으로 금 모으기 운동에 동참하여 힘을 보탰다.

실력 기출 문제 — ● 89쪽~92쪽

438 ④	439 ①	440 ⑤	441 ④	442 ③	443 ⑤
444 ⑤	445 ②	446 ②	447 ④	448 ④	449 ①
450 ②	451 ②				

1등급을 향한 서답형 문제

452 김영삼   **453** [예시 답안] 금융 거래의 투명성을 확보하고 부정한 자금 거래를 막기 위해 실시하였다.

454 금 모으기 운동   **455** [예시 답안] 외환 위기 이후 경제가 크게 성장하였으나, 분배 문제가 제대로 해결되지 못하면서 사회 전 영역에서 불평등이 커지는 사회 양극화 현상이 나타났다. 또한 외국인 노동자가 늘고 국제결혼이 증가하면서 한국 사회가 점차 다문화 사회로 변화하고 있다.

438

자료에서 제13대 대통령 선거 결과라는 점, 민주 정의당 후보로 36.6%의 낮은 득표율로 대통령에 당선되었다는 점 등을 통해 (가) 인물이 노태우임을 알 수 있다. 1987년 6월 민주 항쟁 당시 여당인 민주 정의당 후보였던 노태우는 6·29 선언을 발표해 직선제 개헌을 약속하였다.

[바로잡기] ① 김구, 이승만 등, ② 박정희 등 군부 세력, ③ 여운형, 김규식 등, ⑤ 박정희에 해당한다.

1등급 정리 노트	노태우 정부의 정책

구분	내용
성립	1987년 대통령 직선제 개헌 이후 노태우 대통령 당선
3당 합당	1988년 총선 결과 여소 야대 국회 형성 → 야당 주도로 전두환 정부의 비리와 5·18 민주화 운동의 진상 규명을 위한 청문회 개최 → 여소 야대 정국 극복을 위한 3당 합당 추진 → 민주 자유당 창당(1990)
주요 성과	서울 올림픽 대회 개최(1988), 북방 외교 추진(북한과의 관계 개선, 소련·중국 등 공산권 국가와 수교)

439

자료에서 제13대 국회 의원 선거 결과 여소 야대의 국면이 형성되자, 국정 주도권을 잡으려던 정부와 여당인 민주 정의당은 두 야당을 통합하여 민주 자유당을 창당하였다는 점 등을 통해 밑줄 친 '정부'가 노태우 정부임을 알 수 있다. 노태우 정부는 북한과의 관계를 개선하고 공산권 국가와 수교하는 북방 외교를 추진하였다.

[바로잡기] ② 이승만 정부는 6·25 전쟁 당시 정전 협정 체결에 반대하여 반공 포로를 일방적으로 석방하였다. ③ 5·16 군사 정변 직후 박정희가 군정을 실시하고 중앙정보부를 설치하였다. ④ 전두환 등 신군부 세력은 정치적 실권을 장악한 후 사회 정화를 명분으로 삼청 교육대를 운영하였다. ⑤ 경부 고속 국도는 박정희 정부 시기인 1970년에 완공하여 개통되었다.

440

자료에서 1979년 12월 12일과 1980년 5월 18일을 전후하여 발생한 헌정 질서 파괴 범죄 행위에 대한 공소 시효 정지 등에 관한 사항 등을 규정하였다는 점 등을 통해 밑줄 친 '이 법'이 1995년에 제정된 5·18 민주화 운동 등에 관한 특별법임을 알 수 있다. 1993년에 출범한 김영삼 정부는 역사 바로 세우기를 추진하면서 12·12 사태와 5·18 민주화 운동 진압 관련자를 처벌하였다.

[바로잡기] 3·15 부정 선거는 1960년, 5·16 군사 정변은 1961년, 유신 헌법 제정은 1972년, 6월 민주 항쟁은 1987년, 민주 자유당 창당은 1990년, 제2차 남북 정상 회담은 2007년의 일이다.

441

금융 실명제 단행, 지방 자치제의 완전한 실시 등의 내용을 통해 자료의 연설문을 발표한 정부가 김영삼 정부임을 알 수 있다. 김영삼 정부는 역사 바로 세우기를 추진하면서 일제 잔재 청산에 나서 조선 총독부 건물을 철거하였다.

[바로잡기] ① 김대중 정부, ② 이승만 정부, ③ 박정희 정부, ⑤ 장면 내각에 해당한다.

1등급 정리 노트	김영삼 정부의 정책

구분	내용
민주화의 진전	고위 공직자 재산 공개 의무화, 금융 실명제 실시, 지방 자치제 전면 시행
역사 바로 세우기	하나회 척결, 전두환·노태우 두 전직 대통령을 내란 및 반란 혐의로 구속, 조선 총독부 건물 철거, 국민학교의 명칭을 초등학교로 개편

442

자료에서 조세 부담의 형평성을 높였다는 점, 경제 정의 실현을 위해 실시하였다는 점, 은행에서 실명으로만 거래하도록 하였다는 점 등을 통해 자료의 제도가 금융 실명제임을 알 수 있다. 금융 실명제는 김영삼 정부에 의해 전면적으로 실시되었다.

[바로잡기] ① 6·25 전쟁 이후 미국의 원조를 바탕으로 한 삼백 산업이 발달하였다. ② 1950년대 북한은 전후 복구 과정에서 농업과 상공업의 집단화 작업을 추진하는 등 사회주의 경제 체제를 형성하였다. ④ 김대중 정부는 인권과 소수자의 권익을 보호하기 위해 여성부, 국가 인권 위원회 등을 설치하였다. ⑤ 제헌 국회에서 제정된 농지 개혁법에 따라 이승만 정부가 유상 매입, 유상 분배를 원칙으로 농지 개혁을 시행하였다.

443

제15대 대통령에 취임, 제1차 남북 정상 회담 개최 등의 내용을 통해 자료가 김대중 대통령에 대한 인물 카드임을 알 수 있다. 김대중 정부 시기에 외환 위기를 극복해 국제 통화 기금 관리 체제(IMF)에서 벗어났다.

바로잡기 ① 박정희 정부, ② 이승만 정부, ③ 전두환 정부, ④ 장면 내각, 박정희 정부에 해당한다.

1등급 정리 노트 김대중 정부의 정책

구분	내용
경제	강력한 구조 조정 등으로 외환 위기 극복
민주화	• 국가 인권 위원회와 의문사 진상 규명 위원회 등 인권과 소수자의 권익을 보호하는 기관 설치 • 제주 4·3 사건 진상 규명 및 희생자 명예 회복에 관한 특별법 제정 • 성차별 극복을 위해 여성부 설치
통일 노력	대북 화해 협력 정책(햇볕 정책), 남북 정상 회담(6·15 남북 공동 선언 발표)

444

자료에서 소련·중국 등 공산권 국가와 외교 관계를 맺었다는 점을 통해 (가)는 노태우 정부 시기, 평양에서 남북 정상 회담을 가지고, 6·15 남북 공동 선언을 발표하였다는 점을 통해 (나)는 김대중 정부 시기임을 알 수 있다. 노태우 정부에 이어 출범한 김영삼 정부 시기에 고위 공직자의 재산 공개가 의무화되었다.

바로잡기 ① 광복 직후, ② 일제 강점기, ③, ④ 박정희 정부 시기에 해당한다.

445

자료에서 친일 반민족 행위 진상 규명 특별법을 제정하였다는 점, 행정 중심 복합 도시인 세종시를 건설하였다는 점 등을 통해 밑줄 친 '정부'가 노무현 정부임을 알 수 있다. 노무현 정부는 미국의 요청으로 2003년 이라크 전쟁에 국군을 파병하였다.

바로잡기 ① 1979년 군사 반란을 통해 전두환 등 신군부 세력이 정치적 실권을 장악하였다(12·12 사태). ③ 박정희 정부는 1979년 YH 무역 사건을 강제 진압하였다. ④ 전두환 정부는 유화 정책의 하나로 고등학생의 두발과 교복을 자율화하였다. ⑤ 박정희 정부는 2차 인혁당 사건을 일으켰다.

1등급 정리 노트 노무현 정부의 정책

구분	내용
과거사 청산	친일 반민족 행위 진상 규명 특별법 제정
지방 분권	행정 수도 이전 계획 → 좌절, 그 대신 행정 중심 복합 도시인 세종시 건설
대북 정책	김대중 정부의 대북 화해 협력 정책 계승, 제2차 남북 정상 회담 개최
한미 외교	미국의 요청으로 이라크 전쟁에 국군 파병(2003), 미국과 자유 무역 협정(FTA) 체결

446

실용주의를 내세우며 '작은 정부'를 표방하였다는 점, 한미 쇠고기 수입 협상 과정에서 시민들의 반발을 샀다는 점 등을 통해 자

료가 이명박 대통령에 대한 퀴즈 대회 대본임을 알 수 있다. 이명박 정부는 4대강 정비 사업을 추진하였다.

바로잡기 ①, ⑤ 이승만 대통령, ③, ④ 박정희 대통령에 해당한다.

447

자료는 대통령 탄핵에 대한 헌법 재판소 결정문으로, 대통령직에서 파면한다는 표현을 통해 밑줄 친 '피청구인'이 박근혜 대통령임을 알 수 있다. 박근혜 대통령은 역사 교과서 국정화를 추진하였고, 그 과정에서 국민의 반발을 샀다.

바로잡기 ① 광복 직후 개최된 모스크바 3국 외상 회의의 결과에 반발해 김구와 이승만 등이 반탁 운동을 주도하였다. ② 박정희는 1962년 대통령 중심제로 개헌하고, 민주 공화당을 창당하였다. ③ 전두환과 노태우 등 신군부 세력은 1979년 12·12 사태를 주도하였다. ⑤ 이승만은 1919년 대한민국 임시 정부의 초대 대통령으로 취임하였다.

448

세계화를 본격 추진한다는 점 등을 통해 자료가 김영삼 대통령이 발표한 것임을 알 수 있다. 김영삼 정부는 세계화를 표방하고 신자유주의 정책을 추진하면서 금융업에 대한 규제를 완화하고 자본 시장을 개방하였으며, 농산물 수입도 점차 개방하였다.

바로잡기 ㄱ. 경부 고속 국도는 박정희 정부 시기인 1970년에 완공되었다. ㄷ. 경제 정의 실천 시민 연합은 1990년대에 조직되어 시민운동을 전개하였다.

449

국제 통화 기금에서 구제 금융을 받았다는 점, 직장을 잃고 실업자가 되었다는 점 등을 통해 자료가 외환 위기 당시의 증언임을 알 수 있다. 외환 위기 극복 과정에서 국제 통화 기금의 요청에 따라 정부가 노동 시장 유연화를 추진하면서 많은 실업자가 발생하였다.

450

(가) 시기는 1997년 말부터 1998년 초 사이로, 외환 위기가 발생했던 시기이다. 외환 위기가 발생하자 국민들은 자발적으로 금 모으기 운동을 전개하여 외환 위기를 극복하고자 하였다.

바로잡기 ① 1987년 6월 민주 항쟁 시기, ③ 1961년 5·16 군사 정변 직후, ④ 이명박 정부 시기인 2010년, ⑤ 노태우 정부 시기인 1988년에 볼 수 있는 모습이다.

451

자료는 1997년 말에 발생한 외환 위기를 극복하기 위해 정부가 추진한 정책에 대한 학생들의 대화 내용이다. 1998년에 출범한 김대중 정부는 외환 위기를 극복하기 위해 노동 부문에서는 노사정 위원회를 발족하고 정리 해고제를 시행해 노동 시장의 유연화를 추진하였다. 또한 부실기업과 은행을 통폐합하고 공기업의 민영화를 추진하였다.

바로잡기 ㄴ. 일제 강점기인 1920년대 조만식 등은 민족 산업을 지키고자 물산 장려 운동을 전개하였다. ㄹ. 일제는 1938년 국가 총동원법을 제정하고 전쟁에 필요한 쌀과 금속류 등을 공출하였다.

1등급 정리 노트   외환 위기 발생과 극복을 위한 노력

구분	내용
외환 위기 발생	기업들의 무리한 사업 확장, 세계 경기 불황 → 대기업 연쇄 부도, 외국 자본의 투자금 회수 → 김영삼 정부가 국제 통화 기금(IMF)에 긴급 구제 금융을 요청(1997)
김대중 정부의 극복 노력	• 구조 조정: 부실기업과 은행 통폐합, 부실 금융 기관 정상화 • 공기업의 민영화 • 노동 시장 유연화: 노사정 위원회 발족, 정리 해고제 시행
국민의 극복 노력	금 모으기 운동에 동참

452

자료에서 금융 거래가 있을 때 그 명의가 실명인지의 여부를 확인한다는 점 등을 통해 밑줄 친 '이 제도'가 김영삼 대통령이 시행한 금융 실명제임을 알 수 있다.

453

김영삼 대통령은 금융 실명제를 시행하여 투명한 금융 거래를 정착시키고 부정한 정치 자금 거래 등을 막아 경제 정의를 실현하고자 하였다.

채점 기준	수준
금융 거래의 투명성 확보, 부정한 자금 거래 방지를 모두 서술한 경우	상
금융 거래의 투명성 확보, 부정한 자금 거래 방지 중 한 가지만 서술한 경우	하

454

김영삼 정부 말기에 외환 위기가 발생하여 국제 통화 기금(IMF)의 구제 금융을 요청한 이후 국민들은 자발적으로 금 모으기 운동에 동참하여 외환 위기 극복에 힘을 보탰다.

455

외환 위기 이후 분배 문제가 제대로 해결되지 못하면서 사회 양극화 현상이 나타났으며, 외국인 노동자가 늘고 국제결혼이 증가하면서 다문화 사회로 변화하였다.

채점 기준	수준
사회 양극화의 심화, 다문화 사회로의 변화 등 외환 위기 이후 한국 사회의 변화를 두 가지 이상 서술한 경우	상
사회 양극화의 심화, 다문화 사회로의 변화 등 외환 위기 이후 한국 사회의 변화를 한 가지만 서술한 경우	하

456 ⑤   457 ①   458 ①   459 ②

456 노태우 정부

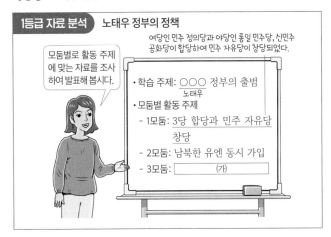

1등급 자료 분석   노태우 정부의 정책

3당 합당과 민주 자유당 창당, 남북한 유엔 동시 가입 등을 통해 자료가 노태우 정부에 대한 내용임을 알 수 있다. 노태우 정부는 냉전 체제의 해체를 계기로 북방 외교를 추진하여 소련, 중국 등 공산권 국가와 수교하였다.

바로잡기 ① 김대중 정부는 외환 위기를 극복하는 과정에서 정리 해고제를 시행해 노동 시장의 유연화를 추진하였다. ② 이명박 정부는 4대강 정비 사업을 추진하였다. ③ 김대중 정부는 인권 보호를 위해 국가 인권 위원회를 설치하였다. ④ 김영삼 정부는 1996년에 경제 협력 개발 기구(OECD)에 가입하였다.

선택지 더 보기

⑥ 남북 정상 회담 개최	(×)
⑦ 남북 기본 합의서 채택	(○)
⑧ 지방 자치제 전면 실시	(×)

457 김영삼 정부

1등급 자료 분석   김영삼 정부의 정책

김영삼 정부는 역사 바로 세우기와 과거사 청산 작업을 통해 친일 반민족 행위나 과거 정권이 저지른 국가 폭력 등에 대한 진상 규명을 시도하였다.

자료는 조선 총독부 건물 철거에 대한 대화 내용이다. 김영삼 정부는 역사 바로 세우기를 추진하여 조선 총독부 청사를 철거하고 국민학교의 명칭을 초등학교로 바꾸었으며, 전두환과 노태우 등을 내란 및 반란 혐의로 처벌하였다. 또한 지방 자치법을 개정하여 34년 만에 지방 자치제를 전면 실시하였다.

바로잡기 ② 이승만 정부, ③ 김대중 정부, ④ 제헌 국회, ⑤ 노무현 정부에 해당한다.

선택지 더 보기

⑥ 외환 위기를 극복하였다.	(×)
⑦ 하나회 출신 인사들을 몰아냈다.	(○)
⑧ 미국과 자유 무역 협정을 체결하였다.	(×)

458 김대중 정부와 이명박 정부

1등급 자료 분석 　김대중 정부와 이명박 정부의 정책

- (가) 정부는 제주 4·3 사건 및 의문사 진상 규명, 민주화 운동 관련자 명예 회복 등 과거사 정리를 추진하였고, 여성부를 신설하여 성차별 극복을 위해 노력하였다. 그리고 인사 청문회법을 제정하여 고위 공직자의 도덕성 등을 공개적으로 검증하였다.
　　　　　김대중 정부는 인권과 평등을 주요 가치로
　　　　　추구하여 여성부를 설치하였다.

- (나) 정부는 실용주의를 내세우며 '작은 정부'를 표방하고 시장 원리를 강조하였다. 그리고 자유 무역 협정(FTA) 체결의 확대, 기업 활동의 규제 완화 등 성장 위주의 경제 정책을 시행하였다.
　　　　　국가 간 상품의 자유로운 이동을 위해 모든 무역 장벽을 완화하거나 제거하는 협정이다.

자료에서 여성부 신설, 인사 청문회법 제정 등의 내용을 통해 (가) 정부가 김대중 정부임을 알 수 있다. 실용주의를 내세우며 작은 정부 표방, 자유 무역 협정(FTA) 체결의 확대, 기업 활동의 규제 완화 등의 내용을 통해 (나) 정부가 이명박 정부임을 알 수 있다. 김대중 정부 시기 정부와 국민의 노력으로 외환 위기를 극복하였다.

바로잡기 ② 김영삼 정부, ③ 박근혜 정부, ④ 노무현 정부, ⑤ 김대중, 노무현, 문재인 정부에 해당한다.

선택지 더 보기

⑥ (가) - 7·4 남북 공동 성명을 발표하였다.	(×)
⑦ (나) - 서울에서 G20 정상 회의를 개최하였다.	(○)
⑧ (나) - 고고도 미사일 방어 체계를 도입하였다.	(×)

459 외환 위기 극복 노력

1등급 자료 분석 　노사정 위원회

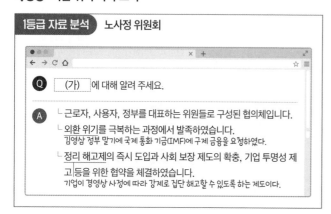

자료에서 외환 위기를 극복하는 과정에서 발족하였으며, 정리 해고제 도입 등의 협약을 체결하였다는 점 등을 통해 (가) 기구가 노사정 위원회임을 알 수 있다. 김대중 정부는 외환 위기를 극복하기 위해 노동 부문에서는 노사정 위원회를 발족하고, 정리 해고제를 시행해 노동 시장의 유연화를 추진하였다.

바로잡기 ① 노무현 정부는 미국의 요청으로 2003년 이라크 전쟁에 국군을 파병하였다. ③ 2000년 국회 의원 선거를 앞두고 총선 시민 연대는 낙천·낙선 운동을 전개하였다. ④ 민주 정의당은 12·12 사태 이후 전두환 등 신군부에 의해 창당되었으며, 1990년 3당 합당으로 해체되었다. ⑤ 박정희 정부 시기인 1970년 경부 고속 국도가 완공되었다.

선택지 더 보기

⑥ 평창 동계 올림픽에 참가하는 북한 선수	(×)
⑦ 소 떼를 이끌고 북한을 방문하는 기업가	(○)
⑧ 금융 실명제 전면 실시를 발표하는 대통령	(×)

 한반도 분단 극복과 동아시아의 평화를 위한 노력

 기출 문제　　　　　　　　　　　　● 95쪽

핵심 개념 문제

460 선군 정치		**461** 6·15 남북 공동 선언			
462 센카쿠 열도	**463** ⓒ	**464** ㉠	**465** ㉡	**466** ×	
467 ×	**468** ○	**469** ○			

470 ④	**471** ②	**472** ①

470

김일성이 6·25 전쟁을 거치면서 경쟁자를 숙청하고 권력을 강화하였다는 사실을 통해 (가)는 1950년대 북한의 상황, 김일성이 사망한 후 김정일이 국방 위원장 자격으로 북한을 통치하였다는 점을 통해 (나)는 1990년대 북한의 상황임을 알 수 있다. 1972년에 제정된 사회주의 헌법에 따라 주체사상이 북한의 공식적인 통치 이념이 되었다.

바로잡기 ① 북미 정상 회담은 2018년에 개최되었다. ② 2000년대 이후 북한은 경제난을 극복하기 위해 7·1 경제 관리 개선 조치를 시행하고, 신의주 등에 경제 특구를 설치하였다. ③ 1946년 북조선 임시 인민 위원회가 조직되었다. ⑤ 북한은 사회주의 경제 체제의 토대를 마련하기 위해 1946년 무상 몰수, 무상 분배의 토지 개혁을 실시하였다.

471

자료는 1972년 7월 4일에 합의된 7·4 남북 공동 성명이다. 닉슨 독트린 발표는 1969년, 유신 헌법 제정은 1972년 10월 유신 단행 이후의 사실이다.

바로잡기 1·21 사태는 1968년, 남북 이산가족 고향 방문은 1985년, 남북 유엔 동시 가입은 1991년, 제1차 남북 정상 회담은 2000년의 사실이다.

472

남과 북이 상대방의 체제를 인정하고 존중한다는 점, 남과 북은 상대방에 대하여 무력을 사용하지 않으며 상대방을 무력으로 침략하지 아니한다는 점 등을 통해 자료가 남북 기본 합의서(1991)임을 알 수 있다. 노태우 정부는 남북 고위급 회담을 통해 남북 기본 합의서를 채택하였다.

바로잡기 ② 중국의 제1차 국공 합작의 영향을 받아 민족 유일당 운동이 전개되었다. ③ 김대중 대통령과 김정일 국방 위원장은 평양에서 제1차 남북 정상 회담을 가지고 6·15 남북 공동 선언을 발표하였다. ④ 광복 직후 통일 임시 정부 수립을 위해 김규식과 여운형 등 중도 세력이 좌우 합작 위원회를 조직하고 좌우 합작 7원칙을 발표하였다. ⑤ 1972년에 발표된 7·4 남북 공동 성명은 남북한 독재 강화에 이용되었다는 비판을 받았다.

실력 기출 문제 ━━━━━━━━━ ● 96쪽 ~ 98쪽

473 ④　474 ①　475 ④　476 ①　477 ③　478 ②
479 ②　480 ②　481 ⑤　482 ⑤

1등급을 향한 서답형 문제

483 6·15 남북 공동 선언　　484 **예시 답안** 기업가 정주영이 소 떼를 몰고 북한을 방문하였고, 금강산 관광 사업이 시작되었으며, 이산가족 상봉이 이루어졌다.

485 러일 전쟁　　486 **예시 답안** 한·중·일 역사 교과서 공동 개발이 이루어졌다. 1995년 일본의 무라야마 총리가 담화를 통해 식민 지배에 대한 사죄의 뜻을 표명하였다.

473

조선 민주주의 인민 공화국 주석은 국가의 수반이며 국가 주권을 대표한다는 점, 주석은 국가의 일체 무력을 지휘 통솔한다는 점 등을 통해 자료가 1972년 북한에서 제정된 사회주의 헌법임을 알 수 있다. 사회주의 헌법은 김일성이 독재 체제를 강화하는 과정에서 제정되었다.

바로잡기 ① 1994년 김일성 사망 이후 집권한 김정일이 '선군 정치'를 내세웠다. ② 2011년 김정일 사망 이후 집권한 김정은이 '경제-핵 병진 노선'을 추진하였다. ③ 북한 정권은 1948년에 출범하였다. ⑤ 북조선 임시 인민 위원회는 1946년에 조직되어 1947년에 해체되었다.

474

자료는 1980년대 북한의 경제 침체에 대한 대화 내용이다. 1980년대 북한은 지나친 자립 경제 노선 속에 과중한 국방비 부담과 에너지 부족으로 경제 침체에 빠졌고, 이를 극복하기 위해 1984년 합영법을 제정하여 외국 자본과 기술을 도입하고자 하였다.

바로잡기 ② 북한에서는 1946년 무상 몰수, 무상 분배를 원칙으로 토지 개혁을 실시하였다. ③ 이승만 정부는 1949년 귀속 재산 처리법을 제정하였다. ④ 북한에서는 2002년 7·1 경제 관리 개선 조치를 추진하여 시장 경제를 부분적으로 도입하였다. ⑤ 박정희 정부는 1962년부터 제1차 경제 개발 5개년 계획을 추진하였다.

475

1960년 북진 통일을 주장하던 이승만 정부가 4·19 혁명으로 무너지자, 학생과 진보 세력을 중심으로 평화 통일 운동이 분출되었다. 학생들은 '가자 북으로! 오라 남으로!'라는 구호를 외치며 남북 학생 회담의 개최를 요구하였다.

바로잡기 ① 정전 협정은 1953년에 체결되었다. ② 남북 정상 회담은 김대중 정부(2000), 노무현 정부(2007), 문재인 정부(2018) 시기에 개최되었다. ③ 좌우 합작 위원회는 광복 직후인 1946년에 조직되었다. ⑤ 남북한은 1972년 7·4 남북 공동 성명을 발표하면서 통일 3대 원칙에 최초로 합의하였다.

476

자료에서 서울과 평양에서 동시에 발표되었다는 점, 북한 측과 비밀 접촉을 가져온 이후락 중앙정보부장이 직접 발표하였다는 점, 자주·평화·민족 대단결의 3대 통일 원칙에 합의하였다는 점 등을 통해 밑줄 친 '이 성명'이 박정희 정부가 발표한 7·4 남북 공동 성명(1972)임을 알 수 있다. 박정희 정부는 7·4 남북 공동 성명을 발표한 후, 통일을 추진한다는 명분으로 유신 헌법을 제정해 독재를 강화하였다.

바로잡기 ② 노태우 정부, ③ 이승만 정부, ④ 전두환 정부, ⑤ 김영삼 정부에 해당한다.

477

남한에 수해가 발생하자 북한이 원조 물자를 제공하였다는 점, 남북 이산가족 고향 방문 및 예술 공연단 교환 방문 등이 이루어졌다는 점 등을 통해 (가) 시기가 전두환 정부 시기임을 알 수 있다. 남북 정상 회담을 추진하였으나, 김일성의 갑작스러운 사망으로 무산되었다는 점 등을 통해 (나) 시기가 김영삼 정부 시기임을 알 수 있다. 노태우 정부는 남북 고위급 회담을 개최해 남북 기본 합의서를 채택하였다(1991).

바로잡기 ① 이승만 정부 시기 4·19 혁명이 일어났다. ② 박정희 정부 시기 북한의 특수 부대원이 청와대 기습을 시도한 1·21 사태가 발생하였다. ④ 박정희 정부 시기인 1972년 7·4 남북 공동 성명이 발표되고 남북 조절 위원회가 개최되었다. ⑤ 노무현 정부 시기 제2차 남북 정상 회담이 개최되고 10·4 남북 공동 선언이 채택되었다.

478

남북 정상의 첫 회담을 긴급 뉴스로 내보내고 있다는 점, 김 대통령과 김 국방 위원장이 서명했다는 점 등을 통해 밑줄 친 '합의서'가 2000년 제1차 남북 정상 회담에서 합의된 6·15 남북 공동 선언임을 알 수 있다. 6·15 남북 공동 선언에는 이산가족 방문단 교환에 대한 내용이 담겨 있다.

바로잡기 ① 이승만 정부는 6·25 전쟁 중 정전에 반대하며 반공 포로를 석방하였다. ③ 박정희 정부 시기 발표된 7·4 남북 공동 성명에 따라 남북 조절 위원회가 설치되었다. ④ 노태우 정부 시기 남북한이 유엔에 동시 가입하였다. ⑤ 금강산 관광 사업은 김대중 정부 시기인 1998년에 시작되었다.

1등급 정리 노트 화해 협력을 위한 남북한의 합의

시기	명칭	특징
1972년	7·4 남북 공동 성명	• 박정희 정부 • 비밀 접촉을 통해 통일 3대 원칙에 최초로 합의
1991년	남북 기본 합의서	• 노태우 정부 • 고위급 회담을 통해 채택
2000년	6·15 남북 공동 선언	• 김대중 정부 • 제1차 남북 정상 회담을 통해 채택
2007년	남북 관계 발전과 평화 번영을 위한 선언(10·4 남북 공동 선언)	• 노무현 정부 • 제2차 남북 정상 회담을 통해 채택
2018년	한반도의 평화와 번영, 통일을 위한 판문점 선언	• 문재인 정부 • 남북 정상 회담을 통해 채택

479

평창 동계 올림픽에 북한 선수단이 참가하였고, 예술 공연단 교류도 성사되었다는 점, 여러 차례 정상 회담을 열었고, 한반도의 평화와 번영, 통일을 위한 판문점 선언에 합의하였다는 점 등을 통해 (가) 정부가 문재인 정부임을 알 수 있다. 문재인 정부 시기인 2018년에 북미 정상 회담이 처음 개최되었다.

바로잡기 ① 이명박 정부, ③ 노태우 정부, ④ 김대중 정부, ⑤ 박정희 정부에 해당한다.

480

중국 고대사 지도에 고구려를 중국의 역사 영토로 표시하고 있다는 점, 발해를 중국의 지방 정권으로 인식하고 있다는 점 등을 통해 자료가 중국의 동북공정과 관련된 내용임을 알 수 있다. 동북공정은 중국 정부가 2002년부터 2007년까지 실시한 중국 3성 지역의 역사, 지리 등에 대한 연구이다. 중국은 동북공정을 통해 만주 지역, 특히 고조선, 고구려, 발해 등 한반도와 관련된 역사를 중국의 역사라고 주장하였다. 이로 인해 한국과 중국 사이의 역사, 문화 갈등이 더욱 깊어지는 문제가 발생하고 있다.

481

우리와 역사 갈등을 빚고 있다는 점, 침략 전쟁을 미화하는 역사 교과서를 발간하였다는 점, 강제 징병과 징용에 대한 공식적인 사과와 배상을 외면하고 있다는 점 등을 통해 자료가 일본의 역사 왜곡에 대한 발표 내용임을 알 수 있다. 일본은 일제 강점기 당시 자행한 일본군 '위안부' 강제 동원을 부정하고 있다.

바로잡기 ①, ③ 중국, ④ 러시아와 관련된 내용이다. ② 1995년 일본의 무라야마 도미이치 총리는 일본의 식민 지배에 대한 사죄의 뜻을 표명한 담화를 발표하였다.

1등급 정리 노트 동아시아의 역사 갈등

구분	내용
일본의 역사 왜곡	왜곡된 역사 교과서 발간, 일본군 '위안부' 강제 동원 부정, 강제 징병·징용 피해자에 대한 정부의 공식 사과와 배상 외면 등
중국의 역사 왜곡	'통일적 다민족 국가론' 주장, 동북공정을 통해 고조선, 고구려, 발해를 중국의 역사로 편입 시도 → 교과서에 반영

482

한·중·일 3국이 돌아가며 개최하고 있다는 점, 동아시아 청소년들이 교류하면서 역사 문제에 관한 사실을 정확히 인식하는 화합의 장으로 발돋움하고 있다는 점 등을 통해 밑줄 친 '갈등'이 동아시아 역사 갈등임을 알 수 있다. 일본 정부는 일본의 침략 전쟁과 식민 지배를 미화하고 반인륜적인 전쟁 범죄를 축소·은폐하는 내용이 담긴 교과서를 검정 통과시켜 역사 왜곡을 조장하였다.

483

자료는 김대중 정부 시기인 2000년에 발표된 6·15 남북 공동 선언이다. 김대중 대통령은 평양을 방문하여 김정일 국방 위원장과 제1차 남북 정상 회담을 가지고 6·15 남북 공동 선언을 발표하였다.

484

김대중 정부 시기 기업가 정주영이 소 떼를 몰고 북한을 방문하고, 금강산 관광 사업이 시작되는 등 남북 교류가 활발해졌다. 제1차 남북 정상 회담 이후 남북한의 협력과 교류 활성화를 위해 남북한은 이산가족 상봉을 추진하고, 남북 간 교역을 확대하였으며, 시민 단체도 남북 교류와 인도적 지원 사업을 추진하였다.

채점 기준	수준
소 떼 방북, 금강산 관광 사업, 이산가족 상봉 등 남북 교류·협력 사례를 두 가지 이상 서술한 경우	상
소 떼 방북, 금강산 관광 사업, 이산가족 상봉 등 남북 교류·협력 사례를 한 가지만 서술한 경우	하

485

자료는 노무현 정부 시기에 발표된 한일 관계에 대한 대통령 특별 담화문으로, '이 섬'은 독도이다. 일본은 러일 전쟁 중에 전쟁 수행을 목적으로 독도를 불법 편입하고 점령하였다.

486

동아시아 평화를 위한 노력은 정부, 민간 차원에서 다양하게 이루어지고 있다. 정부 차원에서는 대표적으로 동아시아 정상 회의와 같은 다자간 협력체 구성, 무라야마 담화 발표 등이 있고, 민간 차원에서는 한·중·일 역사 교과서 공동 개발, 청소년 캠프 등이 있다.

채점 기준	수준
동아시아 평화를 위한 노력의 사례를 두 가지 이상 서술한 경우	상
동아시아 평화를 위한 노력의 사례를 한 가지만 서술한 경우	하

● 99쪽

487 ④ **488** ⑤ **489** ⑤ **490** ⑤

487 7·4 남북 공동 성명

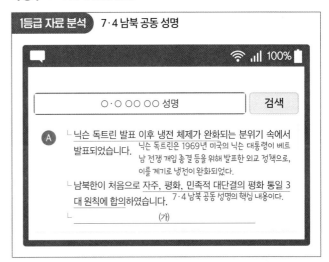

자료에서 닉슨 독트린 발표 이후 냉전 체제가 완화되는 상황에서 발표되었다는 점, 남북한이 처음으로 자주, 평화, 민족적 대단결의 평화 통일 3대 원칙에 합의하였다는 점 등을 통해 자료는 1972년에 발표된 7·4 남북 공동 성명에 대한 것임을 알 수 있다. 7·4 남북 공동 성명은 서울과 평양에서 동시에 발표되어 통일에 대한 기대감을 높였으나, 이후 남북한에서 각각 유신 헌법과 사회주의 헌법이 제정되어 독재 강화에 이용되었다는 비판을 받기도 한다.

바로잡기 ㄱ. 7·4 남북 공동 성명은 남북 간의 비밀 접촉을 통해 합의되었다. ㄷ. 제헌 국회에서 반민족 행위 처벌법이 제정되면서 반민족 행위 특별 조사 위원회가 설치되었다.

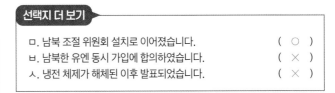

선택지 더 보기	
ㅁ. 남북 조절 위원회 설치로 이어졌습니다.	(○)
ㅂ. 남북한 유엔 동시 가입에 합의하였습니다.	(×)
ㅅ. 냉전 체제가 해체된 이후 발표되었습니다.	(×)

488 남북 관계의 변화와 진전

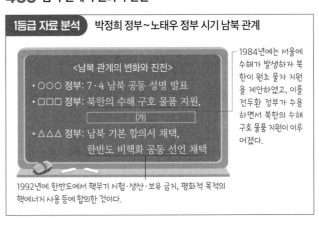

자료에서 북한의 수해 구호 물품 지원 내용을 통해 (가)에는 전두환 정부 시기의 내용이 들어가야 함을 알 수 있다. 전두환 정부는 북한의 수해 구호 물품 지원을 계기로 남북 협상을 이어가 1985년에 남북 이산가족 고향 방문 및 예술 공연단 교환 방문이 이루어졌다.

바로잡기 ① 이명박 정부, ② 노무현 정부, ③ 박정희 정부, ④ 문재인 정부 시기에 해당한다.

489 김영삼 정부 시기의 남북 관계

1등급 자료 분석 **노태우 정부와 김대중 정부의 대북 정책**

(가) 냉전 체제가 해체되는 상황 속에서 남한은 적극적인 북방 외교에 나섰다. 그 결과 사회주의 국가인 소련, 중국과 차례로 국교를 맺었다.
　　노태우 정부가 북한과의 관계를 개선하고 소련, 중국 등 사회주의 국가들과 국교를 맺기 위해 추진한 외교 정책을 말한다.

(나) 분단 이후 처음으로 개최된 남북 정상 회담의 결과, 남과 북은 전 세계가 지켜보는 가운데 6·15 남북 공동 선언을 공식 발표하였다.
　　2000년에 김대중 대통령이 평양을 방문하여 김정일 국방 위원장과 가진 회담을 말한다.

북방 외교로 소련, 중국과 국교를 맺었다는 점 등을 통해 (가)는 노태우 정부 시기, 6·15 남북 공동 선언을 공식 발표하였다는 점 등을 통해 (나)는 김대중 정부 시기에 해당함을 알 수 있다. 김영삼 정부 시기인 1993년에 북한이 핵 개발을 추진하고 핵 확산 금지 조약(NPT)을 탈퇴하면서 남북 관계가 냉각되었다.

바로잡기 ① 노무현 정부 시기, ② 1984년, ③, ④ 박정희 정부 시기에 해당한다.

선택지 더 보기

⑥ 개성 공단이 준공되었다. 　　　　　　　　　(×)
⑦ 연평도 포격 사건이 일어났다. 　　　　　　(×)
⑧ '한민족 공동체 건설을 위한 3단계 통일 방안'을 제시하였다. (○)

490 김대중 정부 시기의 대북 화해 협력 정책

1등급 자료 분석 **기업가 정주영의 소 떼 방북**

사진으로 보는 한국사

기업가 정주영은 1,001마리의 소 떼를 이끌고 판문점을 통해 북한을 방문하였다. 이를 계기로 남북한의 교류와 협력이 본격화되었다.

남북 관계는 김대중 정부의 대북 화해 협력 정책을 계기로 전환점을 맞이하였다. 기업가 정주영이 소 떼를 몰고 방북하고, 금강산 관광 사업이 본격화되는 등 남북 대화와 교류가 활발해졌다.

소 떼 방북의 내용을 통해 자료에 나타난 시기가 김대중 정부 시기임을 알 수 있다. 김대중 정부 시기에 남북한의 교류 협력이 본격화되면서 2000년에는 평양에서 제1차 남북 정상 회담이 개최되었다.

바로잡기 ①, ③ 노태우 정부, ②, ④ 박정희 정부 시기에 있었던 사실이다.

선택지 더 보기

⑥ 북미 정상 회담이 개최되었다. 　　　　　　(×)
⑦ 금강산 관광 사업이 시작되었다. 　　　　　(○)
⑧ 10·4 남북 공동 선언이 채택되었다. 　　　(×)

단원 마무리 문제　　　　　　　●100쪽 ~ 103쪽

10 6월 민주 항쟁 이후 민주화 과정~외환 위기 극복과 사회·문화 변동

491 ①　492 ④　493 ②　494 김영삼 정부

495 예시 답안 김영삼 정부는 역사 바로 세우기를 추진하여 전두환, 노태우 등 12·12 사태 및 5·18 민주화 운동 진압 관련자를 처벌하였고, 공직자 윤리법을 개정하여 고위 공직자의 재산을 공개하였다. 또한 금융 실명제를 시행하고 지방 자치제를 전면 실시하였다.　　　　496 ④　497 ①　498 ⑤

499 김대중　　　500 예시 답안 인권과 소수자의 권익을 보호하기 위해 국가 인권 위원회를 설치하고, 민주화 과정에서 일어난 의문사의 진상을 밝히기 위해 의문사 진상 규명 위원회를 설치하였으며, 성차별 극복을 위해 여성부를 신설하였다.　　　　501 ②　502 ⑤　503 ②　504 외환 위기

505 예시 답안 강도 높은 구조 조정을 실시해 부실기업과 은행을 통폐합하고, 공기업을 민영화하였으며, 정리 해고제를 시행해 노동 시장의 유연화를 추진하였다.

11 한반도 분단 극복과 동아시아의 평화를 위한 노력

506 ①　507 ②　508 ③　509 남북 관계 발전과 평화 번영을 위한 선언(10·4 남북 공동 선언)　　510 예시 답안 노무현 정부는 대북 화해 협력 정책을 계승·발전시켜 개성 공단을 조성하고, 경의선과 동해선 철도를 연결하는 등 교류를 확대하였다.

491

3당 통합, 민주 자유당 등의 내용을 통해 자료를 발표한 정부가 노태우 정부임을 알 수 있다. 노태우 정부는 여소 야대 상황을 타개하기 위해 1990년 3당 합당을 단행해 민주 자유당을 창당하였다. 한편 노태우 정부는 냉전 체제의 해체를 계기로 북방 외교를 추진하여 북한과의 관계 개선에 나섰으며, 소련·중국 등 공산권 국가와도 수교하였다.

바로잡기 ② 이승만 정부, ③ 박정희 정부, ④ 김대중 정부, ⑤ 문재인 정부에 해당한다.

492

실지명의에 의한 금융 거래를 실시한다는 점, 금융 기관은 거래자의 실지명의에 의하여 금융 거래를 하여야 한다는 점 등을 통해 밑줄 친 '이 명령'이 김영삼 정부가 경제 정의의 실현을 위해 실시한 금융 실명제와 관련된 내용임을 알 수 있다. 김영삼 정부는 지방 자치제를 전면 실시하였다.

바로잡기 ① 전두환 정부, ②, ③ 박정희 정부, ⑤ 김대중 정부가 추진한 정책이다.

493

신민당 대표로 유신 체제를 비판하였다는 점, 6월 민주 항쟁 이후 통일 민주당을 창당하였다는 점 등을 통해 퀴즈의 정답에 해당하는 인물이 김영삼임을 알 수 있다. 김영삼은 대통령 취임 이후 역사 바로 세우기를 추진하여 전두환과 노태우 두 전직 대통령을 구속하였다.

바로잡기 ① 광복 직후 김구, 이승만 등이 반탁 운동을 주도하였다. ③ 전두환 등 신군부 세력이 12·12 사태를 주도하였다. ④ 5·16 군사 정변 직후 박정희 등 군부 세력은 국가 재건 최고 회의를 설치하고 군정을 실시하였다. ⑤ 3·1 운동을 계기로 중국 상하이에 수립된 대한민국 임시 정부의 초대 대통령으로 이승만이 취임하였다.

494

김영삼 정부는 '역사 바로 세우기'를 추진하여 조선 총독부 건물을 철거하였다.

495

김영삼 정부는 역사 바로 세우기를 추진하고 공직자 윤리법을 개정하였다. 또한 금융 실명제를 시행하고 지방 자치제를 전면 실시하였다.

채점 기준	수준
김영삼 정부가 추진한 정책을 세 가지 이상 서술한 경우	상
김영삼 정부가 추진한 정책을 두 가지만 서술한 경우	중
김영삼 정부가 추진한 정책을 한 가지만 서술한 경우	하

496

외환 위기 속에 출범하였다는 점, 최초로 선거를 통한 평화적인 여야 정권 교체를 이루었다는 점, 국가 인권 위원회를 설치하였다는 점을 통해 밑줄 친 '이 정부'가 김대중 정부임을 알 수 있다. 김대중 정부는 독재 정권에 저항하다 희생된 것으로 추정되는 의문사의 진상을 밝히기 위해 의문사 진상 규명 위원회를 설치하였다.

바로잡기 ① 박정희 정부는 과도한 입시 경쟁을 완화하기 위해 대도시에 고교 평준화를 실시하였다(1973). ② 이승만 정부는 4·19 혁명으로 붕괴되었다. ③ 박정희 정부 시기인 1973년에 포항 제철소가 준공되었다. ⑤

노태우 정부는 여소 야대 정국을 극복하기 위해 3당 합당을 추진하여 민주 자유당을 창당하였다.

497

국제 통화 기금(IMF)의 관리 체제에서 벗어났다는 점 등을 통해 (가) 정부는 김대중 정부임을 알 수 있다. 과거사 청산을 국정 개혁의 과제로 설정하여 친일 반민족 행위 진상 규명 특별법을 제정하였다는 점 등을 통해 (나) 정부는 노무현 정부임을 알 수 있다. 김대중 대통령과 노무현 대통령은 평양에서 김정일 국방 위원장과 남북 정상 회담을 개최하였다.

바로잡기 ② 김영삼 정부, ③ 제헌 국회, ④ 박정희 정부, ⑤ 노무현 정부에 대한 설명이다.

1등급 정리 노트 김대중, 노무현 정부의 남북 정상 회담

구분	김대중 정부	노무현 정부
시기	2000년	2007년
회담	제1차 남북 정상 회담	제2차 남북 정상 회담
합의문	6·15 남북 공동 선언	남북 관계 발전과 평화 번영을 위한 선언 (10·4 선언)

498

행정 수도 이전 계획, 행정 중심 복합 도시인 세종시 건설 등의 내용을 통해 자료가 노무현 정부의 주요 정책임을 알 수 있다. 노무현 정부 시기에 미국과 자유 무역 협정(FTA)을 체결하였고, 미국의 요청으로 국군을 이라크 전쟁에 파병하였다.

바로잡기 ㄱ. 이명박 정부는 방대한 예산을 투입하여 4대강 정비 사업을 추진하였다. ㄷ. 김영삼 정부는 일제 식민 잔재 청산의 일환으로 국민학교의 명칭을 초등학교로 바꾸었다.

499

IMF 국가 위기를 빠르게 극복하였다는 점 등을 통해 (가) 대통령이 김대중 대통령임을 알 수 있다. 김대중 정부는 강도 높은 구조 조정을 단행하며 외환 위기 극복에 나섰다.

500

김대중 정부는 인권과 소수자의 권익을 보호하기 위해 국가 인권 위원회와 의문사 진상 규명 위원회, 여성부 등의 기관들을 설치하였다.

채점 기준	수준
민주주의 발전을 위해 김대중 정부가 추진한 정책을 두 가지 이상 서술한 경우	상
민주주의 발전을 위해 김대중 정부가 추진한 정책을 한 가지만 서술한 경우	하

501

자료에서 각종 기업 규제 철폐, 공기업 민영화, 미국발 세계 금융 위기, 한미 쇠고기 수입 협상 등을 통해 (가)는 이명박 정부 시기임을 알 수 있다. 탈원전과 신재생 에너지 중심의 에너지 전환 정책, 코로나바이러스감염증 팬데믹 상황에 'K-방역'으로 대응 등을 통해 (나)는 문재인 정부 시기임을 알 수 있다. 이명박 정부에 이어 출범한 박근혜 정부는 역사 교과서 국정화를 추진하면서 국민의 반발을 샀다.

바로잡기 ① 김대중 정부, ③ 김영삼 정부, ④ 노무현 정부, ⑤ 노태우 정부 시기의 사실이다.

502

경제 정의를 실현하고자 모든 금융 거래를 본인의 실제 이름으로 하도록 하는 제도를 시행하였다는 점, 국제 통화 기금(IMF)에 구제 금융 지원을 요청하였다는 점 등을 통해 밑줄 친 '정부'가 김영삼 정부임을 알 수 있다. 김영삼 정부는 1996년에 경제 협력 개발 기구(OECD)에 가입하였다.

바로잡기 ① 6·25 전쟁 직후 이승만 정부는 미국의 원조 물자를 바탕으로 삼백 산업을 육성하였다. ② 일제는 중일 전쟁을 도발한 직후 1938년 국가 총동원법을 제정하였다. ③ 이승만 정부 시기인 1949년 제정된 귀속 재산 처리법에 따라 귀속 재산이 본격적으로 민간에 매각되었다. ④ 박정희 정부는 1962년부터 제1차 경제 개발 5개년 계획을 추진하였다.

503

한국 경제가 1년 반이라는 짧은 기간 동안에 외환 위기 이전 수준으로 회복하였다는 점 등을 통해 자료가 김대중 정부 시기에 발표된 연설문임을 알 수 있다. 김대중 정부는 강도 높은 구조 조정을 단행하여 외환 위기를 극복하였다. 이 시기 국민들도 금 모으기 운동에 자발적으로 참여하는 등 외환 위기 극복에 적극적으로 힘을 보탰다.

바로잡기 ① 박정희 정부, ③ 이명박 정부, ④ 노태우 정부, ⑤ 김영삼 정부 시기에 볼 수 있는 모습이다.

1등급 정리 노트 6월 민주 항쟁 이후 역대 대한민국 대통령

구분	재임 기간(년)	대통령
제13대	1988~1993	노태우
제14대	1993~1998	김영삼
제15대	1998~2003	김대중
제16대	2003~2008	노무현
제17대	2008~2013	이명박
제18대	2013~2017	박근혜
제19대	2017~2022	문재인

504

그래프의 (가) 시기는 1995년과 2000년 사이로 -5.5%의 경제 성장률을 보이고 있다. 이를 통해 밑줄 친 '이 사건'이 외환 위기임

을 알 수 있다. 기업들의 무리한 사업 확장으로 기업 부실이 누적되는 가운데 세계 경기가 불황에 빠졌다. 대기업의 연쇄적인 부도로 외국 자본이 투자금을 회수하였고, 외환 보유액이 급감하는 외환 위기가 발생하였다.

505

김대중 정부는 외환 위기를 극복하기 위해 강도 높은 구조 조정을 실시해 부실기업과 은행을 통폐합하고, 정부의 공적 자금을 투입하여 부실 금융 기관을 정상화하였다. 또한 공기업을 민영화하였으며, 노사정 위원회를 발족하고 정리 해고제를 시행해 노동 시장의 유연화를 추진하였다.

채점 기준	수준
김대중 정부가 외환 위기 극복을 위해 실시한 정책을 세 가지 이상 서술한 경우	상
김대중 정부가 외환 위기 극복을 위해 실시한 정책을 두 가지만 서술한 경우	중
김대중 정부가 외환 위기 극복을 위해 실시한 정책을 한 가지만 서술한 경우	하

506

경제 침체에 빠진 북한이 외국 자본과의 합작 투자를 위해 처음 제정한 법이라는 점 등을 통해 밑줄 친 '이 법'이 1984년에 제정된 합영법(합작 회사 경영법)임을 알 수 있다.

바로잡기 사회주의 헌법 제정은 1972년, 남북 기본 합의서 채택은 1991년, 김정일 집권은 1994년, 제1차 남북 정상 회담은 2000년, 북한의 제1차 핵실험은 2006년, 김정은 집권은 2012년의 사실이다.

507

자료는 노태우 정부 시기에 채택된 남북 기본 합의서이다. 냉전이 해체되는 국제 정세의 변화 속에서 노태우 정부는 남북 대화에 적극 나섰다. 이 시기 남북 고위급 회담이 개최되어 1991년 남북한이 유엔에 동시 가입하고 남북 기본 합의서를 채택하였다.

바로잡기 ① 김대중 정부, ③ 노무현 정부, ④ 전두환 정부, ⑤ 박정희 정부 시기에 있었던 사실이다.

508

2박 3일 동안 평양을 방문한다는 점, 평양에서 김정일 국방 위원장과 남북 정상 회담을 가지게 될 것이라는 점, 지난 55년 동안 영원히 막힐 것 같아 보였던 정상 회담의 길이 이제 우리 앞에 열리게 되었다는 점 등을 통해 자료의 연설은 제1차 남북 정상 회담에 나서는 김대중 대통령의 연설임을 알 수 있다. 김대중 정부 시기에 기업가 정주영의 소 떼 방북, 금강산 관광 사업 등이 이루어졌다.

바로잡기 ① 노무현 정부, ② 박정희 정부, ⑤ 박정희 정부에 대한 설명이다. ④ 1946년 통일 임시 정부 수립을 위해 김규식과 여운형 등 중도 세력이 좌우 합작 위원회를 조직하였다.

509

6·15 공동 선언을 고수하고 적극 구현해 나간다는 점, 경제 협력 사업을 적극 활성화하고 서해 평화 협력 특별 지대를 설치한다는 점 등을 통해 (가) 선언이 노무현 대통령이 김정일 국방 위원장과 제2차 남북 정상 회담을 통해 발표한 남북 관계 발전과 평화 번영을 위한 선언(10·4 선언)임을 알 수 있다.

510

노무현 정부는 김대중 정부의 대북 화해 협력 정책을 계승·발전시켜 개성 공단을 조성하고, 경의선과 동해선 철도를 연결하는 등 교류를 확대하였다. 또한 북핵 문제로 고조된 한반도 지역의 긴장 해소를 위해 6자 회담을 개최하였다.

채점 기준	수준
개성 공단 조성, 경의선과 동해선 철도 연결 등 노무현 정부의 통일 정책을 두 가지 이상 서술한 경우	상
개성 공단 조성, 경의선과 동해선 철도 연결 등 노무현 정부의 통일 정책을 한 가지만 서술한 경우	하

MEMO

www.mirae-n.com

학습하다가 이해되지 않는 부분이나 정오표 등의 궁금한 사항이 있나요?
미래엔 홈페이지에서 해결해 드립니다.

교재 내용 문의
나의 교재 문의 | 자주하는 질문 | 기타 문의

교재 정답 및 정오표
정답과 해설 | 정오표

교재 학습 자료
MP3

Contact Mirae-N
www.mirae-n.com
(우)06532 서울시 서초구 신반포로 321
1800-8890

실력 상승 문제집

피가쥬

대표 유형과 실전 문제로 내신과 수능을
동시에 대비하는 실력 상승 실전서

국어   국어, 문학, 독서
영어   기본영어, 유형구문, 유형독해, 20회 듣기모의고사,
      25회 듣기 기본 모의고사
수학   수학Ⅰ, 수학Ⅱ, 확률과 통계, 미적분

수능 완성 문제집

수능 주도권

핵심 전략으로 수능의 기선을 제압하는
수능 완성 실전서

국어영역   문학, 독서, 언어와 매체, 화법과 작문
영어영역   독해편, 듣기편
수학영역   수학Ⅰ, 수학Ⅱ, 확률과 통계, 미적분

수능 기출 문제집

N기출

수능N 기출이 답이다!

국어영역   공통과목_문학,
        공통과목_독서,
        선택과목_화법과 작문,
        선택과목_언어와 매체
영어영역   고난도 독해 LEVEL 1,
        고난도 독해 LEVEL 2,
        고난도 독해 LEVEL 3
수학영역   공통과목_수학Ⅰ+수학Ⅱ 3점 집중,
        공통과목_수학Ⅰ+수학Ⅱ 4점 집중,
        선택과목_확률과 통계 3점/4점 집중,
        선택과목_미적분 3점/4점 집중,
        선택과목_기하 3점/4점 집중

N기출 모의고사

수능의 답을 찾는 우수 문항 기출 모의고사

수학영역   공통과목_수학Ⅰ+수학Ⅱ
        선택과목_확률과 통계,
        선택과목_미적분

미래엔 교과서 연계 도서

미래엔 교과서 자습서

교과서 예습 복습과 학교 시험 대비까지
한 권으로 완성하는 자율학습서

[2022 개정]
국어   공통국어1, 공통국어2
영어   공통영어1, 공통영어2
수학   공통수학1, 공통수학2,
        기본수학1, 기본수학2
사회   통합사회1, 통합사회2, 한국사1, 한국사2
과학   통합과학1, 통합과학2
제2외국어 중국어, 일본어
한문   한문

[2015 개정]
국어   문학, 독서, 언어와 매체, 화법과 작문,
        실용 국어
수학   수학Ⅰ, 수학Ⅱ, 확률과 통계,
        미적분, 기하
한문   한문Ⅰ

미래엔 교과서 평가 문제집

학교 시험에서 자신 있게
1등급의 문을 여는 실전 유형서

[2022 개정]
국어   공통국어1, 공통국어2
사회   통합사회1, 통합사회2, 한국사1, 한국사2
과학   통합과학1, 통합과학2

[2015 개정]
국어   문학, 독서, 언어와 매체

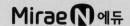